ediciones carena

RAMON MIRAVITLLAS

LA TRANSICIÓN QUE NUNCA TE HAN CONTADO

Primera edición: noviembre de 2022

© Ramon Miravitllas, 2022
© Ediciones Carena, 2022

Ediciones Carena
c/Alpens, 31-33
08014 Barcelona
T. 934 310 283
info@edicionescarena.com
WWW.EDICIONESCARENA.COM

Diseño de la cubierta: Sandra Jiménez
Maquetación: Adrián Vico
Coordinación: Jesús Martínez
WWW.REPORTEROJESUS.COM

Depósito legal B 21270-2022
ISBN 978-84-19136-54-1

Impreso en España - Printed in Spain

NOTA DEL AUTOR

¿Era Francisco Franco un tipo tan cruel como divertido? ¿Sufría Juan Carlos por llegar a fin de mes? ¿Confundía Adolfo Suárez al presidente de Albania con Al Bano? ¿Padecía Leopoldo Calvo-Sotelo el efecto adverso de la adicción a los prospectos? ¿Fue Felipe González un mesías que se durmió años en la sábana santa? ¿Temía Jordi Pujol que Tejero tomara Andorra? ¿Fomentaba José Mª Aznar el feminismo sin que se notara el cuidado? ¿El deporte más esforzado de Mariano Rajoy era ayudar a no hacer nada?

He aquí la manida transición y sus actores principales contados por fin de otra manera, original e ingeniosa en el formato escénico, el estilo literario y la potente carga de profundidad. Una aventura rebosante de ironía, humor picante, sentido crítico y ternura cínica a raudales.

En un país tan excesivo no es preciso extremar en demasía los tipos y estereotipos para poner en evidencia la faz cómica, grotesca o impúdica de la convulsión política acaecida en España desde el asesinato de Carrero Blanco (1973) al abrupto final de la segunda transición según el aznarismo (2011). Este entremés, sainete o *patchwork* juguetea al límite con las palabras para decirnos entre risas, acideces, amarguras y algunas náuseas que aquel período opaco, negociado desde arriba y bajo presión, fue sobre todo una palabrería envolvente que se coronó en una frustración modélica.

De siempre hemos escudriñado el túnel inhóspito del franquismo a la democracia desde la ínfima posición de peatones del tránsito histórico, ajenos a la torre de control donde se determinaba la aplastante realidad manifestada. La carcajada a costa de los tejemanejes oficiales bajo mano nos ha sido hurtada medio siglo. De ahí el torrente satírico de esta pieza impertinente que, flirteando de principio a fin con absurdidades convincentes, nos desvela la caricatura patética de aquella severidad institucional amojamada. El cóctel se presenta excitante: teatro histriónico de las ideas con vitriolo de opereta y el descarado objetivo de provocar relaciones escabrosas entre las palabras.

Un consejo cómplice: no se fíen de la fachada ligera y no desconfíen de la vieja trama que ya nos han repetido cine, novelas, crónicas, ensayos o sumarios. Sus ajados personajes serán retorcidos, exprimidos y deconstruidos hasta el ridículo más risible a través de una escenografía bufa que, sin embargo, arma en paralelo un relato consistente donde lo frívolo o disparatado se eleva a categoría de seriedad ideológica. Un narrador sutil o demoledor nos irá deslizando por cien escenas de conjetura burlesca. En ellas descubriremos el pugilato o pasteleo de las potencias en lucha acomodaticia: poder, vanidad, dinero, reformismo, marxismo... De tal pasaje trepidante e inaudito de principio a fin solo cabe anticipar que lo estrambótico e inverosímil puede erigirse en lo más semejante a una verdad de fondo.

¿Se puede confeccionar un modelo creativo de alta costura intelectual con transparencias alocadas, hechuras de toga judicial, tonos surrealistas y ribetes de astracanada?

Sí, se puede.

ACTO I

Escena 1

EL BLANCO ES CARRERO

Al fondo vemos la imagen de un socavón humeante. Ulular de sirenas, rostros atónitos de horror y notas musicales que emanan tensión desgarradora. El resto de la escena, a oscuras, queda a merced de voces gangosas a través de transmisiones de radio salteadas de interferencias.

—Vamos a ver, según el informe en el lugar del gggso, dicen que a un coche le ha cogido la explogggg de lleno y lo ha subido a la azotea. Acaban de subir los bomberos y ya les gggggemos este extremo, pero estamos muy gggggg.

—Gggggg, atención H20 del 104 de Claudio Coello, y Ggggo de León, aquí de El Batánggg, os recibo muy gggggg, ahora peor, aquí H20 en la calle Ggggllermo de Osca, un toro gggg suelto ha embesgggg a un peatón...

—¡Que te calles, gggones! ¡Y ese ruido a sofrito!

—... atendido por un gggcultativo que andaba por aggg. La víctima, de seggggseis gggg de edad, padece cggggggión cerggggl y herida en gggión parietal. Al hombre lo llevan a la gggnica Legazpi. En cuanto al gggnúpeta, sigue suelto aunque se ggg...

—¡H20 de Oggsca, que te vayas a tomar porggg!

—A ver, ¿se acopla, se acopla? A ver si los compaggg de al lado podemos trabajgggoño. ¿Ya? ¿Megg? ¿Mejor? ¡Vale! Se ha hecho una comprobación y el coche que ha subido a la azotea es el que llevaba al señor presidente del Gobierno, que ha resultado muerto, en compañía del conductor y un escolta. ¡Por fin! Uy, me refiero a...

—¡Adelante, adelante, en la calle acabamos de ver cómo lo sacaban al señor presidente Carretero, perdón, Carrero, en una carretilla, perdón, camilla, pero está vivo, ¿eh? Está vivo!

—¡No me jodas, Morcillo: el presidente ha caído a la terraza de los jesuitas y está cadáver!

***

La negrura deja paso al despacho del Ministerio de la Gobernación, donde se vive un hormigueo frenético. Civiles y militares muy malcarados. En el lateral, un coro de tragedia griega.

Coro

¡La hez asesina cuando los gobiernos son débiles!
¡La hez asesina!
¡Gobiernos débiles!

Todas las lamentaciones convergen en un hombre orondo de terno marengo, el más alterado.

—No puedo coger línea.
—Aquí tampoco.

—Yo sí: otro gobernador pelmazo. Pide datos.

—¡Requisen los teléfonos directos! ¡Ni una palabra a ningún alto cargo, carguito y cargante, todavía! Por qué no habrá vuelto Arias…

El hombre al mando del guirigay, ministro de Información, emplaza a un joven de gafitas redondas que se sopla las yemas ante una máquina de escribir.

—¿Estás listo de una repajolera vez para la nota oficial, secretario? Dicto: el socavón de unas obras defectuosamente señalizadas ha sido el causante…

—Si usted me permite, un socavón no explica la subida del *Dodge* hasta una azotea.

—¡Un socavón y un so cabrón la explica si en las obras se guardaba material de demolición y si estalla carburante!

—Pero el jefe de la Brigada de Orden Público, don Marino Arroyo, acaba de decir al director de Seguridad, don Eduardo Blanco, aquí presente, que se señala el gas.

—Pues empieza: la muerte del presidente del Gobierno, no, mejor el óbito, que en aquel momento transitaba por allí…

—El óbito no transitaba…

—¡Que en lugar de muerte pongas óbito! Sigue: se ha debido a una explosión de gas o, mejor, a una deflagración gaseosa, que es menos traumático.

—Como titular de Industria he de alertarle del desdoro de tal expresión para el comercio de bebidas carbónicas familiares. La célula básica…

—Bueno, bueno, escribe: deflagración de gas.

(Se retoca las gafitas). ¿Butano o ciudad? No conviene dejar cabos al aire. Militares y aire, perdón.

—Gas, leche.

—¿Gas letal?

—¡Gas, leche! ¡Gas!

—¿Un gas de la leche o la leche de gas?

—¡Esta noche a letrinas, petimetre! ¡Puto universitario de milicias! ¡Quien escribe se proscribe!

Coro

¡La hez asesina!
¡Gobiernos débiles!

(Voces desde bambalinas)

—¡La hez y el martillo!
—¡Bravo, Solís!

Escena 2

FRANCO ELIGE A 'CARNICERITO'

Narrador

Palacio del Pardo, pasado mediodía del 22 de diciembre de 1973. Francisco Franco y Carmen Polo cruzan el umbral en penumbra. El Jefe del Estado lagrimea inconsolable desde que ha presenciado las exequias por el presidente y amigo asesinado, Luis Carrero Blanco.

—Ha muerto un gran marino, un gran navegante, ha muerto un gran marino, un gran navegante, ha muerto...
—Sí, Paco, un timonel que supo resistir a los cantos de sirena.
—(*Cesa de lloriquear*) El timón lo llevo yo, Carmen, mientras Dios me dé vida y claridad de juicio.

Una luz vigorosa se proyecta sobre bandejas de marisco dispuestas en dos mesas. La faz del Caudillo también se ilumina.

—¡Tenías razón, Paco, ya han llegado presentes de los almirantes que se matarían por el cargo! Vigila: algún aperturista querrá enredarte.
—A mí también me interesa la apertura... de ostras.
—Que firmeza humorística indeclinable te aflora en las horas de tribulación, Paco.

—Ha muerto un gran marino y no hay mar que por bien no venga.

—Y qué gracia para los retruécanos.

—Por la gracia de Dios.

Ella lee uno de los sobres junto al marisco y pasa meticulosa revista a los obsequios.

—Pedrolo Nieto Antúnez manda tres bandejas de plata para mi colección, además de nécoras, percebes, bocas, vieiras, navajas... Y ostras de Arcade.

—(*Tomando una ostra con avidez*). El hombre es portador de valores eternos.

—Qué salidas tienes Paco, qué chispa.

—(*A la cuarta ostra*). Después de Carrero, otro almirante. Pedrolo. Ése es el hombre.

—¿Ese hombre no eras tú, Paco?.

—(*Se relame*) En el cine. *Franco, ese hombre*. También he sido Jaime de Andrade, Juan de la Cosa y Jacking Boor. Haré otra película para que no quepa la menor duda: "Yo, ese hombre".

—Qué bueno, Paco. Pero olvida a Pedrolo, que suena a payaso catalán. ¿Por qué no asciendes a Fernández-Miranda?

—Girón me previene: cualquiera menos él, que quitó las camisas azules. Torcuato padece de particularismos.

—¿Y Girón?

—Está como una cabra y la cabra tira al monte, menos la que maté en la reserva de Panticosa.

—Qué ocurrente eres. ¿Y Fernández de la Mora?

—Un ambicioso. Pretendía tener Guardia Mora igual que yo. La vanidad, otro demonio familiar que siempre nos ronda.

—¿Carlitos Arias?

—Demasiado calvo, demasiado bajo, demasiado orejudo y demasiado asociacionista. Un marino de aguas menores. Duro como un centollo, pero no ama los crustáceos.

—Qué humor atesoras, Paco. ¡Si lo supieran los españoles! Una pena que por tu trabajo, por tu excelsa misión, hayas de aparecer como el firme salvador de Occidente. A favor de Arias piensa que Carlos a secas no es nombre borbón, que era amigo de Camilín Alonso Vega y que en Málaga le apodaban *Carnicerito* por los servicios prestados. No es marqués, sonríe muy bien en los besamanos y en Gobernación ha tenido el mérito de descubrir el atentado a Luis.

—¿Por qué entonces no ha descubierto a sus autores?

—Dice que no ha fallado la técnica sino el metabolismo.

—¿Eso no lo dijo mi yerno Cristóbal cuando se le murió el trasplantado?

—Arias apunta a metabolas; las mentiras del comunismo allende las fronteras para entorpecer la investigación.

—Muy astuto. (*Entorna los ojos al cielo*). Sea, Carlos Arias presidente. Pero no se te ocurra devolver nada a Pedrolo.

—Eres prudente como Sitting Bull y tienes mucha vis cómica, Paco, como se dice actualmente.

—(*Se rasca la región central del abdomen*). No te he contado lo mejor. ¿Por qué voy bajo palio? Porque los obispos son inteligentes; nunca dan palios de ciego.

—¡Qué golpes tienes.

—No me llames golpista. Sabe Dios que nunca me movió la ambición de mando y el poder supremo de la nación. Nunca busqué un salidero o escape de la batalla. El 18 de Julio, la espoleta de la gloriosa Cruzada que nos fue impuesta, fue la reacción generosa e idealista del alma española a una república al socaire de intereses bastardos. Un acto de legítima defensa del pueblo y de legítima indignación de sus jefes contra quienes pretendían hacer de nuestra patria ardorosa otra desgarrada y doliente, hundida en la decadencia, la esterilidad y el caos. Lo sabes: una España pobre, rota, sojuzgada por el materialismo grosero que destruye las esencias vitales de los pueblos, donde vivirían juntos criminales y víctimas.

—Lo sé, lo sabremos siempre. Pero guárdate, es tiempo de traiciones.

—No sufras. Soy el capitán, el vigía y el grumete que nunca se releva.

—(*La voz de ella se torna lánguida con un deje reticente*) ¿Otra vez con esas? No se te quita la manía de marino. De joven, para que no te tuvieran por un cadete débil y un oficial insignificante, ya tenías más frenesí que una novia. En cuanto pudiste vestir de blanco echaste un rapapolvo a la marinería en Vinaroz. ¿Lo recuerdas, Paco? El discurso que se ocultó. Tus paisanos saben que anhelabas ser almirante de la Armada y de serlo (*suspiro*) quizás no hubiera pasado nada, que la historia es así.

Franco ha perdido el apetito y la locuacidad. Parece inerte. Conoce muy bien su complejo, tan mal digerido por los convecinos de El Ferrol. Ella continúa recriminando con cariño.

—El pluriempleo naval te vuelve tarumba. ¿Cómo cumplimentas a los embajadores? Con el uniforme que has escogido para ser enterrado. El que se ponían los marinos en Viernes Santo, día de la gran gala, y que ya no usa nadie, Paco. Nadie. (*Le abraza*). Y menos mal que te saqué de la cabeza que Carmencita hiciese la Comunión de teniente de navío. Con ser madrina de champán me basta y sobra. Va siendo hora de llevar al dique seco la maqueta del crucero *Baleares* en el tocador, el destructor *Méndez Núñez* de tu reclinatorio, las fragatas del bidé, el submarino de la bañera y el acorazado ruso del orinal. (*Melosa*) ¿Quieres que te ponga *Marina*? Solo te excitabas con esta zarzuela. ¿Te acuerdas de cuando jugábamos a batallas de barcos debajo de la frazada?

—Mi fogosidad está al servicio de la patria.

—Nunca te he pedido el salto del tigre, Paco.

—Yo cabalgo sobre un tigre del que nunca podré bajarme con seguridad.

—Qué bonito.

El himno de la Marina en versión dulces sueños cierra suavemente la escena. La madrina acuna a su marinero, que balbucea con la dicha de un niño.

—El Imperio de España vendrá por los caminos del mar. Hay que morir o triunfar, que nos enseña la historia en Lepanto la victoria y la muerte en Trafalgar.

Coro

Abordemos al infiel
Victoria o muerte
Somos novios de la suerte

Escena 3

DONJUÁN CARLOS TIRA P'ALANTE

Narrador

Juan Carlos de Borbón convoca a su preceptor, el falangista apertu-rista Torcuato Fernández-Miranda. El presidente en funciones tras la voladura del almirante comparece ante el Príncipe de España henchido de esperanza y trascendencia.

—Miranda, por mi bien debo pedirte un favor.
—(*Tensa el cuello de placer*) Alteza, a vuestro alto servicio.
—*Coca-Cola.* Sin *rocks*, como siempre.

El gobernante interino, empequeñecido ante la realeza, reaparece con el refresco.

—(*Vocaliza*) Estoy en condiciones de ofrecer lo que el Príncipe de España me pide.
—Qué hermoso título para tu futuro libro de memorias de la transición. A decir verdad un poco largo.
—Desde luego, Alteza.
—Ah, Miranda, te cambio estos cinco duros con la gloriosa efigie del Caudillo en fúlgido níquel por un billete de mil pesetas para mi nueva colección.

—Óbrese en mi vuestro deseo, Señor.

—No te vayas sin un vistazo al cambio del *Mercedes*. El motor ratea al embragar.

—¡Qué buen título!

—Sí, Alteza, pero tenéis toda la razón: es largo.

—Hablo de "El motor del cambio". ¡Qué bueno para una revista del Real Automóvil!

—Clarividente, Alteza.

—Que el embajador francés te dé el *Play-boy* y el *Lui*. Me añadirás la última edición del catálogo de actrices, para la filial del consejo privado.

—¿Una filial del consejo privado de Don Juan?

—*(Con una mueca de felicidad intransitiva)*. Un consejo muy privado de donjuan Borbón.

—Alteza, estoy en condiciones de hacer lo que me estáis pidiendo por el bien de España.

—Sigamos p'alante. Al asunto. Tú eres…

—*(El interpelado estira la barbilla)* Señor, he cursado las invitaciones para sucederme. Desde la inmensa gratitud de servicio por ser la persona designada, yo…

—… Tú eres tan engolado que no caes bien ni a los líquenes. He deslizado tu nombre en los borradores de las ternas, pero Arias las toquetea con Licinio, Cabello y Solís. Temo por el futuro del trono y seré prudente. Carrero carecía de virtudes democráticas, pero su muerte solo favorece a la extrema derecha. Esta noche…

—Esta noche metáforas marineras y pocas oraciones subordinadas, me lo ha dicho el Caudillo.

—Esta noche, Miranda, harás un guiño de mi parte a los españoles. Desde la posguerra padecen la austeridad de la peor crisis petrolífera y se aprietan el cinturón para tirar p'alante. Tu discurso del evolucionismo será el primer signo de complicidad hacia la liberalización del régimen a través de las asociaciones políticas, el embrión de nuestro futuro próspero en paz y orden.

—¿Partidos políticos?

—La Cruzada con otros mimbres. ¿Comprendes?

—¿Sugiero una marcha ascendente al futuro?

—¡No! Ya la ha hecho Carrero.

—Estoy en condiciones de ofrecer a España lo que…

—Déjate de requilorios. Te falta poder de síntesis. Lo diré en una palabra: hay que estar preparados siempre en aras del evolucionismo leal a los principios fundamentales. Y no olvides un *Penthouse*.

Miranda sale por el foro a pasitos serviles. El Príncipe extrae una revista de la alfombra y hunde la testa en fotografías de beldades de Hollywood.

—El escote de la Liz Taylor. ¡Eso es aperura!

Escena 4

ARIAS HACE ESPIRITISMO

Narrador

Arias Navarro jura el cargo e inaugura la vía liberalizadora ante Las Cortes. El discurso del primer presidente civil desde la Cruzada, que se presumía de espíritu aperturista, levanta inusitada expectación y no pocos recelos. Cierra el paso a asociaciones libres, pero abre la puerta a elegir alcaldes y reformar el sindicato vertical. Por automatismo e instinto de supervivencia, la mayoría rompe en aclamaciones.

***

13 de febrero de 1974, el día después del debú. Escena en el palacete presidencial de Paseo de la Castellana. Enseres de mudanza acumulados. Arias está sentado. Sus palmas están adheridas a una mesa camilla, unidas por los pulgares. La mirada, fija en un óleo ecuestre del Caudillo. Mastica cada palabra.

—Mi espíritu del 12 de febrero mueve la ordenada concurrencia de criterios dentro del Glorioso Movimiento Nacional.

O sea, he puesto las asociaciones políticas en movimiento. (*La mesa se mueve y él entra en trance*) ¡En el Movimiento de principios puros, eternos e inmutables! El intérprete espiritual, social y económico de la voluntad nacional profunda. ¡El movimiento inmóvil! ¡El desafío supremo a la Política y la Física! (*Espasmo*) ¡Muera Einstein y mueran los otros cerebros de-mó-cra-tas a sabiendas de que el pluripartidismo y el plurisindicalismo son la antesala del comunismo!

En un rincón a media luz, Fernández-Miranda tiene entre manos los últimos bártulos recogidos antes de desaparecer de puntillas. Su actitud delata venganza. Arias conversa con el óleo.

—A la orden, mi general. Tomaré el pulso a la situación. (*Enfila al secretario en timbre de berbiquí*) ¿Qué dice la mayoría?

—La mayoría inmovilista del Gobierno está furiosa (*la mesa baila*), pero como españoles bien nacidos saludan el espíritu del 12 de febrero bien encauzado. (*La mesa cesa de moverse*).

—¿Y los más posibilistas?

—Los pocos ministros que rebullían esperando una pieza oratoria liberal de tenor histórico sin parangón están renuentes. (*La mesa da cinco golpes frenéticos contra el suelo. Fernández-Miranda frena su adiós*).

—(*Embalándose*) Son españoles de bien, pero influenciables por las consabidas minorías de intereses ruines. Pese a sus tirones desviacionistas hacia nuestros vicios ancestrales, he sabido configurar un gobierno proporcionado. Vea si no: el vicepresidente Barrera tiene fama de abierto, simboliza la armonía entre pasado y futuro. El ministro de Agricultura, Allende, lleva apelativo de comunista chileno, sin embargo el del Aire se apellida Franco. A Industria ha ido Santos, pero ha vuelto Pío el impío Cabanillas. Equilibrios sibilinos.

—Es usted inigualable en sus igualaciones. Solo nos falta equilibrar las patas de esta mesa. Al menor movimiento... Me ocuparé de ella.

—El movimiento estará donde yo le mande. Dígame: ¿qué cuenta la prensa malagradecida?

—Lo peor está en las secciones de meteorología, como es habitual. Los rojos de *Informaciones* publican: "Reina un fresco general en toda la península".

—¿El Caudillo? ¿Yo? Secuestre la edición. Sin censura las cosas se pueden hacer terriblemente confusas para la mente del público. Lo dice el general Westmoreland, héroe de Vietnam.

—Los masoncetes de *Diario 16* sueltan patrañas entre líneas: "Temperaturas en aumento y muy altas presiones. Vientos de componente norte. Chaparrón particularmente intenso en la Meseta. Humedad relativa en franca alza."

—La franca alza va por el *Dodge* del almirante, los muy ladinos. Que el hombre del tiempo, ese...

—Mariano Medina, señor presidente, aunque todos le llaman Santa Teresa. En la tele solo se le ve el brazo y el puntero en los mapas pintados con tiza.

—Al grano. Adviértase a ese informador que no se recree en zafiedades según vuele el grajo. Que prescinda de los términos agobiante, sofocante o asfixiante para el calor, de inaguantable e intolerable para el frío y de diluvio para la lluvia. Que el gobierno civil de Pontevedra le escriba las temperaturas. Prosiga.

—Chistecillo a pie de página de crucigramas en *La Gaceta del Norte*: "Eclipse de sol provocado en Guipúzcoa".

—Aquí nunca se nos pone el sol. Eclipse usted *La Gaceta*: multa máxima. ¿Mi trascendental discurso ha pacificado las aguas?

—(*Azarado*) Presidente... La opinión pública es mudable y emocional, epidérmica y febril, alejada del bien común.

—Menos oratoria de hojarasca, al tronco.

—*Pueblo* insinúa el rumor de que se rumorean rumores inquietantes al más alto nivel. Y en un faldón hay un acertijo sin solucionar: "De la mar el mero y del aire..." Del aire...

—¿Del aire qué?

—(*Entre dientes*) Del aire Carrero, supongo, por lo que ha volado.

—De la mar el mero y de director de *Pueblo* un chaquetero, Emilio Romero. Expediéntelo. Hablaré con el fiscal general. ¿Algo más? ¿Algún epíteto a mi figura?

—El diario *Ya* alude a una frustrada tentativa de conato de intento de algarada en Claudio Coello.

—Bien exhorta el Caudillo a leer menos los periódicos. El culto a la libertad de expresión hace a los pueblos esclavos de la opinión pública, cuando desde la Grecia clásica se sabe que la opinión es efímera y la verdad es eterna. Jodida Editorial Católica... ¿Y *El Alcázar*?

—(*Taconazo*) ¡Sin novedad en *El Alcázar*!

—*Desde el último lugar visible de su ángulo a media luz, Fernández-Miranda vuelve los ojos al sucesor. Arias le despide con la vista encantada en un espíritu que parece vagar sobre la platea.*

—Quiero tu adiós discreto y definitivo. Devuelve la tabaquera de ébano a su lugar y no manosees más la vasija griega rinconera, gorrón.

Narrador

Fernández-Miranda ya no parece tan cursi y pedante. Bueno, sí, bastante. Pido disculpas.

—(*Apartándose de ambos objetos*) Me voy por el foro disciplinadamente. Pero estoy en condiciones de descubrir los azarosos destinos de España en mis fecundas memorias.

—Envaina tus amenazas de frustrado. Llevas toda la mañana agenciándote cosas de la que ya no es tu casa.

—Por amor a España, no al cargo. Los recuerdos de un presidente efímero son sagrados. Espero el ducado de Miranda.

—Aparte de aprovechado, tus veleidades conspirativas te inhabilitan.

—Te urdiré una trampa saducea. Quiero el toisón y el ducado.

—¡Fuera de aquí o te meto en agua con electrodos!

Al salir, el dimisionario se topa con el Príncipe.

—Majestad, os suplico un ducado y el toisón a la altura de mi ejecutoria.

—(*Carcajada*) De ser por ella, ya tendrías el tostón de oro, Torcuato.

—(Vuelve a confiar en mí, ya no me llama Miranda).

—Escúchame con atención. Fraga preconiza una vía reformista lenta, parando en todas las estaciones de las leyes antiguas. Arias se saltará algunos apeaderos, pero tal vez se quede en un túnel o me cambie las agujas. En cambio tú eres un lince en interpretar las leyes con flexibilidad para ensanchar vías, renovar los raíles y dar asiento y billete a quienes se cuelen. En una palabra: presidirás Las Cortes donde se fabricará la transición. Serás el cerebro, el diseñador táctico y estratégico de la democratización de una dictadura institucional por sus propias leyes. P´alante, Miranda.

Desde que ha visto entrar al futuro rey, Arias se esteriliza el cuerpo con un gran pulverizador.

—¿Algo no va bien, presidente? Parece un sulfatador de patatas. ¿Acaso os despierto alguna reacción de hipersensibilidad?

—(*Apoya una mano en la mesa*) En absoluto, Alteza. Tenéis en mí a vuestro más parejo servidor del Estado y al más fiel valedor de vuestro espíritu. (*La mesa se revuelve furiosa contra el hablante*).

Escena 5

DEMOCRATIZAR, ATIZAR, ATIZAR

Escena en el palacio del Pardo. Franco requiere a Arias, día a día más desangelado. Le recibe tomando flor de saúco. Doña Carmen hace solitarios. Pugna por colocar un as de bastos.

—¿Cuándo fue su discurso de apertura?

—El 12 de febrero, Excelencia.

—No, Arias. Fue el 18 de julio. ¿Qué día es hoy?

—Es 9 de abril.

—Tampoco. Hoy es 18 de julio, mañana es 18 de julio, siempre es 18 de julio. Me está tocando usted el 18 de julio. Nosotros nos alzamos por España, no por parcialidades.

—Dios me libre de...

—Cuádrese. El ardor de la pelea partidista nunca malogrará la empresa de civilización que he dado a la comunidad española; una conciencia política nueva, juvenil, operante y estable para que supere los inexplicables antagonismos crónicos de la vida nacional.

—Excelencia, a vuestro servicio, el más exigente y sacrificado.

—Para empezar, pida la dimisión del general Díez Alegría. Hace celestinaje con Carrillo en Rumanía. ¿Cómo puede alguien de reciedumbre castrense veranear en un Mar Negro y ser un Alegría?

—(*Elevando la vista*). Qué humor te enaltece, Paco. En tu exclusividad tú sí eres recio y alegre.

—¿Quién ha desnudado a Rocío Jurado y Rosa Morena en los televisores de los españoles?

—Puedo certificar que el desabrigo de las dos estrellas de la canción en el espacio *A su aire*...

—En el espacio 'A su Arias'. ¿Cómo no les iba a dar un aire con tanto 12 de febrero a los cuatro vientos? Cárguese de una vez a Cabanillas, que el combatiente Girón me lo recordó ayer y el aliento le olía a sitio de Belchite. Colóquelo en un monopolio.

—Ya está en Tabacalera, en la Empresa Nacional de Aluminio, en Barreiros y...

—Pues que le den.

—¿Perdón?

—Que le den funcionarios de Hacienda para ponerlos en nómina. Por último: fin de la apertura. Sanseacabó pero sin proclamarlo, con mano derecha. Puede retirarse después de ajustarme los cordones.

—Comprendido, Excelencia, atado y bien atado. El mensaje de democratizar sin las excrecencias de las democracias liberales será para mí un eco insoslayable: atizar, atizar, atizar.

—Nunca dudé de su inteligencia. Como dice el famoso locutor Bobby Deglané, en los puños del *Morrosko*[1] anida toda la pujanza de la raza patria.

---

1 El púgil José Manuel Ibar, Urtain, conocido como *El Morrosko de Cestona*.

Narrador

Los aperturistas no desfallecen. La democracia será un hecho ineluctable. Tanta es su ilusión en el impulso del neófito, aun cauteloso de inicio, que se le alaba sin tasa. Diálogo entre transeúntes.

—Arias afirma que López Rodó volverá a Noruega, donde realizó una labor encomiable en la Conferencia de Helsinki. Vaya patinazo.

—¡Qué va, lo extranjero ya no estará proscrito! ¡Hasta los viejos mapas se abren a discusión!

Coro

Bravo, loor y aleluya
¡Europa podrida, tu mapa al paredón!
Bravo, loor y aleluya
¡Abajo la finanza del judío y el masón!

Escena 6

LA FLEBITIS DERROTADA

Narrador

Franco, el héroe octogenario que resiste desfiles de tres horas y media a pie firme, es sometido por una dolencia. Lo nunca visto y en el peor instante, un fatídico junio de asechanzas. Arias se persona en la clínica La Paz para hacerse fotos balsámicas despachando. Buena señal: a su ingreso el ilustre enfermo rehusó la silla de ruedas. Ahora pasea en batín por la alcoba y su estampa no es ni mucho menos desahuciada. Canturrea ante los ojos derretidos de su esposa, su yerno el doctor Martínez-Bordiú y otras tres facultativos, también recién llegados.

—Soy valiente y leal legionario…

Narrador

El Jefe del Estado descarga ráfagas de palabras sobre sus capturas de salmones, el salto de la rana del 'Cordobés', la Copa del Generalísimo, la crisis de Chipre y los espacios culturales de TVE. La cultura se palpa desde la primera frase.

—¿Cómo están ustedeees?

—(*Un facultativo despeja los ceños fruncidos*) Incitamos a que las visitas usen símiles deportivos para tener al paciente mentalmente activo.

—(*Arias*) ¿Mando precalentar al príncipe?

—¿Cree usted que el poder pasa de manos como en el juego de los anillos?

—De ningún modo, Excelencia.

—Sea, pero solo disputará minutos amistosos. Un hombre no inventa su destino, lo sirve.

—Qué dicharachero estás, Paco.

—Excelencia, el marxismo ya celebra mítines en estadios de Francia: "Sí, sí, sí, Dolores a Madrid".

—Tengo dolores, pero los venzo cada día.

—Y los sicarios de Trevijano...

—Nada por el ano. En la residencia Yo[2] querían ponerme un enema de bario para explorar un cáncer de Colón. El Gran Almirante nunca lo tuvo.

—Qué agudeza gallega, Paco. Posees un ingenio repentizador innato.

—(*Arias*) ¿Un mensaje a los ministros?

—Vivo empeño tendremos: ni un hogar sin lumbre, ni un español sin pan.

—¿Y la Falange?

—Está estupenda, mire mi mano.

—Me refiero a Girón.

—El doctor Girón me ha dicho que estoy curado.

—Excelencia, se acaba de orinar.

—Queda inaugurado este pantano.

—Qué gracia de Dios, Paco; si no fueras tan recatado y modesto, los españoles aún podrían gozar más de ti.

---

2 Residencia Sanitaria Francisco Franco.

—Ya les he dado la moto, el coche, el transistor y el televisor. Por cierto, Arias, sancione a TVE. Se les rompió una película de indios y cuando la recolocaron los caballos iban para atrás. Telefoneé haciéndome pasar por mí mismo y se lo creyeron.

—Qué humor, Paco. No hay otro como tú.

—Dijeron que el rollo había salido disparado al estropearse el telecine. ¿No tienen un destornillador? ¿He de estar en todo? Aquí no retrocede nadie, Arias. ¿Estamos?

—*(Terapeuta)* ¿Le duelen las rodillas a Su Excelencia?

—Mucho. Nunca he sufrido un dolor de rodilla así en otra parte de mi cuerpo.

—Qué salidas tienes, Paco, en la adversidad.

—¿Puede alzar las piernas?

—Yo estoy en permanente estado de alzamiento frente a quienes persiguen romper la unidad, la paz civil, el orden de la nación y el avance comunitario.

—Flexione los codos suavemente.

—Nadie doblará nuestro brazo e intención.

—¿Por qué sigue tan reacio a la silla de ruedas?

—Lógico en quien ha de llevar la cruz por Dios y por la Patria.

Narrador

Los visitantes salen alarmados por las reacciones franquísimas. Tras cerrarse la puerta de la habitación, Arias interroga al yerno de cabecera.

—¿Qué tenemos, doctor?

—Una tromboflebitis. Así se denomina por la forma de trombón de la bacteria causante. Nada de cuidado. El doctor Rosado llegó a idéntica diagnosis pero en él carece de mérito. Lo ve todo color de rosa. Ahora va extirpando focos infecciosos muy rojos por el método de rosación o chamuscada.

Narrador

Franco no ve a Juan Carlos del todo formado y afín. Así pues, da orden de estar restablecido y el 30 de julio viaja de vuelta a casa con el brazo protector de Santa Teresa bajo el brazo protector de los españoles. Oficialmente nunca ha estado enfermo.

—Que me traigan los palios de golf, los pinceles de caza, la caña de pintar y el finiquito del príncipe. El Reino me necesita.

—(*Doña Carmen con retintín*). ¿Y el futuro rey?

—Aquí reinan la cruz, el pan y la justicia.

—¿Y el hecho sucesorio?

—No necesito ningún suspensorio.

—Qué bueno, Paco. Si te conocieran por tu gracejo imperecedero...

—(*Yerno adulador*). A buen seguro que el primer guerrero de España nunca en reposo habrá pergeñado una remodelación para liquidar camarillas que traman devolvernos a los corrompidos sistemas demoliberales.

El enfermo se empina en la almohada y desarruga dos bolas de papel higiénico.

—Está pensado. La vicepresidencia económica a Tom y la supercartera de Defensa a Jerry. El gato Silvestre a Gobernación, que en Italia dan mucho valor al zarpazo.

—El *sorpasso*[3]. Qué sutileza, Paco. Pemán *dixit*[4].

—¿Pixie, dices? Con Dixie a Difamación y Turismo.

—Y qué reflejos tienes para la sagacidad.

—Importante: Popeye a Marina. Bugs Bunny relevará a Solís; el Coyote irá a Justicia, el Correcaminos a Exteriores, mic, mic; Tristón a Cultura y Minnie a Sus Labores. Para el Ministerio de Liberalización he elegido a Pasmarote y para el Aire dudo entre el canarito Piolín y el Pato patoso Lucas. En Hacienda pondré al oso Yogui, por lo bien que hurta la merienda al guarda del parque, con el dócil Bubu de subsecretario. Arias: para algo hemos realineado nuestra política con Washington y ha venido la Warner.

—¿Pactar con las democracias ingratas? ¿Y la autarquía?

—Ajustarse a Occidente con orgullo. Los americanos caerán a nuestros pies cuando extraigamos petróleo de minerales y vegetales. Sacaremos la gasolina de flores y matas con agua de río, más el producto secreto que ofrece un sabio germano por simpatía hacia mí.

—Qué gracia irónica atesora Su Excelencia.

—Por la gracia de Dios.

—Qué comicidad, Paco.

—Hablo en serio. Lo sacaremos de la pizarra.

—Dios te guarde para la cristiandad.

—Y no acabo aquí: pizarras bituminosas y lignitos para la destilación asegurarán el consumo nacional. Nuestro suelo ofrece yacimientos de oro en cantidades enormes, muy superiores a aquella que nos despojaron los rojos en complicidad con el extranjero.

---

3 Del italiano. Adelantamiento. Referido al momento electoral en que el Partido Comunista (PCI) podía sobrepasar en votos a la Democracia Cristiana de Andreotti y Aldo Moro.
4 Del latín. Dijo.

El paciente se arregla el pijama, envalentonándose con varios botones. También en señal de iniciar algo grande, agita la mano derecha de arriba a abajo como en sus mejores discursos.

—Ser el primer espadón del orbe cristiano y el baluarte más firme de todo Occidente depara beneficios morales incomparables. Tengo la energía atómica en avanzado estado de gestación teórica. Desde que en 1956 Marruecos se hizo independiente y el rey rifeño planeó invadir Ceuta y Melilla, he cogido el toro por los cuernos.

—¿Qué toro?

—Islero. El que mató a Manolete, a mayor honra de la fiesta nacional.

—Ay, Paquito, tienes arrestos festivos para todo, lo blanco y lo negro.

—(*Mirada del calibre 9 largo*) Arrestos para arrestarte en el Caserón de la Goleta[5] si vuelves a llamarme así.

---

5 Célebre prisión malagueña conocida por sus condiciones despiadadas.

Escena 7

EL CIERVO QUE HABÍA AMADO DEMASIADO

En escena destacan los asientos traseros de un coche oficial, ocupados por el Jefe del Estado y su consorte. El fondo cambia de paisaje a medida que el automóvil se desplaza a la sierra.

—Llevo contadas cinco señales dudosas, doce chabolas, dos construcciones abusivas y cincuenta y ocho baches.

—Qué capacidad de observación y qué memoria, Paco, si los españoles te conocieran…

—Cualesquiera que fueran las contingencias, jamás regateé mi sacrificio y sangre. Pero no puedo poner pegotes a cada grieta.

—Es natural.

—Ahora contaré intermediarios, los que hunden la economía, y agricultores. Hay que liberar a los payeses de la usura. Corregir los excesos del capital y aumentar la participación de los productores en las empresas.

—Qué risa, Paco. Es una pena que tu timidez, modestia, sobriedad y austeridad, así como tu acendrado sentido del deber y la responsabilidad, puedan confundirse a ojos precipitados con una falta de cordialidad y sentido del humor.

—La solución del agro la saqué de *El Virginiano* y de Rodríguez de la Fuente en *El hombre y la tierra*. La vida primitiva de los hombres salvajes.

—¿Y si no sale bien?

—La solución me la dará *El Fugitivo*.

—Qué chispa, Paco. Ojalá los campesinos pudiesen paladearla.

—Al campo no suelen llegar las malicias de la ciudad. Los labriegos son sinceros y siempre eligen al más honrado, que suele ser latifundista. El mismo que les dará terrenos después de las parcelaciones y el peculio para cultivarlas.

—Eres la sal de la tierra, Paco. Ya llegamos a Cazorla.

Paisaje montañoso sumido en niebla. Al disiparse divisamos, debidamente distanciada, a una treintena de lugareños efervescentes. Más cerca, una fila de guardas del coto y peones arengados por un mayoral, arengado a su vez por el director de la operación, con ínfulas de ministro de Agricultura. Un capataz de la televisión refunfuña.

—Con tanto cable para tropezar será un milagro que Franco no se dé un morrón. Si os lo dije, el tiro de cámara más abajo, para que la llanura parezca una cornisa que sobresale de un peñasco. ¿Va bien aquí, señor ministro?

—Correcto. Capitanes ayudantes: procedan con el Generalísimo hasta el punto X. Guardia mayor del coto: ¿los peones más duchos llevan el nilón?

—Sí, señor. la fibra artificial más fina y resistente.

Dos oficiales de campaña acompañan el andar penoso del Caudillo en un claro de bosque.

—Hemos puesto ramas para que no le dé vértigo.

Franco ignora la frase. Un guarda monta un trípode y apoya un rifle. Otro despliega una silla.

—¿Está cómodo Su Excelencia?
—Pueden retirarse.

Un peón saca un ovillo y ata la cintura del estadista, impertérrito. Otro descorre el hilo cinco metros por detrás del tirador. Más atrás se colocan el médico, los dos capitanes, el guarda mayor del coto, el capataz de TVE y el ministro de Agricultura.

—Que el tirador no salga en la cámara, ¿eh?
—Pero hombre, ministro, ¿cómo va a quedar el cazador fuera de plano?

—*(Al operario del hilo)*. Cerciórese bien de que no salga. *(Voceando al extremo opuesto del claro)* ¿Está preparado el ciervo?

—*(De la lejanía)* ¡Listo!
—¡Evacuen a curiosos!

Guardias del coto y gubernativos alejan a la treintena de jienenses. Durante un minuto eterno, los testigos que por derecho han podido quedarse están pendientes del escenario de sombras chinescas abierto ante sí. Al fin un ciervo sale de un roquedal, avanza titubeante a unos matojos delante de Franco y se tumba. El ministro se esponja por la labor bien hecha.

—Perfecto, está exhausto de tanto aparearse.

Los dos peones tiran del hilo para que el escuálido cuerpo del ca-

zador no se venza hacia delante. Franco apunta y dispara, pero no da en el blanco. El trípode ha temblado con el brazo y un capitán lo fija de nuevo, bruscamente. Franco dispara otros cuatro cartuchos infructuosos desde el trípode tambaleante. El animal está tan cansado que ni el ruido logra moverlo. Los dos peones atraen el hilo con todas sus fuerzas. El quinto proyectil da en un codillo al ciervo, que se yergue, avanza tres metros y queda de patas abiertas como embriagado. El primer cazador de España levanta el rifle como un campeón de pesas auténtico.

—¡Es mío! ¡Tengo el récord! Bajen a rematar. Que me guarden las cuernas. Las de la muda, para la duquesa.

***

Casona de la finca del coto. Los Franco cenan con el ministro, capitostes civiles y mandos militares del personal de jornada. Pregunta el director general de Semillas y Plantas de Vivero en tono melifluo:

—¿Qué ha sido lo mejor del día, Excelencia?
—La protección de la fauna, porque me he traído *Jabón Lagarto* (*ríe y con él todos los comensales*) Y que no haya venido Manuel Fraga, por supuesto.
—Qué donaire para el remoquete, Paco.

Los comensales refrendan con disciplina. El ministro del agro se apunta y dispara.

—Cazo alguna vez con él y si le va mal todavía se pone más insoportable. Atosiga sin tregua, de palabra y obra. Le molesta el aire, que le hablen y hasta el tic-tac del reloj. Una vez resbaló en un desmonte y lo perdió. El guarda quiso recuperarlo y él ordenó que continuase caminando.

—No hay que tirar junto a alguien así... si no es para rematarlo.

—Qué humorismo sin límites, Paco, las cazas al vuelo.

—Acuéstate, Carmen; la labor aún me reclama. No sea que las novedades vayan a tono con las cornamentas de la jornada.

—Sí, tú bromeas, pero me da que volverás a ponerte enfermo de telele. Me quedo.

Franco convoca a su enlace con TVE.

—Coronel Telechía, ¿Mantiene la pantalla nuestros tesoros espirituales renacidos, en fusión con el acento social y la firmeza nacional? Deme novedades.

—Los mantiene e inculca, Excelencia. En el frente dramático todo en orden. El capitán de artillería y locutor del *Telediario Primera Edición* Jesús Álvarez sigue formando dúo en el éter y la vida con Beatriz Cervantes. No hay un *Estudio Uno* o similar donde la pareja protagonista no esté bien casada: Pablo Sanz y Asunción Villamil, Manuel Galiana y Ana María Vidal, Fernando Guillén y Genma Cuervo, Luis Varela y Amparo Pamplona, Ismael Merlo y Luisa Sala, Fernando Delgado y María del Puy. Jaime Blanch y Nuria Carresi. Matrimonios de probada fortaleza fraguados en los Principios Fundamentales.

—Fundamentales e indesmallables, como las medias *Berkshire* de Alfredo Di Stefano.

—Qué grande eres, Paco. No me extraña que los legionarios se tatuaran tu nombre.

—Apunte, coronel: más zarzuelas y operetas de brigadieres con entorchados. Fraga sale demasiado en los intermedios. Las guías del bigote de Íñigo solo hasta la comisura. Ningún escote de más. Comprar chales, toquillas y flores artificiales. Combatir cada canaleta y muslo como en Brunete. Las bailarinas, de medio cuerpo para arriba. Si la artista solo canta y no se menea mucho, la falda al final de la rodilla. Prohibida la palabra bolero y el trompeteo de negros. Y nada de batería en la sobremesa, que trastorna la digestión de los españoles.

—¿Ordena alguna cosa más?

—¿Por qué tantas películas de norteamericanos que desconocen la familia y exaltan el divorcio, perverso en sí mismo? Nuestro proceso histórico unificador está por encima del divorcio de clases. Veo a Kojak, que parece un recluta en el calabozo, y antes al agente de Cipol y a Mannix. ¿Los españoles no tienen detectives? ¿Hemos de hacer indigenismo al revés? Que monten una película de Roberto Alcázar y Chiribín.

—Será Pedrín, dicho sea con toda subordinación.

—Pedrín y Chiribín y Periquín, si hace falta. Hay que televisar la obra de España: Cortés, Pizarro, el Dos de Mayo. Centrar los tomavistas en las gestas de las minorías selectas que la protagonizaron, nuestros hidalgos, héroes y mártires. Sagunto, Numancia, el santuario de la Virgen de la Cabeza, el cuartel de Simancas… Pongan la zarzuela *Marina* dos domingos al mes. Y no me corten a Amestoy. Más malabaristas y menos Perry Mason, que no ganaría ni un caso al ponente de un consejo de guerra. Vámonos Carmen, quiero ver *El alma se serena, Oración y cierre.*

—(*En la alcoba*) Qué garbo tienes para la corrcción recreativa, Paco. Ojalá los españoles te disfruten muchos años y no te ocurra como al general francés.

—(*Frotándose el mentón, ampuloso*) La caída de Carlos Degol se veía venir; era un dictador.

—Qué arte para la crítica sana y elíptica.

—Soy francotirador, Carmen. Buenas noches.

—Y ministro del Aire, porque nunca llegas a besarme en la mejilla.

Franco besa un pómulo del retrato de Carmen Polo en su mesilla..

—Deber cumplido.

Escena 8

UN CAFÉ MUY NEGRO

Narrador

Sobremesa con el presidente Arias en el Pardo. El Jefe del Estado está en muy buen estado. Habla del disco del Dúo Dinámico cuyos componentes van de guardiamarinas en Cartagena. Carmen Polo no anda distendida. Un tribunal militar juzga a cinco terroristas de ETA y FRAP.

—(*Carmen*) Ya ves lo que hace el sucesor de Pedro, Paco.
—¿Sucesor de Pedro Paco?
—Paco... el sucesor de Pedro.
—¿Yo, Paco, el sucesor de Pedro? ¿Ya?
—Paco, atiende, mira lo que hace ese liberalón de Montini, el sucesor de Pedro.
—Prefiero a Pedro Picapiedra. Dirigió el Valle de los Caídos junto a Pablo Mármol.

Narrador

Franco combina una clarividencia a lo Walt Disney con una creatividad a lo Groucho, su Marx predilecto. Un portento de la naturaleza.

—Los buitres extranjeros olfatean la sangre, se han crecido. Se regodean de las desgracias de España. Dicen de ti que eres totalitario.

—No soy totalitario; soy totalizador del cariño de los españoles.

—Dicen que eres fanático.

—Para la gran obra de redención de un pueblo, el fanatismo y la intransigencia son indispensables cuando se encuentran en posesión de la verdad.

—Dicen que eres autoritario.

—Soy la autoridad conservadora. El estadista de un pluralismo unitario limitado en favor de una nación moderna, industrial y próspera. ¿Piensan que el Estado puede abdicar de sus leyes con una goma de borrar?

—Piensan que podías haber sido regente, pero que te obcecas en reinar sin trono.

—Regente es oficio menor; la altura de quien suscribe sobrepasa la de un rey. Soy Hacedor de reyes.

—Te acusan de militarista.

—¿A mí? ¿Quiénes? ¿Los que entraron en la Guerra Mundial, libran largas guerras de descolonización y adjudican definiciones canónicas? Yo aconsejé a Johnson: no sigais en Vietnam; perderéis. Admiro a ese Ho Chi Minh, no tiene un imperialismo expansivo artificial. Me recuerda la guerrilla contra el francés.

—Te acusan los mismos que exigen que te vayas.

—Sólo dejaré el poder camino del cementerio. No soy Primo de Rivera ni haré el primo como Mussolini. (*Ofendido*) ¿Qué marca mi agenda de sobremesa?

—(*Arias de corrido*) Café con sentencias y jugar a la cometa con los nietos.

—Firmar un "enterado" es mi mejor autógrafo.

—Qué gracia te adorna, Paco, incluso para las inevitables órdenes de ejecución.

—Siempre estoy en gracia divina, ya lo sabes. ¿Qué tenemos para hoy?

—Colombiano.

—¿Un colombiano terrorista? Sacrílego ultraje al Descubridor.

—Me refería al café. ¿Lo tomará solo?

—Si son condenados a muerte, con dos terrones.

—Qué golpes, Paco.

—¿Quiénes son los sentenciados a pena capital?

—Un catalán y un polaco.

—¿Dos de lo mismo, presidente?

—Hoy estás sublime, Paco.

—Mejor los hilos que la tracción, es más entretenido.

—La ejecución por garrote…

—Hago referencia a la cometa.

—¿Aplicamos a los reos alguna medida de gracia, Excelencia?

—No compete. He concluido mi capítulo de chascarrillos.

—Soberbio, Paco.

***

Un fundido cadencioso indica el paso de horas. En otro salón de palacio destaca un televisor. Franco forma ante él con cónyuge, hija, yerno y tres nietos. El abuelo acostumbra a rendir culto en familia al altarcillo de 625 líneas. Se le nota recuperado y feliz. Lleva un 'Colt 45' de juguete al cinto y sombrero de papá Bonanza. Los demás, caras más bien largas.

—¿Quiénes no desean ver *Bonanza* conmigo?

—Abuelo, ya lo hemos repetido.

—Papá, ha quedado claro.

—Son tiempos de apertura: a votar. Que levanten la mano quienes se opongan.

Los seis familiares la levantan.

—Muy bien. Conste en acta: se aprueba ver *Bonanza* por unanimidad, con seis votos en contra.

—Qué humor tienes, Paco. Pero te tengo dicho que un día pillarás un trombo de tanta tele con la bandeja en las rodillas.

—*Bonanza* es el modelo de la familia: varonil, unida, y el cocinero chino no se sienta a la mesa.

La sintonía del telefilme remata la escena.

Coro

Banderita, tan hermosa
Conquistarás La Ponderosa

Escena 9

EL BARÇA Y LA "VECCHIA SIGNORA"

Narrador

Consejo en La Coruña. Franco ha traído dos palos del club de golf La Zapateira, que custodia en la cabecera de la mesa. El Príncipe, detrás de los ministros, ocupa una silla de bebé cuya anchura y patas se han adaptado a su talla. Cada vez que se remueve en la trona, el Caudillo acaricia un palo de golf. Arias discursea lúgubre.

—Planean sobre nosotros el terrorismo más abyecto y la inflación, pagados con el oro de Moscú, y las celadas de Rabat. Es más: junto al oro y el moro nos acometen reductos cerriles del separatismo.

—¡Bravo! ¡Bravo! ¡Bravo!

—(*Franco en voz queda y ademán terminante*). No, López Bravo y los chupacirios no volverán. (*En alto*) Prosiga.

—Gracias al Altísimo y a su venturoso enviado Francisco Franco, la inmensa mayoría de españoles, fiel a los ideales del Alzamiento, nos vela en el tránsito a una convivencia ordenada en las vigilias de los 35 años de paz. El camarada Girón, desde la hombría del espíritu militar constructivo y gravemente religioso, apela a culminar la revolución nacional pendiente sin dejarnos tentar por cantos liberalizadores para liquidar el Estado, por doctrinas caducas de sistemas hipócritas e ineficaces donde el fuerte engulle al débil.

—¡Girón, Gironazo! ¡Franco, Franco!

Franco soba complacido un palo de golf hasta que decrecen los gritos. Va a tomar la palabra.

—¿Dónde estará mi Carro?
—Qué humor, Paco.

Muecas ministeriales de asombro. Doña Carmen farfulla desde un ángulo de la sala. De la mente prodigiosa quizás nace otra genialidad al llamar a un destituido, Carro Martínez.

—(*Tirando los palos al suelo*) Mi carro de golf, se habrá quedado fuera. Tráiganlo.
—(*Arias corta no sin dulzura*) Más problemas, Excelencia. Portugal se ha pasado al enemigo y no es lo peor: el Barcelona puede ganar la Liga.
—¡Santo cielo! (*Doña Carmen se pincha con una aguja de bordar*).
—(*Recobra el parlamento*) El presidente Montal propala que el Barsa es más que un club. Este es el borrador del discurso del 75 aniversario, traducido del vernáculo por los servicios de inteligencia.

Cuchicheos pajariles. Vernáculo suena a tabernáculo hebreo.

—Léanos.
—"Estimados consocios: somos el club más perseguido. ¿Qué ciudad iraquí es la más bombardeada? Basora. Pero somos el más imitado. ¿Quién es el presidente de Rumanía, país de moda?

Nicolau Casausescu, casi tan catalán como Cristóbal Colón. ¿Quién será el presidente del Portugal libre? Ramallets Eanes, casi catalán como Leonardo de Vic. Nos llaman imperialistas cuando venimos del glorioso umbral de los siglos. Calderón de la Barca era en realidad Felip Ramon Calders, apodado *Calderón del Barça*. Felipe IV lo secuestró para su equipo del Siglo de Oro al ver su polivalencia de dramaturgo. Un precedente del caso Di Stéfano. ¿Qué general cruzó los Alpes con elefantes? ¡Amílcar Barça, otro mártir de la historia, catalán como Santa Teresa, que no era de Ávila sino una monja del convento de Pedralbes, natural de Sabadell. Pedimos justicia. A Malasia, que restituya a su capital el legítimo nombre de Kubala Lumpur. A Alemania, que sus arquitectos estudien el *Mein Camp*, el libro del Camp Nou, cuyo voladizo es envidia mundial. Pero os advierto: nos acusarán de surrealismo político. El enemigo amaña nomenclaturas para escamotearnos la identidad y el peso internacional. Esfuerzo inútil. Un día vendrá en que podremos ser lo que somos y representar lo que representamos. Por Cataluña, Visca el Barsa!".

Arias baja la vista. Mutis denso. Franco ni pestañea. Se abre el turno de intervenciones.

—El discurso es un compendio subversivo de cepos retóricos y exaltación separatista. La generosa España Nacional da cauce a la fecunda multiplicidad regional y ellos envenenan el alma popular con partidismos, egolatrías y pequeñas miserias. He dicho.

—Los catalanes viven de la mentira, de culpabilizar al prójimo y de azotarse. Son la anti-patria. Enemigos encubiertos de labor disociadora en criptas y cenáculos para iniciados.

—¡Si fueron a la guerra y salieron más ricos! La murmuración y el despecho no tienen cabida. Se sirven de ello quienes realmente se benefician. De los catalanes solo salvaría a la Mary Santpere.

—Mezquindades, intereses particulares de elementos dañinos intelectualmente débiles y moralmente pervertidos. Dan la tabarra del dialecto cuando el catalán es como el pijama, para estar por casa. ¡Estado de excepción y el Real, campeón!

—Los españoles de arriba a abajo no acusamos ni laxitud ni cansancio: demostremos la fortaleza de nuestros ideales, los bríos de nuestra juventud. Formemos una fuerza superior neutralizadora. ¡Campeón el Inter de Milans y Ejército al poder!

—(*Bisbiseo casi inaudible*) Mientras no suban el Recreativo de Huelga y el ElChe Guevara…

—Cállate, Solís, que nos va a oír

—Soy la sonrisa del régimen.

—Por lo que se ríen de ti.

—(*Franco tose. Silencio sepulcral*). Donde haya un descontento, donde una pasión, donde una diferencia en trozos sagrados de territorio, allí, cubiertos de fariseísmo, echan baldones a España personajillos de doctrinas políticas rebasadas. Los enemigos que airean infamias liberan nuestros demonios: la crítica negativa, la insolidaridad entre hombres y tierras, el extremismo y la enemistad mutua.

Runrún de admiración prolongado. Franco lo corta con una carraspera y paladea el silencio.

—Por lo demás siempre he sido de la *vecchia signora*.

Mutis aún más acogotado. ¿Una sutileza sin precedentes? El titular de Trabajo aclara, solícito.

—Ah, el Juventus, equipo de la Fiat, madre de nuestros Seat.

—*(Nuevo bisbiseo casi inaudible).* ¿El Frente de Juventus?

—Cállate, Solís. Si te pilla nos fusila.

El Caudillo despeja los bronquios con el fragor de una granada y señala en dirección a doña Carmen.

—Seat lux[6]: debería usted saber que para mi no hay más que una *"signora"*, como le repetía yo a Benito, que era un crápula.

—*(Ella sisea)*. Qué reflejos para el albur y el equívoco. Paco. Qué gracejo en el piropo. Si lo supiera Pedro Lazaga.

—*(Arias)* Excelencia, todos llevamos a doña Carmen en nuestros corazones.

—*(Alzamiento de bigote del Jefe del Estado)*. ¿Presidente, cómo acabó el mitin de Montal?

—Les invitó a levantarse y cantar. "Rosa de abril, Morena de la Sierra…"

—*(Tercer bisbiseo)* ¿Rosa Morena? Me gusta.

—¡Cállate, Solís!

Narrador

Salón del Pardo. El Caudillo emplea el resto de la jornada en pergeñar las líneas maestras del mañana. Recita en tono marcial, avanzado al proscenio.

—Mensaje de fin de año. España: más Kung Fú y menos Heidi. Reposiciones del concurso *La unión hace la fuerza*. Reformas: de la carta de ajuste, coros y danzas. Fomento de la lectura: nueva cartilla de racionamiento. Empuje al deporte: más penaltis a

---

6 Fiat lux, Hágase la luz", frase de las sagradas escrituras referida a la creación, al separar Dios el día de la noche. Fiat, propiedad de la familia Agnelli, era la empresa de automoción de Turín que financiaba el Juventus. En la frase Franco cambia Fiat por su filial nacional SEAT

equipos desafectos y una edición de *Esta es su vida* al trencilla Guruceta Muro.

—(*Tras supervisar atentamente el cierre de la emisión, inquiere a doña Carmen*). ¿Hablaste con la echadora de cartas gallega que nos recomendaron?

—¿Paco, cariño mío, otra vez con esas cosas?

—Esas cosas, como tú las llamas, no han pasado nunca pero han existido siempre. Lo decía Salustio, un sabio griego que ya era franquista gallego hace mil años.

—(*No le ríe la gracia*). La *bruxa* pronostica que solo serás un nombre entre Negrín y un Suárez.

—Ante todo soy soldado. Que la arresten por mal de ojo masónico.

—No seas tan severo. He estado en casa de Pitita, la filipina, que habla con la Virgen y los santos. San Agapito le ha dicho que gobernarás hasta tu muerte, serás enterrado en un mausoleo junto a la cruz y desde allí tutelarás la democracia conveniente 44 años.

—(*Tras meditar*) ¿Será récord Europeo?

—Sí. Y también dice que, cuando nadie lo espere, te levantarás del túmulo y volarás a tu más alto destino ante la mirada de tus enemigos en el mundo inferior.

—(*Pulgar en alto*) El alto destino ya lo sabía. (*Pulgar abajo*). La bruja, al Tribunal de Orden Público. El TOP es de lo más top.

—Qué sentido avanzado tienes para los chistes modernos, Paco.

Escena 10

"POR EL SÁHARA ESTALLARÁ TODO"

Narrador

Juan Carlos desconfía de Franco, Arias desconfía de Juan Carlos, Juan Carlos desconfía de Arias y Franco desconfía de todos. A los seculares enemigos de la tierna flor reformista se suma una premonición fatídica: "Por el Sáhara estallará todo".

***

Mediodía en el despacho de Arias. Viste pantalón de traje y chaqueta de pijama. Pasea cansino y reflexiona en voz alta. Lleva tres noches sin dormir.

—(*Chulo pero con escalofríos*) ¿Quién es el altanero rey de Marruecos? Vaya polvorilla. Un hijo de ex vasallo venido a más. Alí Babá emperrado en robarnos el desierto. ¿Quién es el auto-denominado Frente Polisario? Cuarenta ladrones. Moros en la costa con la moral subida. Una raza marcada por el estigma de la codicia. ¡*Carnicerito* os va a dar pal pelo! (*Insuflando pulmones*) Estamos prestos a imponer la autoridad en una zona que nos co-

59

rresponde, por haber sido adquirida al más alto precio y pagada con la más cara moneda, la sangre española derramada. (*Mano al corazón*) Pero eran otros tiempos…

El secretario entra sin llamar y gime pesaroso.

—Marruecos ha apresado tres barcos y prepara una marcha verde. Solo pienso en el retiro.

—(*Arias manotea, lívido*). ¿Una marcha verde en el parque? ¿Nos abordan en aguas del Retiro? La hostilidad se multiplica: recesión, Roma, el arzobispo de Bilbao. ¿Qué dice en su homilía?

—Puro separatismo. Habría que expulsar de una vez a Añoveros. ¿Hablo con el Vaticano?

—(*Chasqueo de fastidio*) Es listo: si le desterramos, nos excomulgará. Y es tarde: Franco debió declararse jefe de la Iglesia del Reino. Pero estamos a tiempo de expulsar al nuncio.

El secretario acompasa las malas noticias con ademanes dramáticos. Arias se cambia la chaqueta entre repeluznos y parte rumbo al Pardo. Cuadro palaciego. El primer telespectador de España contempla un documental donde se ufana del cachalote capturado. Ofrece asiento a un Arias sudoroso, jadeante y demudado.

—Repose, hombre de Dios. ¿Agua del Carmen?

El Caudillo escancia un vaso de agua corriente y lo da a su consorte. Carmen sonríe, deja de trajinar lujosas bandejas de su colección y en una de ellas sirve al visitante. La sonrisa de Franco es socarrona.

—Para vahídos, nada como el agua de Carmen.

—¿Qué sería de la Patria sin tus ocurrencias, Paco?

—(*Arias se masajea la nuca, tirita y tartamudea*) La Patria está en riesgo de almoneda, Excelencia. La llamada Radio España Independiente difunde que Marruecos trama un golpe en el Retiro.

—(*Atento al documental*) Nada de retiro. Mientras la Providencia lo permita, debo seguir al timón de la nave del Estado.

Arias piensa; la lucidez en seguir el hilo acuático del diálogo es a todas luces sobrehumana.

—La misma emisora anuncia que el Polisario reivindicará la toma de Granada.

—Un polisario te voy a hacer con el trocito de mi capote que haya pisado tan lindo pie. ¿No era un cuplé de la Violeterilla? ¿Granada no es de Luis Mariano? Que se persone el ministro del ramo.

—¿De qué ramo?

—De cuál va a ser, presidente. Del ramito de violetas imperiales.

—Ay, qué golpes tienes, Paco. Dios te guarde el humor muchos años para provecho de todos.

—Temple y nervio, presidente. ¿Acaso pesan en mi pecho las medallas de campaña, la mejor escuela de la vida, los seis años de victorias, paz y progreso que regalamos con Primo de Rivera al Protectorado del Norte de África? La sensibilidad exquisita del pueblo marroquí comprendió pronto que el Movimiento que puso España en armas era una verdad santa. Sus gentes se unieron a la causa nacional desde primera hora, en defensa de la espiritualidad y el sentido trascendente de la vida. Mezclaron su sangre con la nuestra. Sin embargo, Arias, las victorias se malograrían si no mantuviéramos la tensión, inquietud y acción de los países heroicos contra los eternos desleales, disidentes, reconrosos y egoístas. Hassan II cree que el Sahara es una mera extensión de su país; sabe que el referéndum que hemos propuesto no lo ganará.

—Dí que sí, Paco, que pones un vergel a los bárbaros hambrientos, les liberas de la pobreza y se van de la Ceca a la Meca para recibir instrucciones disolventes.

El Caudillo ladea la vista. Su rostro se ha agriado.

—La Patria se desmiembra día a día y nadie se da por enterado. Hablando de enterados, ¿el ministro de Información es el enteradillo Cabanillas? Más a mi favor: ¿todavía está en su puesto el ofensor que desnuda españolas en los televisores? Hablando de audiencia: cada vez que se la doy, Pío me pide la coronación a plazo fijo. Pues hágase: el motorista a su casa, para que el fastidioso firme el enterado del cese.

—Qué monólogo, Paco.

—No era monólogo, sino contraste de parecer con el vacío.

—Qué salero tienes. Qué juego de palabras con las audiencias. Si tu pueblo lo supiera…

—(*Arias masculla*) En información está Herrera, no Pío.

El hombre excepcional hace caso omiso a la rectificación. Arias piensa: está situado en un plano de pensamiento superior.

—Digo yo que ésa es una pretensión temeraria: ¿cómo voy a coronarme conforme pretende? Es cuestión de tiempo. ¿Qué pensarían mis nietos? ¿Qué pensarías tú, Carmen?

—Qué originalidad, Paco, qué agilidad.

Arias lleva rato caracoleando en el sillón, mandíbulas apretadas y una mano en el bajo vientre.

—Debería usted tomarse vacaciones.

—No puedo, Excelencia, de ninguna manera.

—Pues van bien para el cuerpo y a usted le conviene hacerlas.

Narrador

La sublime ironía, clarividencia y sutileza de Franco, insólitas a los 81 años, cautivan a propios y extraños salvo en el exterior, que extiende negrura sobre su régimen. Cielo tan cargado no se despeja sin tormenta.

***

El Caudillo queda solo en un cuadro tenebroso de fulgores eléctricos.

—A punta de espada o bayoneta, en campos de Flandes, en tierras vírgenes de América y en las estepas rusas ganamos gloria y provecho para España. La patria que dio vida a un continente se halla con poder y virilidad para defender la razón y la verdad. No hay pujanza, plenitud, esperanza o grandeza sin sangre, y bendita sea la fructífera casta vertida por nuestros mártires, los buenos españoles. Las cagarrutas moras en el desierto siempre fueron minúsculas. Hoy la morería posee petróleo, pero volverá a ser inferior y jiñará balines. Deber, servicio, muerte. Que truene el cañón. (*Un trueno horripilante cierra la escena*).

Escena 11

CUPLETISTAS EN LA GRANJA

Narrador

¿El decidido ánimo de abrir España ha penetrado en el mundillo de los vips[7]? No todo son lisonjas. La maledicencia atávica se toma nuevas libertades. Recepción anual de Carmen Polo en el palacio de La Granja. Una gala benéfica de relumbrón.

***

La acción nos invita a serpentear entre las mesas y corrillos de la prosapia artística y cultural,

—La Generalísima reza tres rosarios al día y hasta se ha puesto un oratorio, pero mírala como goza abanicando las alhajas.

—La Collares está colada por su cuñado, el Serranito.

—Natural, el Cerillita tiene un único testículo y una fimosis imperial. Y aunque no los tuviera.

---

7 Por VIP se conocía a alguien Very Important Person o persona socialmente destacada.

—¿Cerillita por la voz atiplada? Es una sinusitis crónica.

—Ya, por eso su padre le llamaba Paquita y marica.

—En Obras Públicas le apodan *Paquito el Rana*, por vivir de los pantanos. Y en el Pardo *Popotitos*, por las piernas flacuchas.

—Para machote su hermano mayor. El padre tenía mala leche, nunca mejor dicho, y le rompió un brazo cuando le sorprendió haciéndose una manola.

—Franco solo se siente atraído por Juanita Reina y Sara Montiel. La llama "Violeterilla".

—La Piquer le plantó cara.

—A Franco no le tose nadie, guapa. No te equivoques. Unos vienen a que les den un marquesado o un *honoris causa*. Cupletistas o tonadilleras venimos el 18 de julio a la beneficencia de La Granja para codearnos con el lujo y la crema.

—Algunas no se pliegan por entero a sus deseos. La Piquer se resistió. Una vez tuvo que asistir y al final de su actuación un ministro le pidió que volviera a cantar. "¿Verdad que Su Excelencia no ha merendado? – repuso ella - . Pues yo tampoco. Si quiere oírme, que compre el disco".

Carmen, la nieta de Franco, y Pilar, la jefa de la Sección Femenina, intercambian confidencias con Lola Flores y un general de predicamento ascendente en los ejércitos.

—Los comunistones de TVE echan pestes de la labor social de mi abuelo. Tina Sainz va por ahí de risas, con que si un obrero come merluza uno de los dos está enfermo. Juan Diego me llama "altecilla".

—Mantenidos y desagradecidos; enfermos del mismo virus de los rojos despechugados y sucios que nos atacaban a traición.

—Bien hablado, general. El abuelo nos contaba que los comunistas son como un saco de ratas, que si no se las mantiene en continuo movimiento y se las deja tranquilamente, una empieza a abrirse camino a través del saco, las demás la siguen y pronto habrán devastado toda la casa. Terrible.

—Cuánta tensión e inquietud en un corazón femenino tan inocente y delicado,

—Pues sí, en realidad a mí me gustaría ser Carmencita Franco Goes to Hollywood.

—A mí Jaime Robin del Bosch por mi continente desprendido e indómito.

—Lejos de occidentalismos, yo querría ser Piñar Primo de Rivera. ¿Y tú, Lola?

—¿Yo? Ilustrísima señora doña María de los Dolores Von Bismark de Holehole y Parma, musha parma, duquesa Sfandiari-Magnani, Marquesa de Hozú, baronesa de Centenario Terry, Faraona de Torres Morenas y Lady Cola de Pescaíllla.

Escena 12

UN PIS INOPORTUNO

Narrador

El tribunal militar ha sentenciado a muerte a los cinco terroristas de ETA y FRAP. Franco, impávido, pesca en un río escoltado por su médico. El sargento de una brigada fluvial de la Guardia Civil deposita una carpa en el anzuelo. Franco tira la caña con el pescado ya pescado y lo cobra al cabo de dos minutos de serena espera. Habla con el pez.

—¿Quieres clemencia, verdad? Pues denegada. ¿Insistes? Desestimada. ¿Paisa no matar, paisa no matar? ¡Pues toma!

De un manotazo echa la carpa en el zurrón que tiende el sargento. Repite el ritual condenatorio con una trucha y un barbo gigantes. De súbito alza los ojos, contrariado.

Narrador

Carlos Arias ha pedido un despacho de urgencia. Está más agitado que nunca. Le duele España y también la vejiga. Tiene ganas de orinar, pero no osa confesarlo y moverse de donde está, en la ribera junto al doctor Vicente Gil.

—¡Excelencia, las hordas del comunismo eufórico desde la revolución de los claveles han incendiado y saqueado la embajada en Lisboa!

—(*Sin sorpresa*) Clavelitos, clavelitos, colorados igual que un fresón. Lusitania, hermanita extraviada. ¿Una juventud sin Dios, presa de la lujuria, el leninismo anti-metrópoli, el maoísmo y la anarquía, cómo va a entender los ajusticiamientos en su rico contexto? Ford y Kissinger casi me vienen implorando que intervenga en Portugal; al menos para que tome posiciones de asalto en la frontera. Pero no soy militarista.

—Y Europa no ayuda.

—Nos asomamos a ella con títulos justos y legítimos, pero la Europa liberal está equivocada. También creía que los rusos tenían la bomba atómica. Habrá que purgarla de indeseables. Nuestro desfase con el mundo, que tanto se critica, es eventual y positivo. Llevamos 15 años de adelanto. Tenemos la democracia auténtica, no aquella que solo tiene el nombre. Estamos en el camino acertado. Podemos esperar sentados en la meta a que los demás rectifiquen, como el gran Bahamontes.

La meta, la meta… Arias aguanta a duras penas la parrafada, pero el Jefe del Estado bien merece fuerzas de flaqueza para contenerse.

—Excelencia, la campaña de Portugal se ha maquinado en Pankow. Busca utilizar nuestra justicia como epitafio de una reforma insuficiente, ay, ay, ay.

La necesidad de Arias ya es acuciante. Se está orinando. El pescador está abstraído.

—Don Vicente…, aquí, don Vicente…

—¿Qué?

—Don Vicente.., don Vicente…

—¿Qué le ocurre?

—Acérquese, por caridad… Más, más.

El médico se arrima, más receloso que alarmado, al presidente bailón.

—El Caudillo… ¿Lleva mucho rato de pesca?

—42 minutos. Pero puede estar hasta tres horas.

—¿Y no… Y nunca tiene ganas de ir al lavabo?

—(*Engolando la voz*) El Caudillo tiene corazón de león y vejiga de acero. Emerge de la mortalidad común y está muy por encima de pequeñeces orgánicas.

—Pues yo…

—¿El grado de la premura es alto?

—Muy alto, doctor.

—El Caudillo comprenderá perfectamente que se ausente usted un momento, presidente, y sobre todo entenderá el motivo. Pero habrá que decírselo.

Arias baja la cerviz y junta las rodillas. Aún aguanta un poco más. Al fin pide permiso.

—Excelencia, necesito ausentarme por una necesidad perentoria.

Franco lo concede con un leve gesto displicente sin desviar la cabeza del río. Arias da las gracias y cuando se está marchando a saltitos oye:

—Ya le dije que era bueno para el cuerpo hacer vacaciones.

Franco angula una sonrisa y sentencia para sí.

—Siempre lo supe: marinero de aguas menores.

Narrador

Al día siguiente en ministerios y acuartelamientos corre una consigna: Arias necesita vacaciones definitivas.

Escena 13

HIBERNADO POR UNA GRIPE

Narrador

Primero de octubre. La prueba decisiva frente a los enemigos del régimen. La fecha en que, doblegada la tímida reforma, la vieja guardia del tesoro espiritual de la nación ha montado una demostración de fuerza sin par en la Plaza de Oriente bajo el lema "Esta vez porque sí". En repudio del enemigo exterior y desagravio al Jefe del Estado. Un frío desdeñoso bate la plaza. Franco duda en salir al balcón. El príncipe instiga.

—Salga, Excelencia, salga, que el aire puro le sentará bien. Salga p'alante el tiempo que haga falta.
—(*Villaverde musita*) Ése va con segundas.

Respondiendo a las aclamaciones, Franco sale.

—Españoles: nos acecha una confabulación masónica en contubernio con la subversión comunista terrorista de Moscú.

Narrador

La aflautada voz del anciano Caudillo, atribulado por el goteo nasal, se hace ronca por segundos. Juan Carlos y el yerno médico mantienen una pugna sorda.

—Le noto mejor; resista, Excelencia.

—El médico soy yo, borboncito.

—Somos víctimas de una atchíspiración judeomásónica que si a nosotros nos honratchís, a ellos les atchumnvilece.

—Jesús, Jesús, Jesús.

Juan Carlos extrae un pañuelo y con apuros logra ponerlo en la mano trémula del disertante, que lo rehúsa y se deshace de su mucosidad en el fajín.

—Qué brío del Caudillo al sonarse los mocos.

—Está sonado.

—Cállate, Solís.

El escenario se oscurece paulatinamente. España se queda muda. La trama nos lleva al hospital de campaña instalado en una planta del Pardo. El presidente permanece en posición de firmes frente al lecho donde Franco diríase que está semidormido.

—¿Ponemos en marcha los mecanismos del hecho sucesorio?

—(*Musitando*) Sí. Que a largo plazo Di Stéfano sea suplido por Santillana.

Arias deduce: gran victoria de la terapia de activación deportiva. Utrera Molina, ministro falangista de la Vivienda, se desconcierta. Arias sube las pupilas al cielo.

—Está hablando en clave política superior.

Narrador

Los partes del equipo médico habitual reinciden en la perspicaz consciencia del octogenario. A ciencia cierta un don del Altísimo. El mismo que le hizo cruzado salvador de España.

—¿Cómo estás hoy, Paco?
—Mejor. Alterno fases de relativa lucidez con fases de lucidez inestable.
—Qué humor. Inasequible al desaliento.

Narrador

El Jefe del Estado, comprometido con la providencia, preside a los ministros conectado a un ingenio de fabricación íntegramente nacional que mide las constantes de su magnánimo corazón.

—Se nos llama dictadores, putuf, como si España pudiese vivir 35 años en plena tiranía, patachuf, y los españoles no fueran bravos, como Bravo Murillo, para no soportar, catachuf, plop, arbitrariedades y ¡putuchúm, patapám, catacrac! Pif.
—Este aparato arma mucho ruido.
—Es muy avanzado. Tendrá el *sensurround* de los cines.
—El corazón del Caudillo está puesto en el bien de todos los españoles. Nada hay que temer.

Narrador

Terminado el consejo, los corros ministeriales presagian una España dramática, en conflicto consigo misma y con los demás.

—La marcha verde nos desestabiliza.
—¿Las procesiones a los cines de Perpiñán?
—No frivolices, Solís. El sarraceno traidor ha elegido el trance de interinidad para lanzar a sus masas famélicas sobre el Sáhara.

Narrador

José Solís Ruiz, retornado al Gobierno como ministro sonrisa del régimen, se brinda a lubrificar las escabrosas relaciones con Rabat. Franco es ingresado en la clínica La Paz. El primer parte recoge "insuficiencia coronaria aguda", si bien tranquiliza aduciendo que "ha reanudado parte de sus actividades". El equipo firmante se gana una credibilidad inapelable desde el primer día. Los españoles de a pie están rigurosamente informados.

***

Una parte de la escena nos traslada a la calle de Serrano. Los transeúntes comentan.

—Está mejor de una arritmia venosa mesentérica, a causa de una parálisis intestinal bacteriana izquierda debida a la gripe.

—Sí, pero la hemorragia digestiva va ligada con ascitis recidiva a trastornos de ritmo de hemodiálisis con buena tolerancia de heces en forma de melena a causa de la gripe.

—De acuerdo, pero sin olvidar alteraciones esporádicas de la isquémica medicamentosa controlada arteriosepial bajo sedación aguda de cava diafragmática, también por la gripe.

La acción vuelve a La Paz, donde el equipo clínico habitual entona la cantinela de los partes.

—Franco no empeora.

Coro

No empeora
No empeora
Es un héroe
Signo de mejora

Narrador

Sin embargo el vulgo hostil expande habladurías sin cuento.

—Es Parkinson y cardiopatía.
—La cardiopatía se llama infarto. Además tiene úlceras digestivas.
—Peritonitis, tromboflebitis…
—Y extremauncionitis.
—Muy merecidos.

Coro

¡Son los mezquinos de siempre!
¡Mezquinos siempre!

—(*Voz radiofónica*) Desde el equipo médico queremos hacer hincapié en que las circunstancias clínicas del paciente han aconsejado mantener su temperatura corporal a 33 grados centígrados.

Narrador

El doctor Martínez-Bordiú se ha infiltrado en la clínica para corregir insuficiencias del equipo médico habitual.

—La hibernación ha sido para que nuestro Caudillo no tuviera fiebre.

Narrador

En el interín Juan Carlos de Borbón accede a la titularidad del Estado. El 9 de noviembre Marruecos detiene la marcha. España ha dado orden de retirada, harta de predicar en el desierto. Once días más tarde, la noche en que TVE programa la película 'Satán nunca duerme', Francisco Franco Bahamonde pronuncia sus últimas palabras. Carmen Polo no se despega de la almohada.

—¿La Modelo de Barcelona está llena?
—Sí, Paco.
—La historia dirá que nuestra transición ha sido modélica.

—Cerca de Dios estás más en gracia que nunca.

—(*Con un respingo*) Lógico. En España se es católico o no se es nada. Pero…

—¿Qué?

—El Vaticano me ha apuñalado por la espalda.

—Ni caso; esos no pintan nada ahí arriba.

—Pero…

—¿Pero qué?

—El capitán verdadero embarca el primero y desembarca el postrero. Lástima que el cuerpo sea el único enemigo que no puedo mantener a raya indefinidamente.

—(*Solloza*) El capellán y Cristóbal vienen enseguida.

—Cuánto cuesta morirse. No le dejan a uno en paz ni en La Paz de Franco. El divino paciente está impaciente, Carmen.

—Eres un genio. Y lo seguirás siendo en el más allá.

Narrador

El yerno aparece ante el moribundo. Franco sufre instantáneoss estertores de agonía.

—Un globo, dos globos, tres globos. Mayra, Chicho, Rintintín. Carmen, quiero a Blas.

—¿Piñar?

—Epi, Blas, Epi, Blas.

—Qué humor, Paco, qué humor. ¡Paco!

Apagón de unos segundos. Una luz macilenta enmarca al ministro portavoz, León Herrera.

—Franco ha entrado en la inmortalidad.

Otra luz, parpadeante, muestra a Arias ante una cámara. Solloza.
—Españoles, Franco ha muerto.

Coro

¡Franco ha muerto!
¡Ha muerto!
¡Muerto!
¡La hez asesina cuando los gobiernos son débiles!

Narrador

La primera reacción popular tiene su lógica.

¡Coño con la gripe!

Coro

Qué humor, Paco,
Qué humor.

ACTO II

Escena 14

EL DIFUNTO ESTÁ SUDANDO

Narrador

El Palacio Real alberga la capilla ardiente del cruzado de alma ejemplar. TVE realiza un vasto despliegue de sus equipos desinformativos, a juzgar por la oposición. Directivos de fútbol se sinceran entre pésames.

—No recuerdo una semana de tanto balón televisado Pagan tan bien que Franco debería morirse a menudo.
—Pero a las exequias solo han acudido los extranjeros de segunda división.
—Giscard solo ha venido a desayunar. Y por los cruasanes.

—*Una sarta infinita de patriotas está circulando ante el féretro, cuando el director de Coordinación Informativa, demudado, telefonea al director de Prado del Rey.*

—¡Problema en la capilla ardiente!
—¿Por algún pirómano?
—¡El Caudillo está sudando!
—¿Ha resucitado ya?

—¡Paleto chistoso, tus focos a bocajarro le deshacen el maquillaje! ¡El Caudillo suda y a ti te la suda! ¡Matiza la iluminación o corta la transmisión si no quieres acabar en un despeñadero!

Juan Carlos deambula nervioso.

—Quitarme al Pinochet y lleváoslo p'atrás.

Ujieres forzudos esconden al general chileno detrás de una gárgola que se rompe de la impresión. En un extremo Arias interroga al nuevo jefe de TVE, el primero que no procede de Falange.

—Lo preguntaré por las buenas. ¿Qué se emitirá en *Los viernes concierto*?
—El *Aria de la Locura* de Lucía de Lammermoor.
—¡Lucía de lamer nada! ¡Llamarme loco subrepticiamente a mí, el albacea de Franco! No tiene coartada, señor mío.
—Es música, presidente.
—También lo es el ballet, una exhibición de desnudeces. Atento a las consignas: las pancartas ofensivas al régimen en los estadios se eludirán enfocando la Osa Mayor. Los 50 goles de Pelé se emitirán dos veces el 1 de mayo por el sistema del rizo, en evitación de disturbios y sabotajes. Quedan suprimidos los artistas italianos de nombre Franco. Las entrevistas a discrepantes no sobrepasarán dos minutos a contraluz y con sobreimpresiones discrecionales.
—(*Aplacando*) En enero estrenaremos *La Clave*, un programa estelar de debates donde no aparecerán los muertos de izquierdas, las grandes huelgas ni nada que hiera las sensibilidades patrias. El presentador, Balbín, es un incordio pero dará prestigio y tiene un concepto muy patrimonial de su silla. Antes de dimitir tres veces nos habrá hecho mil programas.

—¿Cómo podrá ser estelar?

—Estará muy cerca de las estrellas, en la Luna. Ésta es la clave. Le acompañarán *Los hombres de Harrelson*, el último grito en autoridad.

—(*Arias piensa*: qué paliza, Fraga me pedirá los hombres de Fraguelson).

—También estrenaremos *Las seis esposas de Enrique VIII,* una serie recomendada por don Juan Carlos, lo mismo que *Palmarés*, un musical de Bárbara Rey. (*Percatándose de que Arias vuelve a torcer el morro*). Asimismo pondremos en antena *Sandokán,* un indio rebelde con un par de ojones.

—Ni hablar de apaches rebeldes eróticos.

—Es un indio de las Orientales, presidente, no de las Indias que Colón confundió. Se rebela contra la Pérfida Albión. Con ojones describía yo las dimensiones de sus ojos.

—Si es así, pase. Pero el Gran Descubridor jamás se equivocó.

—La bomba será *Curro Jiménez*, el primer *western* andaluz. Un bandolero que se echa al monte para robar a los ricos.

—¿Apología del pistolerismo rebelde y los saqueos republicanos? ¿Una afrenta a Andalucía?

—Un alzamiento viril contra el crimen y el caos, como el 18 de Julio. Los rebeldes son los otros, el Gobierno que se ha sublevado contra sus esencias para venderse a los franceses. Esos sí se entregan al despojo y al pillaje violento.

—Pues que el bandido no robe mucho a los ricos ni hable en andaluz.

—Tranquilo, presidente, Curro Jiménez y sus adláteres siempre van con las mismas mantas costrosas y cimarronas.

—Crearé una comisión depuradora para mayor seguridad. ¿Algo más?

—Un programa titulado *Más Allá*, de Jiménez.

—¿Más Jiménez? ¡Demasiado bandidaje!

—Fernando Jiménez del Oso, un experto en señales que vienen del espacio..

En un vértice superior del escenario despunta una luz celestial.

—En el Más Allá las señales también las doy yo. Cuidadito con hacer el oso.
—Eres divino, Paco.

Escena 15

EL HEREDERO MISTERIOSO

La trama se traslada al hemiciclo de Las Cortes, reunidas en sesión plenaria.

Narrador

El 22 de noviembre de 1975, procuradores y consejeros aplauden la coronación del heredero de Franco con la mosca en la nariz.

—(*Corrillos*) El reyecito no ha citado "la unidad de destino en lo universal". Ni "españoles todos". ¿No éramos "los adelantados de la civilización?". ¿La solución española que funde lo nacional con lo social bajo el imperio de lo espiritual?

—Ni mú de la libertad de iniciativa que explota a los peor dotados. Nada de sindicalismo contra el capitalismo liberal, ni yugo, ni flechas.

—Ni palabra del Telón de Acero y del Peñón. Ni lo de "yerran quienes creen…", ni los "tontos útiles". Un discurso sin tontos útiles no es discurso. Es chatarra.

—Ni la arenga a "preservar los principios fundamentales ante el materialismo que nos invade", ni a "perseverar en los valores del 18 de Julio". ¿O era perseverar en principios y preservar los valores?

—Tampoco ha dicho que "el oro acaba envileciendo a naciones e individuos". Le va el parné. Un sacacuartos.

—Éste habla con lo que calla. Tenía pinta de no haber dormido.

—Úlcera de duodeno y purgaciones, lo sé de buena tinta.

—Pero resalta que ninguna causa será olvidada.

—Pues a ver cómo queda lo de mi concuñado para subsecretario.

—No seáis aguafiestas. El Rey ha estudiado economía y política. Y es cinturón negro.

—El kárate le hará falta a Juancarlitos el Breve.

Coro

A rey muerto
Rey muerto

Narrador

El sucesor a título de Rey que el 22 de julio de 1969 juró los Principios del Movimiento Nacional y ante Las Cortes orgánicas expresó, solemne, recibir del Jefe del Estado su legitimidad política va a pasarse los principios y la herencia del 18 de julio de 1936 por el forro.

—*(Un espectador se levanta en la platea).* Señor narrador, por el amor de Dios; omite que Juan Carlos juró los principios de rodillas. Y que esta no es más que una nimia paradoja al lado de la mayor. Franco rescató la monarquía saltándose el orden sucesorio, el elemento primordial en toda dinastía.

Narrador

Lo siento, caballero. Solamente desnudo mi alma si el guión lo exige ¿Puedo acabar mi frase? (Pausa) Gracias. Juan Carlos confirma a Carlos Arias para la segunda apertura y el sollozante forma gobierno.

***

De la tramoya desciende la figura traslúcida de Franco hecho espíritu con uniforme de marinero. Estampa de anunciación. Escuchamos la zarzuela 'Marina'. La voz del Caudillo suena cual pitido en un dragaminas.

—En los mares procelosos del marxismo esclavizador y sus compinches, las logias masónicas y el liberalismo que da libertad para oprimir a los peor dotados, deberás perpetuar el resurgimiento nacional de la hermandad de los hombres y las tierras de España. El enriquecimiento material del pueblo dentro del espíritu de fraternidad humana que tiene su origen en los preceptos del Evangelio. Eres mi presidente y el Rey está a sus órdenes. A discreción. Rompan filas.

Escena 16

CAMBIO DE MENÚ: CHULETÓN DE ÁVILA

Narrador

La primera semana de la monarquía no se diferencia de lo anterior: palos, detenciones y secuestro del semanario 'Cambio 16'. Tampoco las siguientes. ¿A qué obedece el estancamiento? Para los rupturistas, el joven coronado ha hecho presidente a un viejo policía de Franco, apoltronados ambos por mandato orgánico del difunto. Sin embargo Juan Carlos y el antiguo 'Carnicerito' discrepan con hosquedad.

***

Escena en un salón de Zarzuela. Juan Carlos piensa en voz alta ante un busto de Franco antes de recibir al preceptor, vuelto a primer plano.

—¿Quién puede ofrecer asepsia, neutralidad, habilidad, discreción y energía democrática para hundir el sistema desde dentro aparentando lo opuesto? Los nobles herederos huelen a juventud, pureza y virginidad. (*Carraspea*). Yo estoy empapado de juventud. Punto.

—(*Entra el preceptor*) Alteza, me hallo en condiciones de penetrar en la estancia.

—Qué churrigueresco eres, Miranda. Tráeme un presidente de talante chulito con agallas de líder, pero que no levante suspicacias entre los franquistas, a fin de ordenarles que se hagan el haraquiri por España, proclamar la democracia formal e ir p'alante sin prisas pero sin pausas, con ruptura pero sin ruptura, con huevos pero sin romperlos.

—Estoy en la tesitura de tener lo que Su Majestad, el motor del cambio, me pide.

—Qué bella frase, Torcuato.

—Sí lo es, Majestad, sí.

—¿Quién es tu candidato?

—Mi persona, Majestad, se halla en condiciones de cargar con la pesada losa de la presidencia.

—Qué tostón, Miranda. ¿Quién es tu recomendado?

—Adolfo.

—¡Coño, he dicho chulito pero no tanto! Además, ¿éste no murió en el búnquer?

—Adolfo Suárez. Es más chulo que el *Cordobés*, Folledo, Santana y Ángel Nieto juntos. Aires de alguacil y consistencia de bombero.

—¿Joven?

—Aún tiene dientes de mala leche.

—¿Ideología?

—Pesa 73 kilos y mide 1'75 de estatura.

—He dicho ideología.

—Pesa 73 kilos y...

—Lo pillo. ¿Virtudes diferenciales?

—Será el mejor presidente a la hora de hinchar el labio inferior por el peso de la lengua.

—¿Dónde ha estudiado?

—Ha adquirido destrezas en el programa *Fantástico* de José María Íñigo, donde los españoles rebuznan, se tocan la axila con la lengua, imitan la oveja preñada o la batalla de Bailén.

—¿Nada más?

—También se tocan la oreja con la sinhueso.

—Digo: ¿nada más en lo tocante a virtudes?

—Será el mejor presidente en no distinguir a Henry Kissinger de Henry Miller, a éste de Arthur Miller, a estos de Lucien Muller y a todos ellos de Debbie Meyer, Raquel Meller y Uri Geller, aunque del judío doblador de cucharas parece haber aprendido el magnetismo a distancia. También será el mejor en aclararse la voz, otra cosa son las ideas, y abrir los discursos por lo más difícil: "Quiero comparecer ante ustedes con claridad y realismo." Atrevido y enérgico.

—Sin ideas propias. Un mirlo blanco.

—Mirlo azul, porque fue falangista y por tanto no está mal visto por el Consejo Nacional.

—P'alante el pupilo chulito. Quiero verle ya. El relato de mi reinado será una proeza basada en hechos reales. Tú ya no llevas reales encima, Mirandita, pero apuesto a que estás en condiciones de prestarme 150.000 pavos para llegar a fin de mes, que al motor del cambio también hay que echarle gasolina.

—Majestad, yo… Todavía tengo pendientes de cobro sus…

—Te tengo dicho que siempre estaré en deuda con los españoles, sois un pueblo maravilloso. Que el chulito te dé los 150.000 por las gestiones. Qué menos, si le cambiamos la vida.

***

La misma escena con luz de atardecida. Un lacayo ayuda al apuesto visitante a despojarse de la boina roja, los correajes, la chaqueta azulona y la camisa azul, que deja al descubierto otra blanca de popelín. El Rey aplaude y abre el diálogo sin rodeos.

—Adolfo, alaban en ti que tienes don de gentes y una habilidad nata para negociar, además de conocer bien los recovecos.

—Nunca he cazado recovecos, Señor.

—Los recodos del sistema, para producir una ruptura controlada y consentida. ¿Cómo hacerlo? Con seducción de consenso. De seductor a seductor: tú tienes mano izquierda y yo tengo las manos largas y limpias; combino la legitimidad con la continuidad.

—¿Continuidad en la ruptura?

—Sin titubeos, Adolfo. P'alante, siempre p'alante. Serás mi presidente.

—Seré el hombre del Rey antes que presidente.

—Eso me gusta. Que seas mi puente al futuro. Los puentes o los pantanos tienen fecha de caducidad. Toda obra humana es interina salvo la monarquía, naturalmente, para que así puedan seguir existiendo embalses y acueductos. Pero quedas advertido: no te fíes ni de la Ley de Sucesión. Una Navidad mi padre advirtió al Caudillo de que un barco no debe navegar con una sola ancla; Franco le mandó unos gemelos de dos áncoras junto con una botella de güisqui dedicada. *"Bourbon* para Borbón". Cuando al fin me designó para sucederle, dijo: "Su Alteza sabe que no necesitamos importar nada. De los sistemas universalmente aceptados para la gobernación de los pueblos, el nuestro es la monarquía que encarnaron los grandes monarcas de los mejores tiempos".

—Eso es bueno, Majestad.

—Jamás te ilusiones con él porque matizó: "No se trata de cambiar el mando de la batalla ni de sustituciones que el interés de la Patria no aconseje, sino de asegurar la sucesión ante los azares de una vida perecedera".

—Hay que joderse. Oh, perdón.

—Franco me trató como un padre; habrás oído decir que soy el hijo que no tuvo. Sin embargo tanteó a Otto de Habsburgo, hijo de emperador, y se enfrió al saber que el último Austria tenía una horterada de casa en Benidorm. Guardaba a Alfonso en la recámara; ten precaución. Mi primo es un lastre para la reforma en la que debemos andar todos juntos. Yo voy con pies de plomo. Aíslate de influencias perniciosas. Vigila los sepelios de militares y civiles; son una hoguera manipulada por los heterodoxos. Mantén el temple. Exige fidelidad. No cedas al pesimismo. Alfonso es presuntuoso, pertinaz y astuto. Un pavo real intrigante de mucho cuidado que no se conforma con ser Duque de Cádiz. De embajador en Estocolmo devolvía las cartas que no hacían mención de su linaje. Allí se atrajo a la nieta de Franco para llegar al trono por la vía rápida. Anteayer hasta soñé que ella se presentaba al programa *Reina por un día*.

—Me llaman el chuletón de Ávila, Majestad.

—Fetén. Ahora chitón hasta mi señal. De hecho, antes de que te vayas... ¿Has oído hablar del ruido de sables? (*No hay respuesta*) Aquí nos gusta el ruido de sablazos. (*Risa simpática*) Torcuato, que tiene un corazón de oro y te pedirá una pequeña suma benéfica. Procura complacerle con largueza. La caridad siempre es recompensada.

***

La escena alumbra el piso superior al de ambos personajes. Estamos en Estocolmo, en una alcoba que sugiere estirpe real. Alfonso de Borbón Dampierre se pule las cejas.

—Espejito, espejito, ¿quién es el mayor? Yo. ¿Quién es el jefe de las ramas de la Casa de Borbón? Yo. ¿Quién se ligó a Carmencita? Yo. ¿Quién es el ganador moral, diga lo que diga la Ley de Sucesión? Mi Alteza Real, que soy nieto de un rey. ¿Qué nieto de rey posee una luz especial? (*Efecto lumínico en su cuerpo*) Yo. ¿Quién me hizo la vida imposible en Suecia? Él ¿Quién azuza chismosos contra mí por ser hijo triste de un sordomudo separado? Él. ¿Quién es el tonto alegre? Él. ¿Quién cambia como una banderola? Él. A por él.

Escena 17

FALANGISTAS CONTRA TECNÓCRATAS

Narrador

(Explicando unas secuencias de telón de fondo) España es un avispero de frustración y tristeza ante el aluvión de desgracias. Bomba en la calle del Correo, rebelión de oficiales de la Unión Militar Democrática, destape lascivo de artistas, escándalo inmobiliario en los fondos de Sofico, huelgas y manifestaciones en las mayores empresas, jornadas de lucha en prensa y universidad, inflación y petróleo desmandados.

Narrador

(Sin vídeo) El búnquer de la ultraderecha y los reformistas se enzarzan en una bronca continua. En el octubre caliente la primera crisis del gabinete deshace el empate: saltan Pío el impío y Barrera. Los ministros de Arias "muy variopintos" al decir de la prensa, no concuerdan con la opinión de la calle: el Gobierno da una de cal y dos de arena.

***

En escena, ministros falangistas y tecnócratas a la greña. Oculto en un lateral, Arias observa mientras juguetea con las cintas de un magnetófono.

—(*Tecnócrata*) Recuerden ustedes: el presidente aseguró que "nuestro afán es sumar y no restar", pero el año pasado ya restamos a Puis Antich por garrote y hoy damos un frenazo a la apertura.

—¡Tonto útil infantiloide! Entérate: era más pistolero que anarquista. El desmadre ha comido el terreno al orden.¿O tal vez te oponías a los fusilamientos de septiembre?

—La paz interior no se obtiene a cualquier precio. Y el garrote es medieval.

—Eso solo lo dicen mojigatos y pelagatos de espíritu. Aquí falta firmeza. Arias ha prometido a la Fuerza Pública más material antidisturbios contra los revoltosos y el uso de todos los medios disponibles.

—Una verdad a medias. También pidió apaciguar: "La disparidad es rotundamente necesaria".

—¿Disparidad? Una sutileza. Se refería a disparar sin complejos.

—Discrepo: su contraseña aperturista es diáfana sin ser explícita: menos guerreras y cascos de corte alemán en las procesiones, menos trajes falangistas y menos brazos en alto.

—A mí no me baja el brazo ni Dios.

—Esa boquita… Dios está ocupado doblando el brazo progresista del episcopado.

—El puto Añoveros, que consagra encierros y huelgas de hambre con la ikurriña de sudario. No se quita la chapela ni para dormir en Nunciatura.

—Esa lengua…

—La vuestra sí es viperina, beatos. Los falangistas atacaremos las teologías marxistas y la liberalización con uñas y dientes.

Narrador

Una figura descollante revitaliza los ánimos. El ex embajador en Londres y flamante vicepresidente del Interior, Manuel Fraga Iribarne. Pese a su biografía franquista, se le vislumbra una vocación democrática incandescente, dispuesta a capitanear una mayoría natural. Su verbo apresurado causa sensación.

—Juroquevamosahacerunpaíslibre y al que no quiera ser libre leobligaremosaserlibre.

—Cierta prensa le destaca entre los "ministros de Franco". ¿Por qué de Franco y no del pueblo?

—Porque soy vecino del pueblo de Franco.

—¿Qué opina del hecho regional?

—Puedo jurarles que el hecho regional noseránuncaunprivilegio. Simplementenoserá.

—(Qué bien jura este hombre).

—(Sí, es un juramentado muy jurásico).

—¿Está usted a favor de legalizar el comunismo?

—Yo me decanto por que los comunistas se muevan a media luz. Pero quenosemuevanmucho; hacer blanco político es más difícil.

—(*Fan 1 exaltado*) ¡Viva la libertad de expresión condicional!

—Haréunestadofuerte,congancho,garraypegada.

Narrador

La libertad de Fraga ya está aquí y Fraga está en todas partes. En el parador de Teruel, besando el anillo papal en Roma u ofrendando a Santiago. En una sesión reposada ante una promoción de diplomáticos, su experiencia enseña a buscar lealtades seguras.

—Tengan ustedes cuidado con las damas y mucho cuidado también con los papeles que tiran, porque yo sé que en Londres el Servicio Secreto compra nuestras papeleras de la embajada a los encargados de la limpieza.

Narrador

Cuando sus parlamentos se engalanan acuciantes, los indicios de apertura cobran su dinamismo trotón, aun en medio del calvario terrorista. El fenómeno Fraga se desencadena en una alocución torrencial a la juventud.

—Buenoprimerovamosabarrerlotodoyyaveremos loquesehace? ¡Noeseso! Lascosasserias cuestanmucho. Los partidarios de hacer una organización económica, social y política equilibrada acometen una tarea mucho más difícil que los simples barrenderos. Hacer reformas políticas es como aquel que tiene una casa antigua y quiere conservarrrunapartenoble de la fachada, pero quiere hacer arreglos de interior que la haganmásconfortable y al tiempo seguir viviendo en ella. Esoeslareformasocial, muchomásdifícil de lo que parece. Son reparaciones de una locomotora de la que unonosebajaysiguecaminando. Un hombre de Estado serio tiene que hacer suya esa dificultad y dejar a los románticos y a los insensatos otras posiciones. Enlavidahadehaberdetodo y si no hubiese románticos y poetas tampoco tendríamos valor los moderados, pero si el mundo, como presumen algunos, tiene valor por los extremos, dura y se puede vivir en él porlossensatosyprudentes.

—(*Fan 2 precipitado escuchando al líder*) ¡Unalocomotoraandantedentrodeunacasaenobras! ¡Con esteciclónmetafóricolosreformistasganaremosdecalle!

—(*Fan 3 moderado*) Qué bien se atropella este hombre. Sin entenderle nada se le entiende todo.

—(*Escéptico*) ¡Claro que la locomotora camina! Su verborrea va tan aprisa como lenta su reforma, paso a paso, siguiendo todos los trámites franquistas.

***

La trama se desplaza al lateral donde Arias levanta colchones de la alcoba y almohadones de los tresillos. Descuelga cuadros, reconoce sillas y cachea los bajos de una mesa. Ahora juega en ella con un magnetófono.

—¡Ay, la experiencia en lealtades seguras! ¡Ay si no desayunara yo cada día espiando a mis huestes en las cintas para extraer relevancias de gobernabilidad! Fraga tiene estreñimiento y no se habla con su cuñado Robles Piquer, Areilza hace novillos a misa, el forúnculo de Calvo-Sotelo no mejora y no encuentra prospecto que le valga, Osorio acusa a Martín Villa de cachearle el abrigo, Coloma murmura que soy tan rojo como Líster, la mujer de Villar Mir cambia de peluquero. ¡Adolfo Suárez pretende libertades sindicales! La cuñada de… vaya vaya… ¡Mari Luz, ven, mira por dónde..!

Narrador

Arias husmea, ojea y escucha, obsesionado por controlarlo todo. Temeroso de revelar su enigmática intención más allá de la dureza. Incluso los liberales y democristianos homologados a Europa son

reprimidos. Los reformistas del régimen se hacen trizas entre sí. El
Gobierno es un galimatías zarandeado desde todos lados.

Coro

Izquierda vapuleada, torturada, asesinada
La carne es flaca, hay que cortar
Cristianos multados, desterrados, prohibidos
Quien bien te quiere te hará llorar

Escena 18

LA PRIMERA HUELGA LEGAL

Narrador

¿Dónde está realmente 'Carnicerito'? La izquierda le apedrea, La derecha le apoda 'Mantequilla Arias'. La palabra "apertura" se esfuma del léxico oficial, suplida por "perfeccionamiento institucional", un término de Carrero. Pero la prensa alardea: "Ánimo resuelto de democratización. Primera huelga legal".

***

En un ángulo Arias pinta la última letra de un mural: "Código de Libertades". El gran escenario es para un salón rutilante del Ministerio de Trabajo, en cuyo centro destaca una cabina. La circundan altos cargos y una batería de reporteros con 'flashes' y grabadoras. En primer plano, la televisión. En imágenes del exterior, policías de camuflaje y hombres-rana alineados ante el edificio. El ministro susurra al subsecretario.

—¿La tanqueta de apoyo moral viene o no viene?
—Está en camino. La hora punta...

—Que entre el productor a poner de largo, quiero decir en huelga.

Dos agentes traen del brazo a un hombrecillo apocado. El ministro de ceremonias abre el acto.

—Acérquese el debutante. ¿Nombre?
—Honorio Talamillo Buendía.
—¿Fe de bautismo?
—Presente.
—¿Certificados de vacunación y buena conducta?
—Aquí presentes.
—¿Carné de familia numerosa?
—Cuatrillizos en Nochevieja, para servirles.
—¿Cartilla del Seguro?
—En regla.
—¿Declaración jurada de madurez?
—Triplicada.
—¿Reloj para dejar en prenda?

El hombrecillo lo desprende de la muñeca.

—(*Ministro*) ¿Listo para el examen de madurez? Sinónimos plausibles de pobre, aumento de precios, criada, amenaza de carga contra manifestantes y huelga salvaje. ¡Tiempo!
—Económicamente débil, reajuste de tarifas, empleada de hogar, invitación a disolverse, conflicto laboral o paro extralaboral respectivamente.
—¡Prueba superada! Colóquese al productor en huelga legal por control remoto.

El debutante da una reverencia y penetra en la cabina acristalada. Sonríe de placer y solemnidad.

¡Empieza la cuenta! ¡0, 9, 8, 7, 6. 5, 4, 3, 2, 1, 0! Apunten: plena normalidad y éxito completo. Ya puede salir de la cápsula evolutiva.

—(*Saludando efusivo*). Enhorabuena, amigo Talamillo ¿Su impresión de este hito en las modernización de las relaciones laborales?

—Pues que cedo mi reloj a quienes me han permitido vivir una maravillosa experiencia.

—¡Probada muestra de madurez del huelguista legal! Subsecretario, que pase la preceptiva cuarentena. Ya pueden servir el vino español.

Arias pinta un añadido al mural: "Código Digo Diego de libertades"

Escena 19

¡GIRÓN A LA DERECHA!

Narrador

Cuando la calle se enardece de cambio y libertad, el búnquer farda de un giro a la derecha para cargarse la liberalización y volver a los años 50. El 'gironazo' del camarada Girón sopla sobre los tensos consejos de ministros. Arias capea el temporal y mantiene el rumbo a su democracia autóctona. El inspirador del giro reclama una cita en Presidencia. Sus muletas resuenan.

—(*Cortesía fingida*) Mi querido Girón de Velasco, presidente de la Hermandad de Ex Combatientes.

—Nada de ex, presidente de mantequilla. Los demócratas gallean como si no hubiese pasado nada (*muletazo*). Aquí han pasado cosas y pasarán muchas más. No queremos la libertad golfa de un poder burgués y plutocrático que maquina el salto al neocapitalismo (*muletazo doble*). ¿Qué hicísteis del Estado Nacional-Sindicalista? ¿Ahora legalizamos las huelgas bolcheviques y de sus comparsas de conjura? ¿Pronto votaremos a alcaldes? En el llamado sufragio universal, el naufragio, coño, una mayoría poco preparada impone su voluntad a una minoría culta con capacidad de servicio y preparación técnica.

—No te sulfures, camarada. Somos el mismo Estado en lo esencial y distinto en lo circunstancial. La apertura estriba en que no habrá más exclusiones que las de quienes se autoexcluyan por haber sido excluidos. En la medida de lo posible procuraremos ir autorizando las desautorizaciones de todas las manifestaciones y plantes laborales. ¿Me explico?

—(*Como si nada*) El espíritu judaico conchabado con el gran capital campa a sus anchas en vuestras propias filas. La conspiración judeo-masónica alentada por marxistas, separatistas y sodomitas envidia a tal extremo nuestra prosperidad que España tiene enemigos extramuros, intramuros y también en Cuelgamuros. (*Muletazo*) Hay enanos infiltrados entre las tumbas del Valle.

—(*Trampeando*) Para Unamuno la envidia era la lepra de España.

—No me pongas de ejemplo a este pavo tibión entre dos aguas. Te lo ha metido en la cabeza el niño mimado que nos quiere borbonear.

—Su Majestad renuncia a poderes omnímodos. Se contenta con ser moralmente intocable.

—Pues vigila las impudicias de sus visitas por mar a Barcelona. La alianza interior de librepensadores con los eternos enemigos de España nos lleva a la modernización extranjerizante, esto es, la degeneración, la indecencia y el libertinaje hasta la perdición de la Patria. (*Al oído*) Sé de un golpe de mano para sexualizar las prendas íntimas: anuncios que hablan de regla y menstruación; desodorantes en libidinosa fricción contra brazos desnudos.

—(*Incrédulo*) ¿Los has visto?

—Los he pensado y mi intuición del compló no falla: primeros planos de eslips fuera de los envases y segundos planos de ponerse y quitarse; compresas fuera de la bolsa y sujetadores fuera de la mano.

—(*Con buen humor*) ¿De la mano de quién?

—¡Los sujetadores y toda la ropa interior han de enseñarse en la mano y no en su uso! Ha vuelto la Ilustración desnacionalizadora que nos abrió a la nefasta influencia extranjera. Pronto haréis el *NO-DO* en francés. Te estás impregnando del erasmismo de las democracias caducas y del liberalismo de las logias, los dos grandes cómplices de la caterva del bolchevismo asiático. Olvidáis que Falange es el temple en el ánimo, la ilusión en el corazón de soldados por la revolución nacional; la vanguardia y la reserva de la fe. ¡El Estado corporativo! ¿Habrá que reeditar la huelga de tranvías del 51?

—Ésa no cuela, camarada. La hicisteis porque os habían quitado los pases gratuitos. No te subas a la parra: aumentaremos las plazas de porteros en fincas de postín y expendedurías de tabaco para ex combatientes. Habrà polos de desarrollo recreativo en el litoral para caballeros mutilados absolutos.

—(*De salida, muleta arriba*) La guerra no ha terminado, corderito. Nuestros problemas políticos los resolvemos con nuestra sangre y nuestro esfuerzo. Tenemos las muletas, los brazos en cabestrillo y las manos ásperas de empuñar un fusil. Queremos la vida dura de los pueblos viriles. (*Repica la concha del apuntador*). Y tú, emboscado, vigila lo que andas cuchicheando.

Escena 20

DÓNDE SE PUEDE BESAR EN TVE

Narrador

La ley de huelga representa un aldabonazo a favor de la apertura, aunque las octavillas de los eternos resentidos la den por muerta, tildándola de obsesiva en los requisitos. El verdadero índice democratizador es TVE.

***

La acción sigue a Arias rindiendo visita a la fortaleza de Prado del Rey. El director de RTVE da la bienvenida ante una enorme lámina arbolada en el vestíbulo.

—Señor presidente. he aquí nuestra mayor honra: la empresa íntegramente familiar. Vea el árbol genealógico. Todos los trabajadores son parientes, incluidos centenares de ellos fuera de plantilla. Nuestro modelo fue el Tribunal de Cuentas cuando perdió la cuenta de los capacitados familiares que empleaba.

—¿Por qué esta zona se halla tan concurrida?

—Son los pasillos, el recinto gimnástico. Lo dan todo. Vea el ejercicio de doblar el brazo del rival. Retuercen las verdades del enemigo más pesadas.

—¿Y aquel cercado de arena?

—Para peleas de gallos. Los presentadores tienen mucha personalidad y se toman su trabajo muy en serio. Lo comprobará con el entrevistador Soler Serrano en *A fondo*.

—Pero ese no es catalán?

—Por afición. Un murciano inofensivo.

—¿Dónde están las variedades? (*Normal en un Carnicerito preocuparse de la carne*).

—Hay que esperar a que acaben las funciones en teatros y cabarets, pues vamos cortos de filmaciones. Mientras, tenemos acordeonistas y guitarreros. ¿Le apetece escuchar *Juegos prohibidos*?

—Me apetece prohibir la película de mañana. Berlanga es peor que comunista; es un mal español. Revisaré un episodio de *Crónicas de un pueblo*.

—(*A la primera escena*) ¡Habráse visto! ¡Tapen esa inmundicia con un rótulo! ¡El alcalde besando a la maestra en el cuello!

—Seguimos la instrucción del censor al devolver la escena corregida: "El esposo podrá besar a la mujer en cualquier parte menos en la boca".

Arias hace papilla el monitor. El director le invita a reponerse en la cafetería, que está a reventar.

—¿Tanto personal en el bar a estas horas?

—Presidente, si esta casa es fiel termómetro del país, no puede renunciar a ser también un barómetro.

—¿Por qué tantos actores de romano en la barra?

—Ensayan la decadencia del imperio.

—¿Rodarán esta tarde?

—A partir de las 5 no queda nadie. La familia es lo primero. Hicieron aquel plató (*lo señala*) con una sola puerta y los decorados no pasaban. Ahora es la sala de actualización de listas: la negra y la de compras.

—¿Por qué la videoteca está tan vacía?

—Se llevan los rollos para hacer los deberes.

Un miembro del séquito enumera las deficiencias encontradas que ha apuntado en un bloc.

—Absentismo funcional, papanatismo oficial, atrofia por burocratización, régimen laboral arbitrario, inmovilismo competitivo, anemia creativa, *dolce far niente*, personalismos, expolio de *souvenirs*, mala política retributiva y pasillos.

Arias se lleva el bloc al baño y regresa sin él.

—¿Me devuelve los apuntes, presidente?

—Descuide, ya está estudiado. ¿Director, vemos otra vez el árbol antes de salir?

Arias, arrobado ante el árbol genealógico. .

—Ay, si Adán y Eva hubieran tenido más visión de futuro, más fe en la seguridad social. Les faltó nuestro Instituto Nacional de Previsión. (*Risas a destajo*).

Escena 21

SANGRE EN VITORIA Y MONTEJURRA

Narrador

La cadena de atentados y choques sociales ha aguado el estreno del Gobierno y del temperamental ministro del orden público en particular. Los cinco manifestantes de Forjas Alavesas muertos en Vitoria por la policía armada alertan de que el pueblo no está maduro. Fraga Iribarne, gallardo y cristiano, reacciona a la violencia y libertinaje con la mano tendida y enérgica, para devolver mejor el golpe.

***

Escena de mitin en un pabellón abarrotado.

—Miscallessonseguras; lagentelashaceinseguras. Los servidores del orden no pueden ir lirio en mano ante obreros adiestrados en la subversión. ¿Cómo van a liarse a golpes a lirio? ¡La policía siempre va del mismo palo! ¿Quieren que regalemos lotes de perfumería? ¿Que los bomberos bailen la conga? La policía no está para crear desorden; está para preservar el orden. ¡Bastadedesarmaralapolicíadeargumentos! ¡Dehacerelcaldogordoalterror!

—(*Asistentes al fondo*) ¡Vitoria, Vitoria!
—(*Fraga en justa ira*) ¡Vuestra madre!

Narrador

Cunde el pesimismo. Algunos infiltrados entre el público propagan malos augurios: las muertes de Vitoria ahuyentarán el turismo y solo vendrá algún exiliado arrepentido. Fraga lo sabe y mitinea dando cachetes al aire, furibundo contra el desánimo.

—Saldréaloscaminos para promocionar España contra localismos y parroquianismos. Arrancaré así: "Suevos,vándalosyalanos ya vinieron atraídos por nuestrosparadoresdeturismo".
—(*El apuntador desde su concha*) Don Manuel, que ya no está en Turismo.
—¡Lacalleesmía! ¡Saldré a la calle y quien discrepe que se calle! ¡Saldrépormissuevos! ¡No soy un pavo argentino, que no pone los huevos donde da los gritos!
—(*Del entorno del disertante*). No hagamos mucho caso a don Manuel. El baño atómico de Palomares nos lo dejó así.

Narrador

(Sobre imágenes alusivas) La primavera la sangre altera y en Montejurra los carlistas de Sixto de Borbón dirimen a tiros su pleito dinástico con los carlistas de Carlos Hugo de Borbón, los huguistas. ¡Cuantos rivales tiene Juan Carlos en la familia! Arias, todavía con llantina, reprende al ministro más bullicioso que no obstante lleva días sin abrir boca.

—Los desórdenes no han hecho más que empezar. Si el Montejurra se quema algo suyo se quema, señor Fraga. Lo publica la prensa más atrevida, que me tiene de cumbres borrascosas hasta la rabadilla.

—Siunbosquesequemaesquelosrojosloqueman.

—Su cargo le obliga a responsabilidades. Son dos facciones de primos del Rey que se han liado a tiros

—(*En voz baja y y espaciando las palabras*) Cuando se registraron los sucesos a lamentar, estábamos viajando.

—¿Viajabais?

—Mi ego y yo viajamos juntos y en primera. Ordenaré una lluvia de multas gubernativas de cien días y cien noches.

—(*Arias burlón*) ¿Y el día que se nos acaben los españoles por multar? ¿Exportará multas?

—(*Pelotillero*) Bien pensado. Hay que ofrecer al mundo lo mejor del producto nacional bruto. Lo muy bruto, democráticamente hablando.

—(*Muy carnicerito*) Déjese de majaderías y procure detener a alguien en 48 horas.

—Presidente, ya he retenido como supuesto seguro causante del tiroteo al llamado Marín García Verde, claramente sospechoso por su fina gabardina en una cumbre tan fría.

—¿Qué alega en su declaración?

—"El abrigo es prenda de mariquitas redomados. Soy inocente. Viva Franco y muera Fraga".

—Un último tema. ¿Qué tiene preparado en previsión de algaradas el día de San José Artesano? (*Burlón tras haberle espiado por el magnetófono*) Me cuentan que alguien de su equipo barajó que las manecillas de los relojes pasasen directamente del 30 de abril al 2 de mayo, así como desviar el Meridiano de Greenwich al pantano de Entrepeñas por la vía del trasvase Tajo-Segura.

—Fue cosa de mi mecenas catalán, Santacreu. Un zurrupio pero más fraguista que yo.

—(*Circunspecto*) Sepa usted que, de no ser un disparate sideral, yo habría desechado toda afectación a la memoria hidráulica de Franco. Lo que ha unido el Caudillo no lo desate el hombre.

—Como medida precautoria (*acelerón*) detendremos a Camacho, Tamames, etcétera. Hasta el 2 de mayoseránmíos.Míaslascentralessindicaleslecherastelefónicasnucleareseléctricastérmicasetcétera. En etcétera se agazapan los peores.

Una luz tenue nos descubre en un flanco al líder sindical comunista Marcelino Camacho. Elige y desecha dos suéters alternativamente.

—De tanto entrar y salir de prisión ya no sé qué ponerme, si jersey de cuello de cisne o de avestruz.

Escena 22

EL ÚLTIMO PULSO JUAN CARLOS-ARIAS

Narrador

Los periódicos despachos entre el Jefe del Estado y el presidente del Gobierno se hacen cada vez más secos. Llevan dos trimestres sin tocarse el antebrazo. Tampoco pueden darse la mano, ya que el presidente la tiene ocupada por el testamento del Caudillo.

***

Despacho de Arias Navarro. Conversa con un vicepresidente, el general De Santiago.

—El Rey bisoño me preguntó cómo estoy de materia gris; le contesté que tengo a los grises por todas partes y no le gustó. ¿Te lo explicas, Santi? Me recomienda que no llore tanto, como si yo no fuera el albacea de Franco.

—¡Qué me vas a contar! Me pasó por alto el expediente de Iniesta Cano, para mandarlo a la reserva sin la laureada a la que estaba propuesto. Hay que dar una lección al chico mimado.

—Desde luego. Declararé materia reservada la materia gris: arrearán hasta los reservistas.

—(*Un secretario excitado*). Su Majestad llega sin avisar.

—¡Santi, que no te vea! ¡Ve a esconderte en el armario de dos cuerpos! ¡No hay tiempo! ¡Tras el cristal esmerilado!

El militar se mueve como un comando en la selva hasta apostarse detrás de un secreter. Juan Carlos da la mano a Arias, que ofrece la suya después de cambiar el testamento de derecha a izquierda.

—Carlos, no me llamas. ¿La apertura y la participación tiran p'alante?

—(*Canturrea con llantina*) La otra tarde vi llover, vi gente correr y no estabas tú, snif.

—¿Qué *timing* tenemos?

—¿*Timing,* Señor? El de la estampita.

—La inflación, Carlos, ¿y la inflación?

—¡Españoles, snif, Franco ha muerto!

—Eso ya lo dijiste. ¿Qué hay de la adhesión al Mercado Común? Dale cancha a Marcelino Oreja.

—Majestad, esos liberaloides democristianos celebran maitines por Europa contra nosotros.

—(*Al verle tan pasota*) Quiero hablar contigo a solas, largo y tendido, fuera de recintos oficiales. ¿Dónde quedamos, presidente?

—En el montacargas de...

—¿Cómo? ¿No puede ser un ascensor?

—Si es para hablar del tiempo, sí.

—Hazme otra propuesta.

—En el lavabo de señoras de El Corte Inglés.

—¿Por qué no en el de caballeros?

—Porque allí podríamos encontrarnos, Majestad.

—(*Mosqueado al límite*) ¿Cómo anda la democratización?

—Como albacea testamentario, snif, del…

—Quedas destituido por retrógrado, inepto, torpe y obsesivo. Que Derribos Arias se lleve los bártulos del palacete.

—Snif.

—Sin lloriqueos. Por cierto: podría crear un snif para el contribuyente.

El Monarca da un portazo. El general sale del escondite reptando en la alfombra sin necesidad.

Narrador

(Notas de tango) Adiós, Buenos Arias querido. El Rey da el paso histórico para desbrozar la senda hacia una democracia a la europea. Está hastiado de escaramuzas. De que su presidente le dé largas con impertinencias, reticencias, ineptitudes y lagrimones. Días antes en EE.UU ya insinuó el cese al semanario 'Newsweek'. Arias se duele.

—¡Lo peor es haber dado la primicia al *Nesquik*!

Escena 23

EL ENREDO DE LAS TERNAS

Narrador

El flamante Rey se confabula para culminar su operación: colocar un presidente de su cuerda. El Consejo del Reino, presidido por su amigo Miranda, le presentará una terna. En ella figurará el predilecto de Juan Carlos para llevar a buen puerto lo que Arias no quiso o no supo. Todo ello sin escamar al franquismo enrocado en las instituciones ni ganarse la maldición definitiva de la oposición perseguida.

***

Juan Carlos bosteza, tiene ojeras y juega con su tren eléctrico. Al advertir a Fernández-Miranda, señala la locomotora.

—He tenido que pasar la noche con ella para traquilizarme, Miranda. Estoy muy preocupado. Préstame tu pluma estilográfica.

—(*Dándosela*) Estoy en condiciones de ofrecer al Rey lo que me está pidiendo. ¿Por qué no me llamáis Torcuato?

—No me seas chinchorrero. ¿Qué pronostican las quinielas?

—En cabeza va Areilza. Le siguen Fraga, López Bravo, Silva Muñoz, Osorio y Lavilla.

—Acude sin dilación al Consejo del Reino. Ten cuidado con Girón cuando diga que el país necesita un girón de 180 grados: irá de izquierda a derecha.

—¿Alude Su Majestad a la línea argumental?

—A su bastón de cabo metálico. Cúidate.

—¿Y mi estilográfica de oro?

—¿Qué estilográfica?

La de vuestra mano, señor.

—Ah, esa. La necesito. Debo hacer largas anotaciones por España. Vete.

El Monarca se da a un soliloquio grandilocuente.

—¡Osorio y Lavilla, ni en pintura! (*Caricaturesco*) Son dos percherones de la Asociación Católica Nacional de Propagandistas, a las órdenes de los obispos y el Banesto. Dos campeadores dispuestos al polvo, el sudor y el hierro en la lid contra el divorcio y el aborto. El sudor y el hierro no me importan, pero el polvo (*risita*) ya lo pongo yo.

Narrador

El Rey del cambio, muy inquieto por los avatares donde se juega la patria, cambia vagones y locomotoras sin cesar. Telefonea media hora antes de abrirse la sesión.

—¿Cómo marchan las ternas, Torcuato?

—Leo la primera, Señor: Fabiola, Torrebruno y tonto el que lo lea.

—Vaya, es verdad que los consejeros andan irritados y escépticos. ¿Y la segunda?

—Fray Luis de León, A tomar Pol Saco y el peor de los ultras: Mariano Sánchez Covisa.

—¿Y la tercera?

—Carmen Sevilla, José Antonio y el general Campano, con el lema de campanudo.

—¿La cuarta?

—Betty Misiego, Tía Leo y Florita.

—Eso está mejor. ¿Qué se espera en la quinta?

—El Viti, Manolo Caracol y el Superagente 86 o Míster Ed, el caballo con voz.

—¿Alternativas?

—Televisivas: Marisa Medina, Pilar Cañada y la Merlo. También las chicas de la publicidad: Elena Duque. Margit Kocsis y Teresa Gimpera.

—Ajá, las ternas de Franco bajo mano.

—Las que hizo en la clínica. Por suerte los prelados procuradores no las sueltan.

—¿Ausencias de relieve?

—Sí. Adela Cantalapiedra, la Tenaille, la Velasco, Luciana Wolf, Iran Eory, Mari Trini, Tito Mora, Ironside…

—No, hombre, ausencias entre los consejeros.

—Han venido hasta los paralíticos, forrados de medallas y metrallas. Solo faltaría Millán Astray.

La afición de Juan Carlos a la lectura le ayuda a capear los amargos sinsabores del cargo.

—Menudas ternas tiene la Jayne Mansfield en *Life*.

A la media hora el Monarca repite la llamada.

—¿Qué tal la quinta terna?

—Fernández de Asís, Massiel y la gallina Turuleca.

—Vamos por buen camino. ¿La sexta?

—Fraga, Areilza, La Polaca y Federico.

—¿Federico Gallo?

—Federico Silva, que entre las gafas de escafandra y el sonotone ni se entera.

—¡Casi está! Pero son cuatro.

—Nadie quiere quitar a La Polaca.

—¿Tienes su teléfono? Quiero decir, ¿tienes la séptima?

—Sí. Silva, López Bravo y Adolfo Suárez.

—Vale. Tírala p'alante.

—Majestad, hay una octava terna:

—¿Cómo?

—La que yo les he deslizado.

—Y han elegido a Suárez.

—Se han quedado berreando... No me atrevo a repetirlo, Majestad.

—Dilo.

—Bárbara Rey a la Zarzuela y el ... a la cazuela. Bombones sí, borbones, no.

—¡Algo más?

—Coreaban otra ordinariez: Torcuato... un rato.

Narrador

En su mansión de Aravaca José María de Areilza, conde de Motrico y demócrata de pedigrí, está seguro de ser el vencedor.

***

126

Un tercio de la escena nos muestra el hogar del señor conde, que atiende al teléfono.

—¿Don José María? Soy de *Nuevo Diario*.

—Diríjase a mí como conde de Motrico y despeje la línea. Estoy a la espera de comunicaciones trascendentales. El Consejo del Reino en peso se halla pendiente de mi persona a título de sucesor a la presidencia. No puedo ser más explícito, pero le diré que el órgano va a decantarse por una personalidad democrática auténtica. Repito: auténtica. Repito: despeje la línea.

—(*Nuevo telefonazo real*) ¿Sabemos qué terna preparan, Miranda? Me estás volviendo loco.

—La última es Silva, López Bravo y Licinio. (Me llama Miranda porque he perdido su confianza).

—Joder, llévales papeletas de membrete real rellenadas con Suárez. Pide al motorista.

—Sé que es deplorable, Señor, pero ha sido detenido cuando pasaba junto a una marcha.

—Eso no tiene pies ni cabeza.

—La policía ha confundido una marcha no autorizada con una marcha motorizada. El lunes confiscó un *Seat 127* porque también leyó mal las órdenes. Tomó un auto utilitario por un acto polisario.

—No dices más que incongruencias, Miranda. Que vaya tu chófer, zumbando.

—Señor, el vehículo está en reparación por una terna de averías: biela, culata y pistón.

—Te presto mi Mercedes, que tiene motor nuevo. ¡Pero p'alante cagando leches! El Rey es el motor del cambio. ¡Bella frase! La regalaré a Motrico.

Narrador

Plumíferos ávidos de carnaza observan a un Fernández-Miranda triunfante al salir de la sala con la terna de personalidades.

—Señores, estoy en condiciones de ofrecer al Rey lo que el Rey me ha pedido.

—¿Así pues ha habido tongo?

—Quiero decir que no me he amparado en la voluntad del Rey ni en la mía propia para sugerir candidato alguno, guiándome por la equidistancia, el equilibrio y la neutralidad más rigurosa.

—¿Alguna cosa a añadir?

—Ra, ra, ra, alabí, alabá, alanbín, bon, ba. Suárez, Suárez y nadie más.

—¿Lo transcribimos tal cual?

Miranda chasquea la lengua hendida en dos partes. Una para decir lo que no piensa y otra para pensar lo que no dice.

—Sí, pero abran comillas: si algo afirmo, lo hago porque lo que niego previamente me lleva a las afirmaciones circunstanciales que configuran y definen la negación que mantengo y viceversa. Cierren comillas.

—(*Periodista*) ¿Qué pongo y qué no pongo en su boca? Una biodramina, por piedad.

En un lateral vemos a un compungido Areilza.

—Perdonen ustedes, no estoy en condiciones de ofrecer lo que el Rey me ha impedido. Viva el Rey.

—¿Alguna cosa más?

Off the record: el rompetechos Silva Muñoz está mucho peor que yo. Se cala las lentillas con chorizo y se traga las lentejas de contacto. Además, no puede salir de casa a por un café, porque se le desmantela su partidito democristiano por falta de quórum.

Escena 24

SUÁREZ SE LAS SABE TODAS

En escena Adolfo Suárez intenta sostener tres mayúsculas, UCD, en un trípode. Tras cuatro ensayos fallidos pretende fijar las letras en un rompecabezas donde faltan, pero el troquelado no encaja. En un final nada exento de simbolismo, se las enjareta entre el pantalón y el calzoncillo.

Narrador

El presidente chuletón criado en la Falange tiene ante sí la reconversión política más formidable de la historia. Se apoyará en la Unión de Centro Democrático (UCD). La probeta donde ha conseguido juntar a los reformistas. Su círculo más próximo lo componen la cajetilla de tabaco negro, la tortilla francesa y Curro Jiménez. Es su quinto día de mandato, el debut ante la opinión. ¿Sorteará a tirios y troyanos?

***

Sala de prensa de la nueva sede presidencial en el palacio de Moncloa. La escena sigue a un Adolfo Suárez adusto entre bastidores, haciendo fintas y otros precalentamientos de escabullirse. Gruñe para sí.

—Esos puñeteros pedetevé[8] quieren que les cambie las cañerías sin que deje de manar el agua.

Cuando sale a las candilejas de la prensa, su sonrisa dentífrica es avasalladora.

—¿Confirma que ha propuesto rebautizar Cebreros, su pueblo natal, como Belén del Caudillo?
—Sin comentarios.
—¿Le preocupa la OIT?
—Aún no hemos decidido a qué festivales musicales concurriremos. La OTI es uno más.
—Hablo de la Organización Internacional del Trabajo, que tiene en cuarentena al sistema sindical.
—Puedo prometer y prometo que solo se modifica lo que queremos conservar.
—¿Implica que acabará con el sindicato vertical?
—Solo se conserva lo que queremos modificar.
—¿Y el Consejo Nacional?
—Solo se conserva lo que queremos momificar.
—(*Rostros cautivos del auditorio*) Este chico se las sabe todas.
—ETA pretende fundar en las Vascongadas un estado semejante a Albania. ¿Cómo piensa actuar?
—Estrecharé la cooperación antiterrorista con el presidente albano. (*Piensa: ¿su esposa es Romina?*).

----

8 PDTV: acrónimo pretendidamente ingenioso. Putos Demócratas De Toda Laa Vida.

—Los países nórdicos han vetado los caladeros de bacalao. ¿Cuál es su plan al respecto?

—Desbloquearlo. No creo que Suiza se resista.

—Pero Suiza no tiene salida a la mar.

—Ello no supondría problema, dada la magnífica preparación de la flota y el bravo espíritu de nuestros marineros, avezados a toda clase de escollos.

—¿Cómo puede Suiza bloquear el bacalao?

—Bloqueando las cuentas corrientes marinas, obviamente.

—Genial.

—¿Las Cortes irán al haraquiri?

—Lo niego tajantemente. No se irán de Madrid.

—¿Legalizará el Partido Comunista de España?

(Curro Jiménez, a su vera durante toda la rueda, carga el trabuco)

—Con los actuales estatutos es imposible, me lo ha dicho el Estudiante. Es mejor mandarles al Algarrobo para una somanta.

—¿Nos permite preguntas de corte personal?

—Adelante, adelante.

—¿Qué libro está leyendo, presidente?

—Mini-memorias de... tiene nombre de tabaco... Marlborough Churchill. Y *Diez años de Soledad*.

—Son cien años.

—Será una edición abreviada.

—¿Trepenowski?

—Hay mucho trepa en el PSOE y el PCE. Van por la vida con la escalera al hombro.

—Trepenowski, el autor.

—También lo leo, sí.

—Preguntaba por el compositor Trepenowski. ¿Cuál es su música preferida?

—*Only yo*. También Elton Tom Jones.

—¿Su personaje histórico?

—Sissí emperatriz. Me inspira el referéndum que organizaré para aprobar la reforma política: sissssí.

—¿Es cierto que un amigo le regala la exclusiva de los marcadores del Mundial de fútbol de 1982?

—(*Curro apunta, Suárez le baja el cañón*) No entraré a desmentir disparates de este calado. Solo diré que Curro, un amigo de los desheredados, es mucho mejor que el inglés filántropo compulsivo Robin Hulk.

Para algunos de los presentes la cazurrería del presidente no es una fascinación a todas luces fingida.

—Adolfo es un hombre listo que se ha hecho a sí mismo, pero demasiado deprisa. Le falta un poco de ignorancia.

—¡Si la tiene toda!

—No creas. Cuando lidera grupos se transforma en una personalidad sagaz y dominante.

Escena 25

AQUEL PEATÓN QUE HUYE

Narrador

Suárez, aperturista auténtico, se desvive por recabar el parecer de la calle, respirar al unísono con las generaciones que estallan a diario en petición de derechos y libertades. Aborda a un chiquillo que sale del instituto.

—Chaval, una pregunta de geografía: España, ¿capital?
—Evadido.
—Jolín con el niño. ¿Cómo te llamas?
—Luisito Roldán, para servirme.

Cariacontecido, Suárez echa a andar acera adelante, ávido de resarcirse del chasco morrocotudo. Apercibe a los dos escoltas.

—Voy hacia aquel ejecutivo de pelambrera.

El ejecutivo sigue su camino. Suárez va tras él a marcha atlética.

—¡Eh, caballero!
—¿Yo?
—Sí, usted.

—Adiós.

—¿Cómo adiós? Soy el presidente del Gobierno.

—Tanto gusto pero olvídeme. Tengo prisa.

—Venga, buen ciudadano. Venga...

—No, por favor, no. Si ya me iba.

Un par de agentes le agarran por los codos.

—¡Que no! ¡Nanay del peluquín!

El ejecutivo trata de zafarse con tan mala fortuna que le caen al asfalto peluca, lentillas, nariz y perilla.

—¡Carrillo, coñe, ya es mala potra! Te hacía en Aravaca merendando en secreto con Areilza.

—Salgo de una rueda de prensa y el muy pelma de Martín Villa anda pisándome los talones.

Para darte el pasaporte.

—(*Un escolta malcarado*) Pasaporte a la eternidad. (*Carrillo hace otro amago defensivo*).

—Ayúdame, Adolfo.

—Claro que sí: a la DGS.

—(El *escolta se encorajina*) A disposición jodicial, verdugo del Jarama.

—Nada de eso (*ataja Suárez igual de tieso*). Estamos por la concordia, la convivencia y la normalización.

—Eso lo dije yo en 1956: la reconciliación nacional.

—¡He dicho normalización y no reconciliación! Te vas a Carabanchel unos días; será la vía de regularizarte. Miguel Primo de Rivera me ha echado una mano en la liquidación de Las Cortes y mi jefa de gabinete, Carmen Díez de Rivera, te preparará una vuelta espectacular.

—Y el general Primo de Rivera me indultará.

—No lo tomes a chacota. (*Bajando mucho la voz*). Queremos que aceptes la Corona y su bandera a cambio de normalizar tu partido y tu central sindical.

—¿Podré pasar por la aduana el *Cadillac* del 44, obsequio del camarada Ceausescu? ¿Podré pedir el consenso, la reconciliación entre iguales y un gobierno de unidad democrática y concentración?

—(*El otro escolta*) Al campo de concentración.

—(*Suárez*) ¡Tabaco para todos!

El presidente reparte cigarrillos y todos fuman 'Ducados' de la paz. El cuarteto aspira y tose con pleno consenso, armonía y musicalidad.

Escena 26

MILITARES ATRAGANTADOS

Narrador

Nutrido de 'omelettes', su mejor conocimiento de la cultura francesa, Suárez planifica en la sombra la vuelta general de tortilla, Legalizar los sindicatos obreros, restablecer lazos con Moscú y disolver las arcaicas Cortes. A más largo plazo, partidos y elecciones libres. Areilza, ministro de Exteriores por consolación, reafirma en Bruselas un amplio programa democrático y la irrenunciable voluntad de integración por obra del sufragio universal. Los cimientos castrenses crujen.

***

Bajo las notas de una marcha, el escenario nos evoca voces militares en un acuartelamiento.

—¡Nos bajamos los pantalones para entrar en el Mercado Común por la puerta de servicio!

Narrador

Suárez espera que los españoles se vayan a la playa, el 31 de julio de 1977, para promulgar una 'mini-amnistía' que atraganta las limonadas en los chalecitos de vacaciones para militares. Diálogo desde el chalé nº 23 A, habitado por el coronel Valdecilla, al 23 B del teniente coronel Troncóñiz.

—Tengo las pelotas más hinchadas que Nivea.
—Todos estos días escaqueándome de caminatas familiares y ahora tendré que echarme al monte.

***

El decorado playero cambia por el contorno de una estación de servicio.

Narrador

Cada día resulta más costoso sostener el equívoco y Suárez convoca un almuerzo en Moncloa. Invitados: el generalato en activo. Fecha: 2 de septiembre. He aquí un intercambio de novedades entre dos generales intervenido en una gasolinera de Toledo.

—Yo aún tenía la logística en Benidorm. Ya ves, todavía llevo el braslip debajo.
—Pues mi retaguardia familiar está en Fuengirola, o sea, que aprovecharé para echar una cana al aire, por algo soy de Aviación.

La trama se traslada al comedor de Moncloa.

—Caballeros, bienvenidos. Café para todos.
—¡Si no hemos empezado a comer!

Durante el almuerzo Suárez resalta que no habrá separatismos, revanchismos ni desórdenes cuando legalice los sindicatos y más adelante los partidos, en las elecciones resultantes de la Ley de Reforma Política a presentar en Las Cortes. Exceptuados los comunistas, por supuesto, aunque en Europa hayan renunciado a la dictadura del proletariado.

—Gluubbs (*Coloma Gallegos tiene un pimiento morrón atravesado en la laringe. Suárez alza las aletas de la nariz*).
—¿Qué dice?
—Que el espíritu del pueblo español se ha formado en el crisol del catolicismo (*traduce libremente Milans del Bosch*), bruñido en los ideales supremos de una catolicidad imperial que ha civilizado el mundo. Las más gloriosas empresas de España son la humanización y espiritualización del Imperio Romano; la conversión y civilización de los bárbaros; la derrota de los turcos en Lepanto; la defensa de la civilización cristiana y del espíritu greco-romano contra el protestantismo y el aplastamiento del bolchevismo ruso. Eso dice.
—(*Impertérrito*) El mes próximo abriremos embajada en Moscú.
—Aaaaggg. (El *vicepresidente De Santiago, encallado en una ensaladilla rusa*).
—¿Qué dice, Milans?
—Que ratifica la condena al liberalismo, el laicismo, el social-comunismo y el modernismo. Que nadie ha nacido hijo de los partidos políticos; han sido creados por los hombres. Él lucha

y luchará por Dios, la religión, la Patria y la familia, los valores naturales. Porque, si se vota si hay Dios o no lo hay, y sale que no lo hay, ¿resulta que no habrá Dios porque lo han dicho las urnas? Eso dice.

—*(De Santiago escupe la ensaladilla)* ¿Vasallaje a los soviéticos cuando planteamos el boicot a sus Juegos Olímpicos? ¿Ganar medallas de oro de Moscú? ¡Otra embajada de pantalones! ¡Los rusos nos espían en los listines telefónicos! Usted me puede fusilar ahora mismo…

—¡Vega Sicilia para todos!

—*(Clamor)* ¡Viva la madre que te parió, presidente!

—Puedo prometer y prometo que España no regresará a negros males del pasado derivados de mi asunción de poderes.

—Asunción, asunción, el vino que tiene Asunción ni es blanco ni es tinto ni tiene color…

—*(De Santiago)* Nos traicionas pactando con los rojos, jovencito. Desconoces lo que entraña llamarse Adolfo.

—Señores: hay que elevar a la categoría política de normal lo que ya es normal a nivel de calle. Champán para todos.

—¡Moet Chandón, tolón, tolón! ¡La viuda Clicó, Clicó, Clicó!

—Pones la patria en almoneda, ensucias al Rey y nos metes en una situación crítica.

—Gracias por su asistencia, caballeros. Y tú, Santiago y cierra el pico.

—Si legalizas a Comisiones y UGT nos veremos en la calle.

—Te recuerdo que continúa vigente la pena de muerte. Guti, te nombro vicepresidente primero.

De Santiago hace una pedorreta a Suárez y un saludo apayasado al general Gutiérrez Mellado, antes de sopesarse la bolsa del escroto.

—Acato disciplinadamente mi deseo de dimitir.

Escena 27

LOS BARBUDOS BONDADOSOS

Narrador

Cuando España está inmersa en Sábado de Gloria, el 9 de abril de 1977, Suárez legaliza el PCE por sorpresa y la historia da un vuelco. Los comunistas anuncian un grandioso mitin que él supervisa en persona. Carrillo aparece (música de 'La Rosa del Azafrán') disfrazado de espigadora lagarterana.

—Muchas felicidades, Santiago, por lo bien que os habéis portado después de los muertos de Atocha. Aquí pondréis, en sitio preferente, el retrato del Rey y la bandera bicolor.
—Bueno.
—Y aquí, en medio del comité central, el yugo.
—Hombre, Adolfo, esto…
—Nada, nada. Aquí el yugo, las flechas y junto al pomo de micrófonos las cinco rosas simbólicas. Y que al menos dos de los vuestros, Gallego y Sánchez Montero, vistan una camisa azul.
—Eso ya no, Adolfo, que no.
—¿Te devuelvo a vivir con peluca, por ilícito penal?
—No.
—Pues colocarás, junto a la hoz, el martillo y la bandera roja, una fotografía de la base de Torrejón.

—¡No, eso nunca! ¡Jamás!

—Eso sí. Ahora. Y si os manifestáis, que sea por las aceras.

—Vale.

—Sin estornudar, que desestabiliza.

—Todo sea por el consenso y una transición modélica.

—Para modélico tú: la única clandestinidad buena ha sido la tuya. Pasaremos a la historia, camarada. Todos los Santiagos sois tocacojones. ¿Un poco más de chinchón? Carmen, otra dosis. Has de estar a la altura. ¿Hace un pitillito?

Narrador

La cuquería del presidente centrista corre de boca en boca. Exhorta a todo el mundo a estar a la altura de las circunstancias, pero las circunstancias siempre las pone él. La espectacular presentación en sociedad política del PCE propicia que sus gentes conquisten simpatías callejeras.

***

Un grupo de mujeres de mediana edad cotillea en la calle ante una manifestación.

—Ya vuelven a pasar aquellos barbudos tan bondadosos y contentos.

—Serán frailes sin hábito. ¿No viste lo alegres que se ponían festejando el Sábado de Gloria? ¿Cómo brincaban y cantaban?

—Ah, yo creí que eran de Falange. Al salir en la tele con el yugo, las flechas, las camisas…

—Tal vez eran seglares falangistas.

—Monjes soldados, como las órdenes militares.

—A unos se les ve muy novicios, puño en alto.

—Sí, pero, mira, van monitores y les abren las manos para el saludo romano.

—Qué grandeza tiene todo esto.

—Y qué suéter más bonito lleva aquél.

—Dicen que es el padre Camacho. Viene de las misiones.

—¿Qué pone en aquellas banderas?

—Jaculatorias, pero están tachadas con pintura roja por algún comunista. Qué tiempos, Dios mío.

—Encima el traidor Suárez nos los hace tragar. En lugar de la Pasión, la Pasionaria.

—Viva Cristo Rey, Mari.

Narrador

El Consejo Superior del Ejército publica una nota demoledora: (voz tétrica) "La legalización ha producido una repulsa general en todas las unidades que no obstante, en consideración a intereses nacionales de orden superior, admitimos disciplinadamente a hecho consumado". La procesión va por dentro. Gutiérrez Mellado, ya en el círculo íntimo del presidente, no ha podido suavizar el texto y en Moncloa están de los nervios. El ministro de Marina, Pita da Veiga, dimite y ningún almirante en activo quiere mojarse relevándole. Suárez está agotando recursos.

—(*A Mellado*) Busca a un retirado.

—He rebuscado hasta Churruca, Gravina y Alcalá Galiano. Nada aprovechable.

—¿Y los hermanos Pinzones?

—Eran unos marineros.

—¿Y si nombráramos a Oreja? Es de secano pero hizo la primera comunión de marinerita.

—Las páginas amarillas no fallan. Buscaré en la b, sección baños.

Narrador

Así fue, según malas lenguas, cómo el almirante Pascual Pery Junquera, que se hallaba disponible en situación B jugando en la Bañera de su casa (enfatiza las dos B), llega a ministro de Marina. Escollo salvado. Las elecciones del 15 de julio, primeras en 40 años, excitan a un pueblo sediento de ideologías. Suárez patenta una frase bíblica: "Puedo prometer y prometo".

***

Cháchara de señoras bien en una chocolatería.

—A mí me tira el hocico del Felipe, tiene morbo.

—Me mola más ése tan de derechas, el que siempre está hablando mal de los países del Este.

—Ah, sí, Carrillo. A mí me da morbo por clandestino. Debe amar como el Zorro o el Guerrero del Antifaz.

—¿Qué me decís de Suárez? Qué ojeras, qué nariz respingona. ¡Cómo se atusa las solapas de la chaqueta! ¡Qué guapo cuando abomba el labio inferior con la lengua! Qué valiente: "Comparezco ante ustedes, señoras y señores…"

—No tiene nada que hacer ante Fraga y la Alianza Popular de los siete magníficos. Ayer, en un mitin, el micrófono se le quedó mudo y él le dio con los nudillos y luego dos guantazos que lo desmochó de cuajo. Qué bien hostiaga, perdón, hostiga.

Narrador

Campaña electoral a cara de perro. Suárez ha de apretar las clavijas en su mensaje final.

***

Cena familiar de clase media ante el televisor.

—(*Suárez*) Quiero comparecer ante ustedes con realismo.
(*Padre de familia*) Niños, a la cama.
—El pueblo español es en su mayoría moderado y maduro.
—De tan maduros un día nos caeremos del árbol.
—Me referiré primero a la legalización del Partido Comunista.

Decorado parcial en el domicilio de Blas Piñar. El notario ruge a su familia subido a un taburete .

—¡A los refugios! Desde este altozano me sobro para poneros en fuga, rufianes. ¡José Antonio, presente, se desvía el presidente! ¡Ra-tá-tá-tá! (*Pobre escoba*). ¡Requeté, firme! ¡Bala detente, soy reserva de Occidente! (*Dos jarrones*). ¡Alerta, cazas rasantes! (*Una lámpara*). ¡A mí los de Guadalajara! ¿Llegan refuerzos de

Fernando Poó? ¡Abramos trincheras! (*Adiós parqué*). ¡Aaaay, me han herido! (*Adiós sofá*).

—(*Suárez en TV*) Yo, señores, no solo no soy comunista sino que rechazo de plano su ideología. Es más, Carrillo aún huele a dictadura del proletariado.

—(*Una voz en la lejanía*) Qué salero, Paco, qué humor tenías. Pero ahora te salen muchos competidores. Si los vieras…

Escena 28

LAS CORTES SE SUICIDAN

Narrador

¡Haraquiri indoloro! El astuto Miranda ha descubierto fisuras bastantes en las leyes del Movimiento de modo que las viejas cámaras, la principal rémora para la democratización, acepten su suicidio en tres actos a mitad de noviembre. Igual que en la terna, el engranaje está planeado para que el cambio se engarce de la ley a la ley, sin involuciones, rupturas, enfrentamientos civiles ni golpes. Unos cuantos parlamentarios reformistas, en el ajo de lo que se cocina, entran en combate contra el potente residuo franquista. Miranda abre el debate crucial. Sus señorías recelan de inmolarse. El aspirante a caudillo Blas Piñar truena contra el estado de cosas.

—¡Estas sesiones son un entreguismo a la reconciliación que urden los marxistas!

—(*Tapona Suárez*) Reconciliación viene de cilicio. Nuestra reconciliación, la auténtica.

—¡Traidor, hereje, perjuro! ¡Los principios fundamentales del Movimiento son inalterables, inextinguibles, indestructibles e incontrovertibles por su esencia!

—Denegada la enmienda.

—¡Esto es una farsa! ¡Que se diga claramente a los españoles que vamos a un proceso constituyente!

—(*Piñaristas secundan*) ¡Paredón! ¿Para eso ganamos el Ebro?

—¿No dijo usted, Fernández-Miranda, que las asociaciones políticas eran una trampa saducea?

—No. Dije que tenía caspa y seborrea.

—¡Bellaco!

—¡Felón!

—(*Un susurro*) Apaga la luz, Torcuato.

—(*Otro susurro*) Voy, Adolfo. (*A plena voz*) Señorías, procedamos al voto.

—¡Ni siquiera está aprobado el procedimiento!

—Procedimiento de urgencia. (*Susurro*) Abro la luz, Adolfo. (*Impostando la voz*) Su atención, por favor. Debido a la urgencia procedimental, adelantaré el resultado. Procuradores y consejeros que componen la Cámara: 531. Asistentes: 529. Votos afirmativos: 521. Votos negativos: 7. Abstenciones: una.

—¡Bravo!

—¡Fuera!

—¡Olé!

—¡Sedición!

—¡Borrón y cuenta nueva!

—¡A la Cruzada!

—¡Traidores! ¡Fuerza Nueva!

—Yo he votado sí por mi lealtad al 18 de julio.

—Yo he votado no por Franco. Qué taco.

Narrador

¡Qué lío! El primer salto a la democracia está dado, merced a una fina maniobra de confusión. ¿Un salto en el vacío? Gutiérrez Mellado, vicepresidente para asuntos defensivos, hace de coracero del presidente ante el estamento militar de Franco. Suárez sale del hemiciclo arrebatado de optimismo ante la prensa y hace uso de sus talentosas evasivas.

—¿No ha sido el pleno un embrollo amañado, presidente?

—¿De verdad lo cree? Pues eso no es nada: puedo prometer y prometo que científicos de mi partido ya preparan la confusión del átomo para el año 2000.

Suárez, Miranda y Gutiérrez Mellado se abrazan en la intimidad.

—¿Qué hacemos con los irredentos, Miranda?

—Los mandaré a Hispanoamérica en misiones parlamentarias con gastos pagados.

Narrador

El chuletón seductor aplaca a los miembros más viriles de Las Cortes y la Organización Sindical con otra de sus frases vitaminadas.

—Que nadie padezca: el futuro será mejor mañana.

Narrador

Sin embargo el populacho pide la luna. La gesta democratizadora está expuesta a la cólera de una sociedad encaprichada de utopías. Hasta el personal de Moncloa deambula quejumbroso. El vicepresidente económico Abril Martorell da un aviso.

—Adolfo, los españoles se echan a acaparar por culpa del seleccionador. Kubala lleva el pantalón remangado como si aún huyera del Este. Arenga a sus pupilos así: "Si os roban un balón os quitan el pan de vuestros hijos". El consumo se descontrola y las variables macroeconómicas se disparan.

—Calma, de ahí su nombre de variables: varían.

—Es que la inflación ha subido diez puntos.

—¿Negativos?

—Al contrario.

—Entonces no hay de qué preocuparse. La mitad del problema económico de España es mental en un noventa por ciento. Varían, Fernando: el índice de pobreza ha empezado a bajar pero sigue creciendo, va para arriba. ¿Comprendes? Necesito aliento, visiones positivas. ¿Cómo funciona el decreto de amnistía?

—Muy ágil. Los presos salen, ven el panorama y vuelven a entrar.

—¿Cómo respira el ejército?

—Por los dos bandos previstos. El demócrata, formado por Gutiérrez y Mellado, y los demás, que sin pronunciarse abiertamente contra la democracia sí se pronuncian contra Gutiérrez Mellado.

¿Y nuestro partido?

Ucedé es un caos, pero el partido y el Gobierno se mantienen cohesionados por tu magnetismo.

Suárez ensaya poses para cerciorarse de que su poder de imantación se mantiene incólume.

Coro

Gesto ético, gesto patético
Te convierto en estético

Escena 29

LOS PACTOS DE LA MORDAZA

Narrador

El apodado chuletón de Ávila vence en cuantas urnas le salen al paso. Miranda pasa a la reserva con su toisón. Suárez busca un golpe de efecto. Algo no marcha.

***

Escena en el dormitorio del matrimonio Suárez, ambos cónyuges sentados en el lecho. Su diálogo, que no escuchamos, transmite brumas, malos presagios y melancolía. Ella se da crema de manos. Él sopla ceniza caída en la sábana.

—Amparo, llevo horas pensando en una figura para Las Cortes.

—Persevera. Franco en paz descanse preparó la entrevista con Adolfo durante dos noches enteras.

—Cariño, te rogaría que tampoco en privado llamaras a Hitler por mi nombre. Un día se te escapará en público. Además, ya no tengo suficientes guardias para vigilar que no salgas.

—Fuera de esta casa sí me valoran. *La Codorniz* me llamó guapa.

—Inexacto. Escribieron que tienes buena facha. Fa-cha. Deberías ser más precisa.

—Y tú fijarte más en la obra del Caudillo.

—¿En cuál de ellas?

—En las suscripciones populares y del Banco de España que su carisma hizo posible. El pueblo le dio un Cristo barroco de pelo natural, y otro de África.

—Amparo, Amparito. He sabido cosas. Las suscripciones las planeaba él y donde no llegaban lo hacía el camión de doña Carmen para llevarse estatuas de la catedral de Santiago, sillas del coro y las dos pilas del siglo XII de San Xián de Moraime o el San Francisco de Pardo Bazán. De hecho requisaban.

—Claro, te lo ha dicho ella. Para ti no hay más Carmen que la Díez de Rivera. Ella, Carrillo y la *Pasionaria* te envenenan. Dios se apiade de España.

—Me voy a fumar.

—(*Le retiene conciliadora*) Las familias te darán al hombre. Déjate llevar por tus ministros.

—Les profeso gran afecto personal pero no nos saludamos.

—Elige a quien te dé la gana menos al vicioso de Ignacio Camuñas. Buenas noches.

La escena, en tinieblas, queda a merced del

Narrador

Suárez cita al hombre vetado por su esposa. Lee una ficha mientras Camuñas guarda antesala: "Posee clase, atractivo y jovialidad. Liberal, diplomático y editor de 'Gentlemen'. Apodo: 'Nacho de Noche'.

Maledicencias: entró en UCD a través de la coalición del PDP con Fofó, Miliki y la Cantudo".

***

El aspirante llega manos en los bolsillos, silbando 'Strangers in the night'. Viste vaqueros y una camiseta serigrafiada con una vaquilla y bañistas en biquini. Saluda al modo de una estrella de cine, proyectando el índice y el dedo corazón.

—Qué estás haciendo ahora mismo?

—(*Se abomba la camiseta*) Recién llegado de presidir una becerrada para turistas en Pozuelo.

—Me refiero al plano político.

—¿Además de las becerradas? Un ensayo y una ponencia: "Política, sexo retribuido y libertad de expresión seminal en la era *yuppie*". Y "Designio de la nada".

—¿Cuál es el ensayo?

—No lo sé. Estoy ensayando los dos.

—Eso de Nacho de…

—¿De noche? La orografía de nuestro país es complicada, produce abundantes zonas de sombra. Lo dicen en la televisión.

—¿Crees en la televisión?

—Desde luego. Es nuestro huerto. La buena cosecha de ajos en La Mancha ha de abrir el telediario.

—Tienes labia, chico. Serás ministro para las Relaciones con Las Cortes. Para cortes de manga, tal como está el patio. Me dan tanto repeluzno que cuando voy allí ni las nombro. Le digo al chófer: a Marqués de Cubas esquina San Jerónimo. Veamos, ¿qué harías tú después del café para todos?

—Un desayuno con los sindicatos en la Moncloa y que nos coman en la mano. ¡Oh! (*mira el reloj*) Discúlpame, me esperan en Pasapoga.

—Caramba, el portaaviones americano.

—No, no, la sala de fiestas. Hay una en tu honor.

Narrador

Rearmado con los atinados consejos de su vicario favorito, Suárez da una gran noticia de alcance.

—(*Del Telediario*) Estamos más cerca de las bases del pacto social.

Narrador

Pero no se ha contado con la intransigencia, la mentecatez y la causticidad celtibéricas. Hasta los colaboradores más imaginativos de palacio, los 'fontaneros', caen en murmuraciones jocosas.

—Estamos más cerca del pacto, lo que no es óbice para seguir estando lejos. Lejos solo de las bases, de los condicionantes. O sea, es el Pacto de los Montes.[9]

—El pacto Donald cojea.

—¡No, es el Tío Pacto con la rebaja!

---

9 Recreación del parto de los montes del que nació una mísera rata. *Parturint montes, nascetur ridiculus mus.* Abreviando: tanta cosa para nada.

Otra parte de la escena descubre más susceptibilidades. Reunión de un círculo patronal.

—Quienes me conocen del sector vinícola saben que soy posibilista de pura cepa, pero lo molesto de un pacto es que hay que hacerlo con otros. Donde hay patrón no pacta un pisaúvas.

—Represento al sector cárnico y solo añadiré que es indispensable una ruptura pactada de costillas.

—Como portavoz del ramo de Actividades Muy Diversas, los mejores pactos son los impactos de bala. ¿No le parece, señor conde?

—Si no les he devuelto las tierras de pasto que les arrebaté en Extremadura después de la guerra, ¿para qué voy a pactar?

Narrador

El magnético Suárez culmina una nueva filigrana histórica: los Pactos de la Moncloa. El buen sentido acaba imponiéndose. La paz social se logra en breves bizcochos.

***

Los líderes sindicales salen risueños de Moncloa con toda la simbología roja imaginable.

—¿Qué han pactado con exactitud?

—Nada más y nada menos que nuestra mordaza sindical a cambio de su mordida sindical y la devolución del patrimonio *sine die* y sin intereses.

—¿Cuál es su valoración?

—Estamos satisfechísimos. Vean ustedes la mordaza. Tóquenla. Cuero argentino legítimo.

—¿No parece una componenda con el juego sucio de la patronal?

—La democracia también se defiende en las alcantarillas. Lo dice hasta una joven promesa socialista, Felipe González.

Coro

Hondo, hondo
Que el Estado pide esmero
Voy al fondo de lo hediondo
Aunque apeste a oso hormiguero

Escena 30

EL TARRADELLAS DE SIEMPRE

Narrador

La senda de la paz laboral está allanada, pero resta otro gran escollo, el problema catalán. Suárez y Fernando Abril, el hierático número dos, discuten en palacio.

—¿Qué quieren los catalanes, Fernando?
—La Generalidad, presidente.
—Sí, sí, la generalidad de los catalanes. Qué pejiguero eres.
—La Generalidad.
—Ya lo has dicho dos veces.
—Reclaman su institución de autogobierno en la República, la Generalidad, cuyo depositario en el exilio es un tal Yusef Tarradellas.
—¿Es moro?
—Es honorable.
—¿Entonces es chino mandarín?
—A efectos de negociar podríamos decir que sí.
—Nos entenderemos. Mi-kel Lo-Ka-Yu-Neng ya quiso colarme a Yol-di Pu-yol. Es curioso, Catalunya me suena a chino.

Narrador

Josep Tarradellas, presidente en el exilio, llega a Madrid para entrevistarse con el artífice de la reforma, junto a los fontaneros más expertos en desatascar. Cada palabra, fruto de un cerebro privilegiado, trasluce sedimento cultural y dominio del momento histórico.

—¿Ha ganado la Liga el Arenas de Güecho? ¿Tendré un *randevú* con el ministro de la Guerra? ¿Iré en el *Hispano Suiza?*

Narrador

Ambas partes entablan arduas negociaciones coincidiendo en lo fundamental: Suárez quiere ser duque y Tarradellas quiere ser marqués. Delicadas discrepancias todavía les separan.

—Pero, honorable, ¿no declaró tiempo atrás que la solución juancarlista no conducía a ninguna parte?

—Así es; opiné que para la selección era mejor el madridista Pirri que el barcelonista Juan Carlos. Yo tengo sentido de Estado.

—Es usted el hombre que busco.

—He encontrado a mi Suárez de siempre. ¿Puedo viajar a Barcelona?

La escena se bifurca. Imágenes de fondo revelan multitudes enfervorizadas en la Ciudad Condal. En el centro de las tablas, Josep Tarradellas siembra los primeros logros de su política unitaria. La comitiva distribuye faldas para las señoras y corbatas para los caballeros. El veterano dirigente republicano sale al balcón del Palau de la Generalitat reinstaurada.

—(*Piensa:* los catalanes de ahora, con barbas, capuchas, panas y zapatillas deportivas, parecen salidos de una fábrica de guerrilleros urbanos, pero no hay más remedio que hacer de tripas corazón y dar comienzo a mi función histórica). '¡Ja soc aquí!'

—¡Esto no está en la letra, hemos perdido la estrofa! (*Líderes locales de centro y derecha aprenden a toda prisa el himno para la toma de posesión*).

—(*Tarradellas vocifera tras el ritual*) ¡Que venga mi fiel Pompidou! Quiero revistar a los carabineros.

—(*El periodista Carlos Sentís acude presuroso*). ¿No sería mejor ver a Coloma?

—¿El marido de la Colometa?

—El capitán general.

—Quizás tengas razón. ¿También lleva anorak? Aquí todos parecen alpinistas menos tú. ¡Que forme la Guardia de Asalto!

—Imposible, muy honorable.

—¡Entonces pasaré revista al Somatén!

—La guardia formada en Capitanía le espera, President.

—Ah, Versalles. (*Volviendo en sí*) Si Coloma es general, 'je suis Generalisíme'!

Tarradellas es recibido por un cuerpo de guardia desmadejado y desastrado. Burletas, o pasotas, los soldados lucen cigarrillo en boca, petaca en ristre y diario deportivo en la axila. Uno sale de la garita en calzoncillo. El presidente le dedica una inclinación de cerviz, que repite a cada elemento de la soldadesca. Sus reverencias a Coloma erguido en el portón recuerdan a los muy gentiles mosqueteros. El primer militar de Cataluña intenta saludar a la primera autoridad civil, pero en el último momento la mano se niega a contactar con la sien. Así cinco veces, un desdoro que Tarradellas eclipsa con medias genuflexiones. Coloma toma asiento sin ofrecerlo al visitante. Éste responde al desdén con astucia y tacto sublimes, arrodillándose con naturalidad. El republicano Tarradellas y el franquista Coloma Gallegos departen unos minutos.

—*(Coloma, muy adusto)* Me dijeron que había muerto.

—Estoy más vivo que nunca.

—Yo preferiría creer a quienes me dijeron que había muerto. Sin embargo espero de su buen juicio y arrepentimiento que sepa mantener a Cataluña en la heráldica de los Reyes Católicos.

—Estoy por encima de los intereses individuales y la lucha de clases sociales. Detesto los particularismos, el juicio crítico de la opinión pública y los partidismos. No soy de derechas, aún menos de izquierdas, ni de centro. *(Coloma se ha relajado a cada palabra).*

Narrador

Al término del encuentro, fuentes bien informadas apuntan que la azarosa democratización cumplirá su objetivo.

—(*Tarradellas en un aparte con el público*) He encontrado a mi Coloma de siempre. La transición llegará a buen puerto.

—(*Coloma, muy cuco, al público*) Puerto Franco...

Escena 31

MÉXICO OFENDE A ESPAÑA

Narrador

La estabilización territorial da luz verde al primer viaje diplomático. Una espinosa expedición a México donde tomará cuerpo la diplomacia de no alineamiento con su Festival de la OTI. En Barajas Suárez se sirve de sus dotes evasivas en las declaraciones antes de la partida.

—¿Su viaje al reducto del republicanismo de la Guerra Civil contiene objetivos políticos ambiciosos?

—Permítanme ser cauto. Primero está la necesidad de cuidar el mercado exterior. He visto que la mayoría de nuestras importaciones vienen de fuera.

—¿Su apertura diplomática es continuista? ¿Reconoce que España ofrece su estratégica posición de puente entre dos mundos: el que la odia y no le compra, Europa, y el que ya la odiaba antes y no le pagará jamás, las Indias?

—Querido amigo, gracias al continuismo España es el eje del equilibrio mundial por su tradicional amistad con los países árabes rencorosos que no la tragan por el Sáhara y por su tradicional vocación hacia la Europa equivocada que le da tradicionales portazos.

Narrador

El ministro de Exteriores, Macelino Oreja, viaja en la expedición junto al de Interior, Martín Villa. Este lee el último télex. "Tres terroristas muertos en Mondragón, dos guardias tiroteados en Portugalete y tres manifestantes radicales heridos en Llodio".

—Ganamos el set por 6-2. Disculpa, Adolfo, mi debilidad por exteriorizar la afición matemática a la cosmología deportiva.

—Presidente, cien militares firman un manifiesto que declara ilegales el paro y el coste de la vida.

—Sin problema, Marcelino. Al primer general que me chiste lo meto en un castillo.

—Hay otro manifiesto, de los controladores.

—(*Rictus premonitorios de cataclismo*) ¡No, ellos no! ¡No los resisto!… Franco me recomendó una direccionalista que determina el rumbo de los viajes que se pueden emprender. La llamaré ahora mismo.

—Adolfo, la vidente nos exigirá la fecha, hora y minuto del nacimiento de cada expedicionario. A embarcar.

Narrador

¡Oprobioso! La embajada española es recibida a los sones del himno de Riego. Suárez responde al insulto con un arma más disuasoria que la bomba de neutrones. Ante las obras completas de Ángel de Andrés, Pepe Da Rosa y Joe Rígoli los mexicanos se rinden sin condiciones y con voluntariosos vivas a la monarquía. Núcleos contumaces son sofocados por una lluvia de saetas de Joselito. A su partida Suárez pasa balance a la magnífica cartera de pedidos.

—Nos han encargado seis enchiladas, tres pinchos de jamón, dos bocadillos de caballa y uno de boquerones en vinagre, a cambio de cuarenta *Pegasos* cedidos gratis a la empresa local de autobuses. El año próximo les llenaremos de nuestra mejor tecnología punta, las centrales nucleares.

—(*Oreja*) Corren vientos de desprestigio de lo nuclear.

—Vale, les exportaremos nucleares neolíticas.

—Eólicas, presidente.

Narrador

El demócrata autodidacta vive su mejor hora. Hace escala en Haití, donde regala dos hermosos osos panda al dueño de la finca, Duvalier, rodeado de fulanos imponentes. En contrapartida Suárez pide que la república caribeña acoja de por vida a sus rivales más quisquillosos, Herrero de Miñón y Oscar Alzaga. La gestión no cuaja.

—¿No habíais dicho que eran tontos de matute?

—(*Díez de Rivera, estirada*). Adolfo, te dije *Totton Macoutes*.

—Qué situación más embarazada.

—Embarazosa, embarazosa.

Escena 32

¡ESCONDAMOS A LA ABUELA!

La escena transcurre en los vestíbulos de espera del aeropuerto de Madrid.

Narrador

El anunciado retorno de 'Pasionaria', el símbolo ausente más respetado y aclamado del añejo comunismo del 36, quita el sueño a militares de Franco y a eurocomunistas de nuevo cuño. Dolores Ibárruri es la viva encarnación de la intransigencia antifascista. ¿Cómo reaccionará a la metamorfosis claudicante del camarada Santiago? La facción centrosuarista-carrillista del PCE copa las mejores posiciones de bienvenida. Pero los hay descreídos.

—Tanta mano tendida, tanta mano mendicante… Se siente, se siente, la abuela nos desmiente.

—Estoy contigo. A este paso nos recomendarán tajantemente no asomarnos a ventanas, no tener hipo continuado y no tirar de la cadena del WC con fuerza, para no dar quebrantos al orden público.

—Silencio, ya sabes lo que manda el *statu quo*.

—A tomar por quo. Tengo el pálpito atroz de que nos mandan Franco y el Kremlin juntos.

En cuanto Dolores pisa suelo español, Carrillo se funde en sus brazos y un manojo de los suyos se le abalanza coreando lemas afectuosos. Del manojo sale un pañuelo rojo y, zis-zas, nudo de estibador en el paladar. Carrillo silba a la torre de control. El camino al coche resulta más accidentado de lo previsto.

—Gggggggg (*La abuela saluda a periodistas*).
—¿Qué opinión le merece el eurocomunismo?
—¡E... u... i... mecag...!
Tiene los mofletes inflamados.
¿Cómo juzga el actual proceso de violencia?
—Mira, se está poniendo morada.
—Esta tía es muy feminista.

Narrador

En la zona de pasajeros en tránsito, el dramaturgo Fernando Arrabal lee un manifiesto teatral contra el fascio-comunismo a una azafata de Iberia amordazada para la ocasión. Los carrillistas se alarman, y más cuando el pañuelo atado y mal atado se deshace sin tiempo de reaccionar. La abuela aspira una bocanada de aire y tuerce una sonrisa a la prensa.

—¿Cuál es su mejor recuerdo de Moscú?
—(*En son de guerra*) Samaranch. Me recuerda a un viejo camarada.
—¿Qué opinión le merece el eurocomunismo?
—Pues me parece una...

Carrillo remueve los humores bronquiales.

—... una imbecilidad (*concluye ella, tapada por una tos esperpéntica*).

—¿Qué ha dicho?

—Que es una imbecilidad.

—No, una bestialidad.

—Juraría que ha dicho iniquidad.

—(*La voz espectral de Carrillo sobresale del barullo*). Ha expresado que el eurocomunismo garantiza la unidad. Trágueme la tierra si no es cierto. (*Hunde la vista en la corteza terrestre*).

—Para *El Diario Vasco*: ¿cómo juzga la situación de violencia?

—(*Carrillo a Dolores*) La pelea Alí-Evangelista.

—Este Gobierno en mi Euskadi comete una...

—¡(*Carrillo*) Al *Cadillac*, rápido! Bardem, monta una salida de película! ¡Marce, el suéter!

El director de cine Bardem y Marcelino Camacho, que la oculta bajo su jersey de punto más prieto, vigilan a la ilustre exiliada rumbo a Madrid. Arrabal sigue leyendo sus folios a la azafata. Un delegado de Amnesty levanta acta.

—(*Delegado*) Se trata de una modalidad de tortura sumamente compleja; previamente la azafata ha sido puesta fuera de combate con dos zumos de naranja de la casa.

Escena 33

LA BATALLA DE LA CONSTITUCIÓN

Una larga mesa de salón. Seis hombres hacen calceta (evocan el hilo de Penélope) y el séptimo construye una torre de arquitectura infantil. De vez en cuando el octavo hombre arrea manotazos a las labores y sustrae piezas básicas a la torre.

Narrador

Ocho padres de la Patria inician los ciclópeos quehaceres legislativos de la Carta Magna, la ley marco que sellará el epílogo de la transición. El ciclón Fraga y su ordenancismo conservador hacen de las sesiones un continuo tejer y destejer. No hay avance democrático que se le resista. Fraga impone su ley avasalladora al marxista Solé Tura y compañía.

—Aquí, donde dice Euskadi, dirá Kastilla Norte, y nada de Donostia, San Sebastián y va que arde.

—Don Manuel, por favor...

—¡La Donostia te la daré yo! Artículo 54: "Se prohíbe la blasfemia y la palabra psoez". Más abajo: poned Hispanolatinoamérica, que Latinoamérica es jerga roja. En vez de Valencia, Blavencia.

—(*Solé Tura, manos en súplica*). Déjame al menos en el título séptimo, artículo 13...

—Artículo 13: manodura,querimaconSoléTura. Hay que endurecer las penas. ¿Cómo va a tener un preso tiempo libre?

—(*Peces Barba*) Manolo, basta de propasarte en atribuciones. Acordamos repartirnos los epígrafes señalados con letras y elegiste la E, así que a la E. Economía de mercado.

—¡LaEsmía! Educación, ejércitos, elecciones, embajadores, emigrantes, empleo, empresas, energía. Los embutidos, las entidades locales menores, los errores judiciales, el espacio aéreo y España. ¡Españaenteraesmía!

—¿Y el hecho diferencial, qué?

—Amigo Roca, hecho lleva hache. No es mi competencia. 'Spain ya is different'. (*Golpeándose el tórax a lo Tarzán*) ¡España, los españoles, la especulación del suelo. ¡Todoesmío! ¡Y el Estado! ¿Acaso no se escribe con E de excepción? ¿No dicen que tengo todo el Estado en la cabeza? El Estado de sitio, de alarma y de guerra sonmíos, míosymuymíos, como los estatutos.

—(*Salta Pérez-Llorca*) Fin de la coña, don Manuel.

—¡Míalaertzantza! La expropiación forzosa, la extradición, los extranjeros, Entrepeñas, El Escorial, el Ebroépico!, la dama de Elche, las ecuaciones... y no juguéis con mis explosivos. (*Espasmo ventral*).

—(*Un ujier*) ¿Se encuentra bien? ¿Le acompaño a los aseos, don Manuel?

—Sí, pero el papel *Elefante* tambiénesmío.

Ausente Fraga, el resto se desenmascara.

—¡Hay que salvar el Título VIII de las comunidades autónomas y todo lo demás!

—Los purgantes del veterinario que le hemos puesto en el albariño son fuertes pero breves. ¡Apresurémonos! ¡Últimos minutos sin Fraga!

—¡Hay que aviar 78 enmiendas verbales ya! ¿Comisión, cómo tenemos el texto definitivo?

—¡Marchando!

Cuando Fraga reaparece renqueante, Pérez- Llorca se vanagloria del momento cumbre.

—La Constitución está presta para ser aprobada en referéndum y ya puede remitirse al Rey.

—(*Suárez*) Que se la lleven al Jefe del Estado.

—¡Marchando una de Zarzuela!

—Cuando digo Jefe del Estado es elemental que me refiero a Chimi Carter. (*Didáctico*) Ese gachó con apellido de reloj es el rey del cacahuete, cacao, girasol, coco, chirimoya, palosanto, mucho palosanto, y chufa; a chufa lo toma la gente y a mí me causa un respeto imponente, además de ser el rey del petróleo, tierra, mar, aire y derechos humanos, por este orden.

—La E de EE.UU es mía: ¡Eisenhower,Elvis,EdwardKennedy! ¡El excelente flujo de dinero y poder! Excusadme, vuelvo al WC.

Escena 34

LO QUE PUEDE OCURRIR CON EL CAFÉ

Narrador

El Ejército intocado desde tiempos de su Caudillo no acepta el desmantelamiento institucional y se encabrita con la Constitución aprobada, aunque ya estaba en estado de cabreo desde la legalización del PCE, el portazo del vicepresidente De Santiago y el ascenso del demócrata Gutiérrez Mellado. En el CESID empiezan a suceder acontecimientos.

***

La escena reproduce un estudio atestado de magnetófonos, monitores de TV y filmadoras. Un jefe y un civil dialogan.

—Soy el enviado del presidente Suárez para vigilar la transición ordenada en los cuartos de banderas.
—Bienvenido al Centro. Aquí el comandante Cortina. ¿Desea escuchar la última novedad de contraespionaje? El teniente coronel Tejero Molina de la Guardia Civil telefoneando a su amigo el capitán de policía Sáenz de Ynestrillas.

—Parece una trama seria.

—Tonterías, una charla cómica, de café. Escuche.

—(*Del magnetófono*) ¿Alló, Charly? Aquí, Bravo. ¿Tomamos un café en la cervecería *Galaxia*. ¿Hace? Cambio.

—Recibido, Bravo. Soy Charly. ¿Es para algo importante? Cambio.

—Aquí presente Bravo; recibido, Charly. La semana próxima el Borbón y el Chulopiscinas van al extranjero y los altos mandos están de cursillos en Ceuta y Canarias. Podríamos trincar al Gobierno, ocupar los enclaves de comunicaciones y exigir un gabinete de salvación nacional que impida la Constitución y nos reintegre la Patria una, grande y libre. ¡Viva Franco! ¡Arriba España! Cambio.

—Bien, Bravo, me quitas un peso. Creía que se trataba de algo grave. Podemos charlar tomando café. Corto. Me olvidaba: ¡viva! ¡Arriba! Cambio. No el cambio de los putos progres. Corto.

—¿Un café corto?

—Que corto la llamada, mejor carajillo, Bravo. ¡Viva Franco!

—¡Ah, bravo Franco! ¡Bravo, bravo!

—Sí, sí, muy bravo, pero aquí Bravo eres tú. Oye, que te acuerdes de llevar los planos del golpe de mano y la lista de los que están en el ajo. ¡José Antonio, presente! Corto. Puntualizo: el corto no era José Antonio. Cambio. Puntualizo: no *Cambio16*.

—(*Cortina*) Ya lo ha oído, nada relevante. Puedo adelantarle que el informe que esta semana remitiremos al Gobierno calificará los hechos de "simple charla de café"..

—¡Una charla de café para los muy cafeteros! "Tú, Juan Valdés, a cortar a machetazos, y tú, Saimaza, selecciona las mejores granadas de mano. ¡Vamos, chicos, al tostadero del golpe!". Un claro indicio de tropelías contra el Estado de Derecho.

—Vamos, vamos, no conviene magnificar bromas con más bromas. ¿Quiere un café?

—Prefiero supervisar su centro neurálgico de gestión de secretos de Estado. Me preocupa en especial el nivel de su contraespionaje.

—Ahí somos los reyes, cada día batimos récords de audiencia. Se lo enseñaré. ¡Pregonerooooo mayor! Es nuestro mejor espía. Venga, haznos una demostración.

—¡De orden del señor jefe de los Servicios Nacionales de Inteligencia! ¡Se hace sabeeeer a magistrados, feriantes, voceros, delatores, filtradores, comisionistas, correveidiles, comadres, coroneles, reporteros, infiltrados, chivatos, así como a los quintacolumnistas y bocazas de la comisión de secretos oficiales que ya están a disposición para su debido conocimiento los últimoooos documentoooos clasificadoooos para desvelar! ¡Hay secretooos de Estado frescos, oiggaa! ¡Secretillos baratos, que me los quitan de las manos!

Narrador

Días después de la charla en el CESID, Tejero e Ynestrillas son arrestados al salir de la cervecería Galaxia y llevados a prisión. Hablan de celda a celda.

—¡Eres bobo, Ricardo! ¿A quién le pasa por la mollera llevarse a la reunión un millar de alumnos de la Academia General de Policía?

—¿Y tú? ¿A quién puede ocurrírsele un disfraz de visitador de Persil Activado con tricornio?

—¿De ti no iban a sospechar? ¡Si pretendías movilizar al servicio de las infantas como infantería!

—¿Y tú, amenizar la reunión clandestina contratando a Escobar para un *Porompomparo*?

—¡Mira quién habla! ¡Tú ensayabas la *Marcha Nacional Sancho Panzer* con arreglos del coro del Depósito de Sementales!

Escena 35

POLÍTICA MUNICIPAL:
KURDISTÁN DE ABAJO

Narrador

La oposición aprieta y ahoga. Suárez convoca elecciones un mes antes de las primeras urnas municipales, que se avecinan como un obstáculo insalvable para el centrismo. La izquierda llega feliz, sabedora de romper su techo. Socialistas y comunistas mitinean: al pueblo hay que hablarle claro, de tú a tú y de sus cosas. Izquierda y nacionalistas vencen el 3 de abril de 1979. Su mensaje apuesta por una nitidez y llaneza del todo novedosas.

—(*Deje andaluz*) Priorizaremos el posicionamiento y la clarificación a nivel de amplio espectro.

Narrador

La UCD toma también la vía transparente de los nuevos tiempos. Regla básica; abordar las urgencias inaplazables. Los ayuntamientos ponen manos a la obra para que en sus gestiones el pueblo vea reconocidos sus problemas.

—(*Suárez adoctrina*) Como autoridades locales que sois, la proximidad ha de ser el vector que guíe la resolución de los conflictos del municipalismo. Y lo más universal es lo local, como saben los labriegos, los artistas de cine y los salvajes de la Selva Negra.

—(*Un asistente de primera fila*). ¿Salvajes en la Selva Negra?

—(*Chuleando*) No lo ponga en duda, querido amigo. Eran negros como la pez los salvajes que me encontré en la selva.

Narrador

La atracción de Suárez es fulminante. Unos munícipes se vuelcan en la minoría lapona; otros se apresuran a vindicar el divorcio a cargo de la Seguridad Social, a pronunciarse por el aborto anónimo o debatir la táctica en exceso defensiva de la guerrilla salvadoreña.

***

Escena a media luz protagonizada por maniquíes. Las voces proceden de ellos.

—En Gijón hemos dedicado una sesión plenaria a la infiltración rusa en el Cáucaso.

—En nuestra Cádiz marinera nos solidarizamos con el nuevo Papa polaco y los astilleros en huelga.

Narrador

Numerosos consistorios dan prioridad a la revolución contra el emperador iraní. España vive una fiesta ideológica de lenguaje desacomplejado.

—El Sha mataba a ritmo de sha, sha sha. Ahora mismo propongo un pleno a favor de Jomeini.

—¿Ah sí? Pues en Móstoles convocaré otro en contra, tan pronto terminen las comisiones para el borrador de intercambiar los dos berlines con las coreas y el hermanamiento con Okinawa.

—Yo tengo pendientes las mociones de finlandización de Polonia y polonización de Finlandia.

—Eso no es nada: en Sestao ultimamos un dictamen para que Italia acoja el estado asociado de San Marino Lejarreta.

—En Navarra somos más de reivindicar los derechos nacionales del Kurdistán. Llevamos años concienciándonos con kurdas. ¡Los turcos no pasarán! ¡Sí pacharán!

Narrador

El secretariado de Enseñanza de Centristes de Cataluña-UCD da ejemplo de la nueva política: "Denunciamos la flagrante violación de los derechos humanos y de la libertad académica que supone el desalojo de la universidad de Tijiuiu. Un ataque a la cultura minoritaria de los bereberes de Kabilia en Argelia". La eficacia de los nuevos gestores no pasa inadvertida.

***

Escena: una pareja de jubilados sentada en un banco de parque.

—¿Qué dicen los de Ucedé?

—Que a una tal Cabilia, pobre, la han agredido sexualmente, quiénes iban a ser, unos moros, los berebárbaros.

—La muy cerda se lo habría buscado.

—Como esa Carolina que espera un hijo.

—¿Carolina? ¿De quién?

—De Mónaco, claro.

Escena 36

EL PSOE ACOSA A FELIPE GONZÁLEZ

Narrador

El Partido Socialista Obrero Español sale robustecido de las municipales de cara al congreso de mayo de 1979. Está pilotado por la figura esbelta y progresista de Felipe González, el indiscutible compañero Felipe para casi todos. Igual que UCD, el PSOE padece en carne viva la pugna fraccional desde que lo legalizó Martín Villa. Felipe tiene carisma, pero también un enemigo: Pablo Castellano.

***

En escena Castellano va colocando aparatosas bombas de relojería en tanto responde a un periodista.

—Dicen de usted que es un dinamitero.

—La dinamita también cumple una función ecológica. Quienes me cuelgan epítetos, Felipe y sus amigos, desprestigian a Marx porque nunca lo han entendido. Buscan dividir el partido entre marxistas y no marxistas. A partir del XXVIII congreso solo habrá amigos o enemigos de González y Guerra.

—Pero cuando lleguen a Moncloa, las diferencias…

—Si un día llegamos a Moncloa será por rebajarnos a valedores de la banca, de las 200 familias que dominan este país. Para pasar la mano por el lomo de los financieros y no para hacer políticas socialistas con los votos de la clase obrera.

Narrador

El congreso se presenta caliente desde que Felipe, secretario general, se sube a la ola divorcista.

***

De fondo, imágenes de un anfiteatro donde polemizan congresistas. Preside un lema: "Construir en libertad". En el proscenio, Felipe con miembros del sector crítico en los órganos de dirección.

—Quiero divorciarme de Marx, sin acritú. Un partido como el nuestro, que aspira a ser de masas, no puede definirse marxista.

—¡Adónde vas, compañero! ¿No afirmabas hasta hoy que el país necesita una pasada por la izquierda?

—Necesitamos sacudirnos los lastres de la Guerra Civil en beneficio de un socialismo de rostro humano. Yo pongo el rostro.

—Mucho rostro, mucho rostro.

—Soy un diamante en bruto.

—Bruto, bruto.

—¿Tú también, Bruto, osas atacarme por la espalda? Tú, Txiki, que me salvaste la vida en el congreso de Suresnes. No te escondas, enano. ¿Tú y tus guerristas no me apodáis Dios?

Pues haré de Jesucristo. ¿Y qué? Era carismático, locuaz, victimista y *hippie*, entre Fidel y Pujol, pero parecido a Jáuregui y Mayor Oreja.

Narrador

El sector crítico vota una propuesta radical en respuesta a la inconstancia socialdemócrata de González. El líder, chasqueado y ofendido, dimite entre una algarabía.

—¿Qué opinas, amigo Nicolás?
—Liberté, egalité, ugeté. Y joeté.
—Nico me da la lata desde Suresnes. ¿Qué piensas tú, Múgica?
—(*Apartándose*) Naderías. Estoy con quien se erigirá en el mejor presidente de la Casa Blanca: Reagan. Es atlántico, es pacífico y tiene unos neutrones así de grandes.

Narrador

Paso en falso de los críticos. Las masas socialistas no pueden poner a flote una alternativa al mesías autocrucificado. Le imploran que vuelva y no esté eternamente enojado.

—Me voy con Arafat a la OLP. Aunque sea para organizar los OléPés de la Canción.
—¡No, quédate! ¡Qué-da-te! ¡Fe-li-pe, qué-da-te!
—Lo siento, es tarde. Pero acercaos al marxismo con espíritu crítico, porque Marx no es un todo absoluto que divide a buenos y malos.
—¡Ay, qué verbo! ¡Ahí tus güevos! ¡Macizo!

—Además: ¡ser socialistas antes que marxistas!

—¡Qué hocico tiene! ¡Esos labios reventones me llevan de cabeza!

—¡Os diré más: para ser socialista no hace falta ser republicano!

—¡Saleroso! ¡Morritos sandungueros!

—¡Cachas! ¡Sabrosón! Qué bien marca hombros y muslamen con la cazadora y los vaqueros.

—Por consiguiente: ¡para ser socialista, compañeros y compañeras, ni siquiera hace falta ser socialista!

—Toma, y como mueve el sector púbico.

—¡No te vayas!

—¡Sí, me voy porque así lo queréis!

—¡Nooooo! ¡Nooooo!

—Sí, me voy hasta el próximo congreso. Apañároslas sin mí. ¿No queríais eso? Jáuregui, ayuda a escabullirme. Ellas echan flores, pero hay tíos que me quieren colgar.

Narrador

Finalmente el ala crítica es reducida a cenizas por González y sus apóstoles. Castellano da palos en una rueda de prensa. Es experto en palos en las ruedas.

—Una cosa es tener compañeros relevantes, un secretario general famoso y popular al servicio del partido, y otra un general secretario con el partido a su servicio, sin que nadie pueda levantar cabeza, so pena que se la corten. A algunos les da igual ocho que ochenta con tal de seguir siendo algo. El partido no se puede remodelar cada día como masilla a gusto del cliente. Tenemos un PSOE acaudillado donde prima la jerarquización, el aristocratismo de la dirección y el culto a la personalidad, el cesarismo.

Coro

Perdona a tu pueblo, Señor
Perdona a tu PSOE
Perdónale, Señor
Vuelve, a casa vuelve
Que te esperamos

Escena 37

LA ESTRELLA DE SUÁREZ DECLINA

Narrador

La fiebre nacional de separarse y divorciarse ataca con singular virulencia al suarismo. Las dos facciones principales de UCD se llevan a matar. Solo se manifiestan de acuerdo en una cosa: unos quieren la escisión y los otros tampoco. La ejecutiva declara al díscolo sector democristiano zona catastrófica edificable. La estrella de Adolfo Suárez declina. Los nuevos fontaneros de Moncloa indagan las causas.

—Uy, presidente, menuda chapuza le han hecho aquí. No sé si podremos arreglarlo. Se ha fraguado la Ucedé con un conglomerado de cemento tan rápido que se cuartea muy pronto. Las corrientes subterráneas bajo el centro magmático se han desbordado.

—Largo de aquí. (*Monólogo a solas*) La banca, la prensa, los sindicatos, los socialistas y mis propios dirigentes me han clavado agujas de vudú. Los militantes se pasan al PSOE y a Fraga, los beatos Landelino y Leopoldo hacen como si no fuera con ellos y Felipe González no responde a los recados.

Coro

Maldición
Traición
Preterición
Dinos, dinos
¿Dimisión?

—(*Sigue monólogo*) Mi gobierno recibe insultos de la prensa, ultimátums de las patronales, bravatas de los obreros, envites de regiones insaciables y las peores burlas socialistas, pero mis compañeros de Gobierno y del partido del Gobierno se distraen en su instinto fratricida, villano y farisaico. Razón tenía el canciller Adenauer al enumerar los peligros políticos de menor a mayor: "Están los enemigos, los enemigos mortales y los hijos de perra de los compañeros de partido".

Coro

Partido a partido
El partido está partido

En lo alto de la tramoya vemos la figura doliente de Juan Carlos.

—Me prometió que sería el hombre del Rey, pero le ha dado por pensar. Empieza a tener criterio propio. Me siento herido en aquello que más valoro, la fidelidad.

Narrador

Las elecciones generales de marzo de 1979 son un mal trago para un Suárez entrado en exilio interior, a causa de los perillanes de marca mayor que le hacen la cama dentro y fuera de la formación. Sin embargo su carisma de reserva cambia las tornas en última instancia. El centrismo tocado vence sin mayoría absoluta. El otrora líder infatigable acusa el esfuerzo y los fontaneros lo notan.

—Se acuesta entre 4 y 5 de la madrugada, baja al despacho pasadas las 10.30 y se dedica en exclusiva a los grandes temas.

—Quema a sus equipos, se desfondan. Moncloa es un reguero de cadáveres.

—Está ido. Le pedí que no renunciara a un nuevo apoteosis y me respondió que odiaba la geometría.

—¿Y yo? Le previne de que estas generales son un escollo entre Escila y Caribdis. Contestó que no había visto la película.

—Supo desmontar el viejo tinglado, pero no sabe gobernar ni montar una coalición moderna, estructurada y disciplinada.

—¿Cómo la va montar con una derecha de curitas sin labia en una sociedad que ya no es religiosa?

Narrador

El incisivo reportero deportivo José María García denuncia los peligros para el resultado de la patria.

—¡Suárez está indeciso, remiso y confuso a la hora de atacarrr los espacios! ¡Tanto disputa el carril izquierdo al PSOE como intenta conservar el centro en un partido conservadorrr! ¡Su ventaja en el tanteadorrr es mínima!

Narrador

La calle ha condenado la política anti-terrorista por errática, débil e ineficaz. Suárez es consciente de que el primer gobierno constitucional deviene una urgencia decisiva.

—Exijo aire fresco, caras nuevas. En Defensa colocaré a Rodríguez Sahagún. Por su cara podría ser del planeta Putón.

—(*Díez de Rivera*). Plutón, Adolfo

—Su fuerza paralizante será inmensa. Su jovialidad, de Plutón verbenero.

—(*Abril, reticente*) El ministro de Relaciones con Europa, Calvo-Sotelo, es muy retraído. No hace más que leer.

—A los clásicos, en especial al heleno Optalidón. No se le escapa ni un prospecto.

—Interior es la clave. Hora es ya de nombrar un ministro del orden público que lea algún libro.

Narrador

Ibáñez Freire es un general cultivado. Sus primeras palabras ya suenan a Julio Verne.

—Encontraremos a los terroristas aunque se escondan en el centro de la tierra.

Narrador

Las segundas palabras del ministro, en confidencia a Suárez, desprenden efluvios de Corín Tellado, una novelista de fabuloso éxito.

—Nuestras relaciones con el pueblo español han sido: ascenso, romance, reafirmación y bajón. Este guión, presidente, está movido por hilos exteriores que fabrican un cainismo despiadado.

Narrador

Los nubarrones no se disipan, Hay que afrontar la marea alta de los referendos de los estatutos. Uno de los grandes canguelos centristas se localiza en Andalucía. Madrid ha ralentizado el autogobierno y la vox populi exige máxima premura. El andaluz Manuel Clavero, ex ministro para las Regiones y ministro de Cultura, espolea a los colegas.

—¡Sevillanos, Andalucía no quedará rezagada! ¡Autonomía por la vía rápida! Hagamos que la delegación regional de nuestro invicto partido se conozca como Ozudé y nosotros como andalucedés.

***

La mitad de la escena retorna a Moncloa.

—*(Suárez)* La propuesta no prospera.

El presidente pulsa un botón de acción remota, se abre una trampilla y el ministro se precipita en ella. En Sevilla pierde más de una silla, porque dimite del cargo y deja UCD. Fernando Abril interviene.

—Adolfo, ¿por qué no llamar a Ricardo de La Cierva para suplirlo? Tiene experiencia.

—Sí, pero experiencia franquista. Y me odia.

—Igual que otros miles de reciclados.

—Tocado y hundido. ¿Dónde doy con él?

—Estará pidiendo autógrafos.

—¿A su edad? ¿Coleccionista de celebridades?

—Pide firmas de rojos que certificaban que él era un liberal y las exhibe de la mañana a la noche. ¡Lo que se había de firmar entonces en homenajes! Le llamaré. Adolfo, pasemos a lo difícil: el pueblo nos pide una explicación sobre la *Operación Galaxia*.

—Simple: no era más que una charla de café y con tanto café para todos no cabía excluir un supuesto de este tenor.

—¿De qué tenor, Adolfo?

—Paverottti. Ya sabes que a pavero, insomne y evasivo no me gana nadie. ¡Me siento de buen humor! No incordies con tonterías.

***

Suárez sale por el foro. Abril telefonea a De la Cierva. Escena bilateral.

—Querido Ricardo, eres un narciso con suerte. Adolfo te desea a su lado.

—(*Dándose importancia*) ¡Adolfito, qué hinmenso herror! Paso.

—Anda, anímate, ya eres senador. Escribirás otra mina de fascículos.

—Lo mío son Ortega, Galdós y las ecuaciones diferenciales de mecánica molecular. Además Suárez es una horterada kamikaze. Forma un gobierno de penenes y pide café para todos. Chamusquina.

—Menos lobos, historiador, que de ministro podrás lucir el parentesco con Juan de la Cierva, aunque fuera conspirador en 1936.

—Conspirador lo será tu jaimito tardofranquista. Soy caballero de Honor de la Fundación Francisco Franco; no mancilles a la familia.

—Ricardo, recapacita, que de ministro de Cultura venderás tu folletón de la España invertebrada a través de TVE.

—Ah, bueno, sí. Firmo. Es decir: acepto como español, católico tradicional, antimarxista y anti-masón. En una hora te llamará mi agente literario. Usaré un seudónimo para proteger mi ética. (*Montando en un caballo de cartón*) ¡Ya veo la firma en las portadas: Ricardo Corazón de la Cierva!

En lo alto de la tramoya, con decorado interestelar, el Caudillo recita en voz fantasmal.

—De la Cierva es patrimonio de los españoles como Monturiol y Peral, hijos ilustres que inventaron el submarino. La patente se la quedaron los rusos y los americanos, que tampoco se acordaron de patentarme como precoz combatiente del comunismo antes del primer año triunfal de 1936. Ningún civilizado puede sustraerse a nuestra virtud, heroísmo y modestia. La historia pondrá los anhelos preclaros en su sitio.

Escena 38

MELLADO DE TANTOS ROCES

Despacho del presidente. Un fondo musical rezuma decadencia. Suárez y Gutiérrez Mellado se sinceran.

Narrador

Los centristas sin escrúpulos compinchados contra Suárez aumentan sin cesar, pero lo peor son las vejaciones del terrorismo que se ceban en los uniformes, nublan las mentes y provocan reacciones calenturientas. Entre atentados y desafíos militares, España se convierte en una llaga de lágrimas y odio. El país huele a golpe pero nadie del Gobierno se huele el golpe, porque ya lo tiene en su propia casa.

—Guti, eres mi vice, mi ministro de defensa y mi hombre de confianza. Cada mazazo etarra levanta ampollas en los cuarteles. Cada día De Santiago, Iniesta, Milans u otro generalote con picores me emplazan a replicar a la guerra con más guerra. Pero tú, el más vulnerable, eres también el de dignidad más silenciosa. Yo no soy de los suyos, pero a ti te odian por serlo. ¿Qué te ha hecho el general Atarés?

—¡Atarés y bien Atarés! Se negó a estrecharme la mano y con el ardid de enseñar la nueva tabla de ejercicios intentó ponerme de bruces con una llave de judo. En cada guarnición he sido una víctima. ¡Parecían vejaciones de ordenanza! Los jefes me reciben ante efigies de Franco, los oficiales no arrían la bandera del águila, los sargentos me dan brindis con agua y los reclutas me hacen la petaca en servilletas. Denuncié la llave, pero el juez militar me señaló falta en ataque. Estaba tan mellado por los roces, valga la redundancia, que puse un doble a viajar por mí, pero el doble se hartó enseguida y he pensado en pasar los trastos a Rodríguez Sahagún. Su pelopincho asusta a cualquiera.

—También te confesaré algo, mi general. Cada mañana llamo a la puerta del despacho. Si nadie responde, abro contento: el cargo sigue siendo mío. Cualquier día el partido me pondrá a sacar lustre a los dorados. Los democristianos hasta me hacen pagar las fotocopias. Luego dicen que el demonio es Charles Manson. He escrito una relación zoológica (*de una agenda*). Mira en la A: alacranes. En la B: buitres carroñeros. En la I: Ienas. En la M: moscas cojoneras. En la T: termitas. Vaya, olvidé los tábanos.

—(*Mellado duda en retomar la palabra. Hace signos de exorcismo*) Ya tenemos el fallo judicial de la Operación Galaxia.

—¿La sentencia ha sido alta? Dime que sí.

—Siete y seis meses de prisión en grado mínimo por conspiración y proposición para la rebelión.

—¡Son penas bajísimas!

—Y ascienden a Ynestrillas a comandante. Pero no es todo. Leo un despacho de la agencia Cifra: "En los juegos florales de este año, la flor natural ha recaído en el insigne poeta Blas Piñar López por su endecasílabo "Pese a quien pese la Cruzada no ha terminado".

Coro

Qué humor, Paco
Qué humor

—(*Suárez*) ¿Cómo han reaccionado los condenados?
—Bebiendo.
—¿Café? ¡Otra charla!
—Tranquilo, presidente, bebiendo champán.
—Mañana viajo a Francia. ¿Cómo se dice allí café de milita? ¿Café de 'omelette'? (*Mellado niega. Pausa*). Que pasen los fontaneros. (*Entran y Suárez engola la voz*) 'Cherchez lafemme'.
—(*Fontanero despistado*) ¿Una mujer jurista que haga más llevadero el debate competencial?.
—'*Lafemme*', buscad emisoras de frecuencia modulada para una declaración histórica. (*Respingo*) Me solté con los de *París Match*: lástima que no haya ningún profesor de química orgánica en catalán, les dije, y me han salido más docentes de química en catalán que catalanes, todos muy sulfurados. ¿Veis? Ya se me pega la química. Pero a mí no me rebasa ni el lucero del alba. Daré un estatuto a Cataluña.
—Eso no nos arreglará el frente económico ni la carcoma interna, que no conoce tregua.
—Tengo salidas para todo. Para contener la inflación, que Kubala sea relevado por Santamaría y así contentamos al sector democristiano.

Narrador

Aprobar los estatutos vasco y catalán no apacigua el mapa auto-nómico. El 28-F, un mes después del follón con Clavero, el partido gobernante pierde un descabellado referéndum en Andalucía donde pedía la abstención. Escándalo: muchos muertos han votado y los lenguaraces se disparan. Alfonso Guerra, número dos del PSOE, se mofa con su lengua mefistofélica.

—¡La resurrección de la carne!

Narrador

La procesión de cadáveres en las urnas alcanza cotas de tragi-comedia. El ministro de Sanidad, Rovira Tarazona, expresa su pesadumbre a Suárez.

—A más muertos que se levantan, menos órganos a tras-plantar se donan a mi proyecto de ley. Encima Vizcaíno Casas escribe que Franco resucitará al tercer año porque la guerra la ganaron los rojos.

Coro

Qué valor tiene
Qué salvador
Honor a Paco
Y su gran humor

Escena 39

TRÁNSFUGAS, CACEROLAS, SABLES E HISOPOS

Narrador

En cuestión de pocos meses Ucedé atufa a cadáver viviente. Fracasa en Euskadi, donde casi queda fuera, y es barrida en Cataluña.

***

El vicepresidente Gutiérrez Mellado entra en el despacho de Suárez.

—Presidente, se confirma la victoria de Jordi Pujol, un clásico. Ha votado en bicicleta

—¿Votar en bici es clásico en Cataluña?

—No. Pujol ha dicho veni, vidi, bici, pero bici con bé. Y añade: seremos una comunidad con ánimus de lucro. Clásico.

Narrador

Si Cataluña se encarrila, en España se extingue la esperanza de una tierra de promisión en paz y progreso. Los españoles no se han hecho a la idea de la magnitud del peligro. Las luces de alerta democrática se han encendido. En los hogares se oye ruido de cacerolas vacías, en los patios de armas ruido de sables, en la Iglesia ruido de hisopos y en Ucedé ruido, mucho ruido. (Luces rojas y ruidos donde corresponden).

—(*Suárez lúgubre*) Los asesores culturales me informan de que hemos batido un nuevo récord. Hemos superado a *Los Platters*.
—(*Mellado y desconcertado*) Medalla de plata para...
—No, no. Los cinco vocalistas de *Los Platters* entran y salen tanto que ya no se sabe quiénes han estado, quiénes están, quiénes irán a estar y quiénes se irán y no estarán. He tenido que instalar controles de paso en todas las sedes.

Un agente de casco azul en cuyo uniforme se lee "NN.UU Pacificación" regula el tránsito de peatones.

—Buenos días, le habla la Fuerza de Interposición de los Cascos Azules. Identifícación, por favor.
—Soy Óscar Alzaga, el tránsfuga del centro a la Coalición Popular de Fraga con parada en el apeadero del Grupo Mixto, y el tránsfuga de Fraga en cuanto pierda unas elecciones.
—¿Viaja solo?
—Con veinte amigos, puñales, dagas y bagajes. Están en los aseos cambiando de chaqueta para mostrar las licencias.
—¿Y el acompañante?
—Yo aspiro a tránsfuga de provecho, pero por ahora soy un heterodoxo represaliado en vía muerta. Me ven demasiado joven

para un plan de fuga y mi nombre no pasa por los túneles de la oposición. Soy Landelino Lavilla y Alsina y…

—Mal lo tiene.

Narrador

El PSOE cree tener el caldo de cultivo para una moción de censura. Guerra llama "tahúr del Mississippi" a Suárez. Éste pide una cita secreta a González para evitar otro cerco, acoso y derribo del centrismo que dinamite el Estado.

—(*Al auricular*) Preste atención, González. Estaré paseando en la plaza Castilla. Soy joven y bien parecido, pero me reconocerá por el *blazer* de botones dorados y pañuelo a juego. Mmmm…

—¿Qué sucede, presidente?

—Mmmm… Nada… Un mom… Mmmm…

—¿Qué está pasando?

—Mmmm… ¡Soltadme! Verá, dice Ordóñez que no me deja ir, dice Martín Villa que en todo caso la cita será donde él decida, dice Cabanillas que no quiere oír nada de americanas cruzadas azules y dice Landelino que no soy mejor parecido que él.

Narrador

Las familias centristas, ofuscadas en el reparto de poder, han instalado una crisis permanente. La presión sobre Suárez es triple: rebelión de los barones por rencillas, crueles diatribas en la prensa y descalificaciones del PSOE. A las 17,35 del 20 de mayo de 1980, González sube el tono de su intervención en Las Cortes y en el banco azul del Gobierno se quiebra el resuello.

—El voto de censura es una fuerza moral que los socialistas ejerceremos ahora, sea cual sea su destino.

Narrador

¿Quién votará al jefe? En los pasillos, centristas excitados revisan los apoyos. Una parte suspira.

—Nos va Felipe. Es un cacho de político.

Narrador

La otra parte suspira y, si me permiten, casi se pira.

—¡Si tuviéramos a Fraga! ¡Cuando habla pone las glándulas donde hay que ponerlas!

Narrador

Durante los recesos Abril Martorell pulula entre escaños en súplica.

—Señorías, señorías, si la tasa normal de inflación con crecimiento es un 8%, el 22% no es más que una profundización en la inalienable libertad de mercado de los vectores económicos. (*Muestra un folleto*). Quien tenga un programa mejor que lo enseñe.
—¿Distingues el programa que tiene en la mano?
—De la película *Emmanuelle*.

—Ya me parecía.

Narrador

(Repique de campanas) ¡Milagro! Suárez se salva de la moción por los votos domésticos prendidos con alfileres. Con renovados bríos, volverá a adueñarse del cotarro.

—Se ha producido en torno a mí una nueva credibilidad. Pienso estar en Moncloa hasta el año 2.000; estoy enamorado del pueblo español y dispuesto a dar dinero por seguir en el poder.

Narrador

Pero los datos infaustos corren de boca en boca y UCD se desmiembra. Sálvese quien pueda. El incisivo Emilio Romero lanza una pregunta clave.

—Presidente, ¿se acerca el final de la joven promesa del Movimiento, de Prometeo Encadenado?
Un movimiento nunca se encadena. Y puedo prometer y prometeo que tampoco he prometido nada de eso.

Coro

Pregunta decisiva
Genialidad evasiva

Escena 40

UN COMPLOT, DOS COMPLOTS, TRES...

Narrador

Dos mozalbetes indómitos, Miguelín Herrero de Miñón y Antoñito Hernández Mancha, tienen un plan para hacerse con las riendas de UCD: desplazar a Suárez y ganar las elecciones generales por la inercia de la máquina del poder.

***

Ambos conspiradores, en pantalón corto, ante el rótulo de la prisión de Herrera de la Mancha.

—Antoñito, ha sido un gran acierto prever dónde emplazaremos el palacio de gobierno: la prisión de Herrera de la Mancha reconvertida en homenaje a ambos dos, los valores emergentes.

—Homenaje austero, Miguelín, toda vez que casi no habrá que cambiar el rótulo.

Narrador

Por debajo de vanidades efervescentes, algo no va bien en la línea de flotación del sistema de libertades. El debut de Sahagún en Defensa no puede ser más aciago. Pregunta por los granaderos en el aeropuerto de Granada y patina con desparpajo en la División Acorazada Brunete.

—Pues no veo por aquí muchos acorazados. ¿Los guardan en otros hangares?

Narrador

La pifia calamitosa en la unidad de choque e intervención inmediata ensanchan al límite el abismo entre el Ejército y el balbuciente poder civil. Incomodado, Gutiérrez Mellado convoca de emergencia a Rodríguez Sahagún.

—Ministro, nos ahogan los rumores e indicios de cuartelazos y usted no se entera. Circula el "Manifiesto de los Cien", que reclama el pronto apresamiento de la crisis, el encarcelamiento del Guernica de Picasso, el destierro del aceite de colza, la ilegalización de la carestía, la requisa de los anticonceptivos, la desarticulación de la inflación, la detención de la sequía, el confinamiento del naturismo y el orientalismo en casas de templanza y el arresto del comunismo, el neutralismo, el periodismo y el homosexualismo. Está usted en la inopia.
—(*Al con*traataque) Señor vicepresidente, ¿es cierta la especie de que hasta la Guardia Suiza ha rechazado presentarle armas en el Vaticano?
—(*Bajando la cerviz*) Armas y quesos.

—(*Congraciándose*) No se duela ni se inquiete, general. A mí también me ponen *Airgam-boys* en los cajones con el lema "para ejercicios tácticos". Son bromas de café. Efectué un minucioso chequeo del estado de opinión en batallones y regimientos.

—Me tiene en ascuas.

—No hay motivo de alarma. Los ejércitos se declaran partidarios del Tío Sam.

—Bien, pero habitúese a decir Fuerzas Armadas. La modernización es irrevocable.

Narrador

La elección del ex actor de Hollywood Ronald Reagan en la nación del Tío Sam desvía los ojos a la Casa Blanca para respiro de suaristas y delicia de Fraga.

—(*Leyendo ABC*) "Reagan ordena a los países pobres que se hagan ricos". Qué tío. "Reagan decreta el embargo comercial del sexo". Esosonpelotas, síseñor.

Narrador

Suárez toma aire y se dispone a remontar la marea en solitario con otra restructuración. Los fontaneros están nerviosos. Suárez está crecido.

—Esta vez estarán presentes a todas las tendencias.

—¿Todas, presidente? ¿Todas?

—Tiendo puentes en todas direcciones. Están a punto de llegar los delegados de los grupos que he citado. Convocaré un congreso de reconciliación para liberales, martinvillistas, neofranquistas cristianos, socialdemócratas, aparatistas, terceras vías, criticos, contracríticos, independientes e indiferentes. ¿Me dejo a alguien? Sí, a los gilipollas con tendencia organizada no citados en los anteriores.

Un fontanero entra demudado en el salón donde se recibe a las delegaciones.

—¿Qué ocurre, Meliá? ¿Salgo ya al pretil?
—¡Señor presidente! (*Con una honda en la mano*) El control de entrada ha confiscado cerbatanas, escorpiones, cápsulas de gas mostaza, bengalas fétidas, fetiches de maleficio, chiclés de salfumán, bolis de aire comprimido, bumeranes, catapultas, tachuelas y retortas de curare.
—¿Y las retortas no los han curado?
—Curare, el veneno más mortífero.
—¿Tenemos a los culpables?
—Los democristianos, con tiachinas.
—Querrás decir tirachinas.
—Tiachinas, señor, unas pequeñas asiáticas duchas en artes marciales a traición.

Hasta el más profano ve que los puentes de hierro son porcelana. El congreso de Mallorca recrudecerá la lucha sin cuartel entre Suárez y el poder fáctico más temido, los controladores aéreos. Cuando las fuerzas centristas abordan el vuelo autorizado graciosamente con remilgos, una contraorden veda el paso. Los congresistas se dividen.

—Yo soy del bando de los que no hay nada que hacer.
—Yo del bando de los que no hay que hacer nada.
—Hay una zona de exclusión por el volcán Etna.

—Es una cortina de humo. El volcán somos nosotros, por tanto cenizo.

—(*Abril*) Explico: los controladores alegan una leve disparidad de criterios en la comisión renegociadora del convenio sobre los días feriados en año bisiesto. Pero valorarán muy positivamente un próximo viaje.

—(*Suárez, imperioso*) Volveremos como el general McCarra.

—(*Abril*) Lapsus, presidente.

—Volveremos como el general McLapsus.

Narrador

El descrédito del poder ante unos huelguistas decepciona a la ciudadanía. Suárez toca fondo pero no se descorazona.

—¿Por qué no formamos una nueva Ucedé?

Los dos vicepresidentes quedan patidifusos.

—La Unión de Centristas Desplazados. En una tarde he sido incapaz de persuadir a un diputado de que no se pirara al Grupo Mixto. Los judas del partido, lejos de socorrerme contra mis rivales externos, les hacen el juego y me erosionan a tope sin reparar en el riesgo de esa temeridad para el sistema. ¡Pepón García pensaba que le convencía para aferrarme al poder! ¡La imagen que han dado de mí! ¿Qué estará tramando el PSOE?

—Prefiere una *operación De Gaulle*. Un golpe blando a la turca. Un Gobierno de gestión multipartidista presidido por un militar.

—¿Y los que están en desacuerdo?

—Los coroneles preconizan un golpe duro, a la griega. (*Me-llado se duele del hombro por la lucha libre. Una música lúgubre nos anticipa drama*).

Escena 41

LA DIMISIÓN

Narrador

Los Reyes se disponen a asistir a las Juntas de Guernica. Un acto de relevancia en el ensamblaje y sutura de las instituciones. Suárez, recluido en palacio desde el plantón de los controladores, se resiste a asistirles como es de ley.

—(*A sus fontaneros*) Nuestros desleales y los mastuerzos de la oposición propagan que sufro un ataque virulento de misoginia. Simplemente no deseo ver al farsante Garaikoechea. Nunca le compraría un parlamentario usado. Además me da de comer unas cosas enrevesadas. La última vez almorcé *kalasnikov*.

—(*Apuntador*) *Kokotxas*.

—Bueno. ¿Qué ponen de menú en Guernica?

—(*Apuntador*) Unas *crêpes* de *txangurro*.

—¡Ahora canguro! ¡Estoy harto! ¡Quiero tortilla francesa! ¡No iré! ¡Ni brocha de corbetas veneciana ni año roto!

—(*Apuntador*) *Brochette de crevettes y carrés d'agneau rôti*.

Eso, y quinielas mantua.

—(*Apuntador*) *Quenelles* de lenguado.

—¡Ya tenía bastante con beber el Matón Rochín de los obispos!

—(*Apuntador*) *Mouton Rotschild* de 1929.

—... ¡Y con agotar la repostería de Barajas esperando que los señoritos del desaire tengan a bien deponer la huelga! ¡Desde que fundé las autonomías llevo toda la variedad, peculiaridad y rica diversidad de gastritis de regiones y nacionalidades en el duodeno!

Narrador

Viendo su coalición de poder enferma sin remisión, Suárez da orden de citar a Calvo-Sotelo, persona dada al misticismo rancio. Su aura natural huele a flores muertas y habla como un soneto con motete.

—¿Qué tengo yo que mi amistad procuras? ¿Qué interés se te sigue, que a mi puerta cubierta de rocío ahora pasas las noches del invierno oscuras?

—Leopoldo, voy a dimitir. ¿Estás contra mí?

—Las cosas naturales se hacen con naturalidad.

—Estoy de acuerdo, Leo.

—Llámame Poldo, que sabe a infusión y va conmigo. Estoy con la mayoría natural de Fraga. Necesitamos un partido mejor visto por la CEOE.

—¿Qué tienen que ver los ciegos?

—Los empresarios. No he dicho la ONCE.

—Recapacita: necesito un hombre clásico, tradicional, cabal, refractario a moderneces, que devuelva la credibilidad del orden.

—Muchas mercedes, pero no doy el perfil.

—Hace dos meses mis servicios de información te interceptaron una carta. Sé que no está bien, pero no toleraré que el Estado se desmorone por un palmo más de intimidad. ¿Te la leo, Poldo?

Calvo-Sotelo asiente, mohíno.

—"Estimada doña Elena Francis: Mi consorte no deja de repetir que tengo aspecto anticuado. ¿Lo tengo? El sinvivir me consume. Le encarezco que mi misiva aparezca firmada por Sotelo aunque yo sea Calvo, claro. Y tanto mejor que sea radiada de 6 a 7, única hora en que puedo escuchar la galena mientras tomo una zarzaparrilla. Otelo, uno que no sabe qué hacer". ¿Reconoces tu puño y letra?

Puesto en evidencia, Calvo-Sotelo hinca la rodilla.

—Serás mi legatario. El catequista más idóneo.
—Hágase en mí según tu palabra.
—En el congreso daré a conocer mi renuncia y la alternativa. Ahora, Poldo, papel y pluma.
—Zagal, tráenos recado de escribir.

Con pulso firme el líder autodidacta da forma a su dimisión irrevocable, que expone con voz entrecortada a sus íntimos.

—No quiero que la democracia sea un… Un…
—¿Un qué? ¿Un qué?
—La coma grande entre las letras…
—(*Apuntador*) ¡Un paréntesis!
—No quiero que la democracia acabe siendo un paréntesis en la historia de España. A mí siempre me darán trabajo en la última planta de El Corte Inglés.

Narrador

En enero de 1981 Adolfo Suárez González renuncia a la presidencia. Sin embargo los barones centristas continúan intrigando.

***

Escena en un gimnasio. En el centro Calvo-Sotelo se flagela. A distancia los barones levantan pesas.

—¡Uno, inspirar; dos, conspirar!
—Con derrocar a uno no se arregla el desaguisado. Hay que poner el congreso patas arriba.

Narrador

La figura oval de Calvo-Sotelo, de aspecto inaprensible y discreción de fauna abisal, es la única que puede generar acuerdos entre tendencias.

—Será el gran continuador de Suárez.
—Qué va, es un crítico como Lavilla. Pásame los guantes de boxeo.
—Todos coinciden en que es un gafe.

Narrador

Don Leopoldo Calvo-Sotelo es nominado candidato a la presidencia. Le propulsan quienes le creen lo que no es, en un falso entendimiento general. ¿Y qué es? La prensa canallesca aprieta.

—¿Usted cómo se define?

—Soy distinto y distante, pero no distonto.

—¿Está preocupado por el golpismo?

—Como muy bien reitera el general Gutiérrez Mellado, el golpismo es del siglo pasado.

—¿Ni un conato?

—A la NATO lo antes posible, si soy investido. Y ahora ustedes me dispensarán, pero es tiempo de mis ejercicios.

—¿Pectorales? ¿Isquiotibiales?

—Espirituales. Me ejercito en languidecer. Mi lectura fundamental son las contraindicaciones y efectos adversos en los prospectos medicamentosos.

Escena 42

LOS HUEVOS DE LA SERPIENTE

Narrador

(Sobre un panel de imágenes alusivas) A inicios de 1981 nacientes cadenas de FM avanzan un golpe de Estado, ciertos clubes exigen carnet de golpista, boutiques de moda pronta venden guerreras verdes, pintadas callejeras señalan día, hora y autocar en que hará acto de presencia el equipo rebelde, comandos de operaciones especiales con pinturas de guerra copan los chiringuitos de café y la Trilateral consulta a sus socios un comunicado de fraternal semi-reprobación de los insurrectos. Y lo más preocupante: el gafe Leopoldo tiene previsto asegurar en su sermón que la travesía de la transición ha finalizado. De tan ocupado, Sahagún vive ajeno a los indicios.

✳✳✳

En un escenario parcial, un atribulado ministro de Defensa rebusca entre múltiples y variados materiales de intendencia.

—No lo comprendo; me sugieren que vea una caja de reclutas y yo la busco, y rebusco, petate a petate, pero ni por esas sale la caja.

***

Mientras Sahagún continúa la búsqueda, la acción principal se desarrolla en la sede del CESID.

—Buenas tardes, soy el supervisor del Gobierno para una transición ordenada. Quisiera ver directamente la carpeta de previsiones militares, sin la presencia del comandante Cortina.

—Capitán Rajado a su servicio. A ver, sí, aquí está (*militar lee en voz alta*). "P" de "Previsiones". Para el 23 de febrero de 1981 está registrado el golpe del coronel Crespo Cuspinera, hermano del posterior, y del coronel Crespo Cuspinera, hermano del anterior. Dada la coincidencia de apellidos y al objeto de no sembrar confusión ni debilitar el mando con innecesarias duplicidades en las primeras horas del Alzamiento Bis, su estado mayor ha decidido que tanto el pistoletazo de salida como el secuestro de diputados corra a cargo de un único espada, Tejero Molina, quien se halla más rodado tras un largo *stage* de pretemporada en la *Operación Galaxia*. Al ser una Operación Retorno al Pasado, la infraestructura logística será desempeñada por la Guardia Civil de Tráfico, provista de autocares de una tienda del ex sindicato vertical del Transporte.

—(*Supervisor*) ¡Capitán, aquí están las pruebas de un golpe blando que persigue reconducir la democratización. Solo falta el general que lo acaudilla!

—Charlitas de café y de taberna, señor supervisor.

—Hasta Tarradellas ha pedido un golpe de timón.

—Tranquilo, lo ha dicho en el salón Náutico.

Narrador

La tienda de autocares está enfrente del domicilio de Sahagún, que persiste en buscar la caja. Las huellas golpistas se hacen tangibles hasta en su departamento. Calvo-Sotelo se inquieta.

—Señor Sahagún: el Regimiento Inmemorial del Rey ha olvidado dónde debe desfilar. Y Defensa retira una estatua ecuestre de Franco y la pasa al ataque.

—¿Defensa no éramos nosotros?

—Ministro, céntrese. Hemos interceptado una comunicación del general Milans dando instrucciones para despistar al enemigo con hombres del maletín. Argüye que la prensa solo sospecha de hombres del maletín cuando no hay nada que sospechar o cuando ya no hay nada que hacer.

—(*Por la tangente*) Don Leopoldo, como titular de Defensa tampoco puedo desconocer que ahora mismo los ojos de la opinión están fijos en un brote de neumonía atípica. Debemos defendernos del aceite de colza desnaturalizado sin control sanitario que envenena a cientos de familias humildes.

—Cierto. Los nacionalistas cargan tintas contra el "ineficiente centralismo". Repiten que Madrid reparte a domicilio aceite de ascensor como aceite de mesa y reclaman un *Institut Català de la Colza*. Dicen: "*La Colza Nostra*. Lo nuestro".

—Censura previa, presidente.

—No diga bobadas. Repliquemos a la intoxicación con sus armas. Que los comisarios de TVE releguen las informaciones del síndrome tóxico o prescindían de ellas. Los ácratas de la información sí intoxican.

Narrador

Para colmo de males el clima proabortista sube el grado de insolencia.

—*(Un manifestante)* ¡Prohibamos el aborto abortando a los abortistas con efecto retroactivo!

***

El consejo de administración de TVE copa el escenario. El director general gesticula como si vendiera un detergente.

—Hay que realzar la imagen de cambio: cambiar las corbatas de Azcona y Sotillos a diario para amortiguar el *efecto cadáveres.* ¿Más sugerencias?

—Cambiar *Trazos*, donde solo salen drogadictos, sarasas y dibujantes de cómics. Archivar el monográfico de Dalí con San Sebastián en porreta.

—*(Jefe de Programas)* Hacedlo pedazos y que *Trazos* sea *Trozos*. Censurad *Encuentros con las letras.* Si sale Arrabal por anticomunista y si salen Carrillo y Rosa Chacel por comunista. Que un *off* tape a Melina Mercouri citando a la *Pasionaria.*

—Dos conflictos más: Hermida se ha vuelto feminista, *De cerca* trata de la libertad de la mujer y la crisis de pareja. En una entrevista Gabriel Jackson acusa a la policía de actitud incalificable. En su lugar he programado un ciclo de los hermanos Ozores.

—Perfecto. Lema del mes: moviola, rebobinar, mirar atrás, valorar lo conseguido. Reformas: los filmes del pirata Morgan burlando la justicia española serán relevados por revistas de Lina Morgan. En paisajes exóticos solo Islas Vírgenes. El *Estudio abierto* de Iñigo será *Estudio muy abierto:* fiestas, bodas, bautizos, convenciones y despedidas en que salga la tuna. Ojito a Agata Lys y Blanca Estrada.

—¿Y Bárbara Rey en *Palmarés?*

¿Quieres que palme yo?

¿Y Victoria Vera?

—A esa ya la han escarmentado los ultras con una carta explosiva.

—¿Pero los ultras van o no van con los nuestros?

—(*Entra un mensajero*) ¡Un suceso extraordinario!

Narrador

Los impenitentes controladores que han ultrajado al suarismo boicoteando el congreso insular, por fin dan su permiso de vuelo. Calvo-Sotelo flota en el aire más que cualquier otro. A mitad de travesía, no obstante, el inaprensible se hace carne angustiada.

—Sahagún, ¿aquellos cazas nuestros vienen a protegernos o cazarnos?

—Me han informado que están esperando el orden del día, señor presidente.

—¿Parte de bajas?

—Por el momento los almohadillazos y pinchazos de tenedor en el interior del aparato han causado una docena de heridos leves entre los compromisarios y otra media está siendo atendida de lesiones por mordiscos de molares carniceros. Ello sin contar los estragos usuales por el menú de a bordo.

—Cielo santo, ¿hay más?

—En los pasillos un amargado me ha tirado de los pelos al saber que sería presidente del partido, pero los pinchos no le han herido de gravedad. Un vengativo ha derramado pintura brillante sobre Pérez-Llorca dejándole hecho unos zorros. Ya le llaman *Zorro Plateado*. Los judas se están despedazando, pero los combates aún no han finalizado.

Narrador

Al calor de jóvenes partidos enloquecidos por destrozarse y de una crisis que no afloja las yugulares, los huevos de la serpiente están a punto de romper sobre la virginal moqueta democrática.

—¡Quieto todo el mundo!

Coro

Qué humor, Paco
Qué humor

ACTO III

Escena 43

EL GOLPE

Narrador

Votación para investir a Calvo-Sotelo. Cuando se nombra a Núñez Encabo, oído lo de "cabo", tal vez santo y seña, una recua desordenada penetra a las malas en el salón de plenos. Los amotinados cosen a balazos el techo del hemiciclo y sus señorías se parapetan de rodillas. Suárez aguanta inalterable al igual que Carrillo, quien no teme por su vida, pues por perdida ya la dio. Un guerrero barbado, signo de profesional bien armado de intelecto, se hace con la palabra.

—Naaaastardes. Aquí no pasará nada, vendrá quien tenga que venir para lo que tenga que ser, militar por supuesto, o séanse que estésen tranquilos. Que si no, se nos dispara la chisma.

—(*Bisbiseo del ministro de Cultura*) El golpe a la gramática ya se ha consumado. Este hirsuto de malas pulgas está más verde que su indumentaria.

—(*Susurro del ministro de Sanidad con sonrisa helada*) Pese a no haber signos de vida inteligente en el hablante, no se facilita parte cerebral de su estado.

—(*Transmisión de José Mª García*) Tras los disparos del ataque visitante, con la hinchada amedrentada por los fusiles automáticos, el defensa Mellado no se achica, cruza la frontal del área pequeña del hemiciclo, se interna en la demarcación del lateral derecho golpista... ¡y es objeto de una alevosa zancadilla! ¡Penalti, un penalti de libro! ¡Justo cuando el general iba a exigir quién ficha y entrena a la fuerza que ha hollado el Congreso! ¡Mellado no ha caído pero el derribo ha sido diáfano y el árrrrrbitro ha aplicado una incomprensible ley de la ventaja! ¡Y, ojo al dato, no existía orsay de ningún otro componente del banco azul!

—(*Bisbiseos de periodistas*) ¡Cómo se desgañita García! Apostado en el Palace y se le oye desde aquí.

—Vocifera el partido de la máxima involución. Es la fuerza del ídolo, de un maestro del periodismo sin afeites ni apaños bajo mano.

—Cómo busca la verdad, cómo clama la auténtica esencia de la jugada. La predica furibundo, con la justa ira, sin necesidad de micrófono.

—Él solo es capaz de expulsar de sus poltronas a los chupópteros de la trama civil.

Bueno a esos los conocemos todos.

Calvo-Sotelo se curva hacia Gutiérrez-Mellado.

—Mi general, ¿qué le ha dicho ese bárbaro mostachudo al agredirle?

—"Sobra uno de los dos, vé encargando tu corona".

—(*Un diputado bajo su asiento*). ¿Y la ley?

—(*El barbudo*) Aquí no hay más ley que la gravedad; si escupes al suelo, te mojas.

—(*La socialista Balletbó*). Mi ley es la gravidez. Espero gemelos y he de salir.

—(*El barbudo se arrebuja*). Lo valiente no quita lo cortés, señora. Pero lo valiente, lo que se dice lo valiente, cuando se cabrea quita lo cortés y lo que le echen. Nosotros estamos en estado de cabreo, así que quítese de en medio.

—(*Tejero vocaliza por primera vez desde el atril de oradores*) ¡No toquéis a la chica! Estás libre, pequeña.

—(*El barbudo a los diputados*) Sesientencaño en sus escoños, que pronto vendrá lo que tenga que ser para bien de lo que tenga que haber y militar por supuesto, a lo sumo veinte minutos. Carrillo, salga paquí, leshe. (*Roza al comunista y mira al atril*) Mi teniente coronel, a este cabrong me lo cepillo de aperitivo, que le tengo ganas.

—(*Enérgico*) Teniente Tintorer, no se cepillará, planchará y colgará a nadie mientras yo esté aquí (*Al ladearse, el tricornio ofrece un aire napoleónico*).

—(*Carrillo*) Militarismo, carcundas, caspa.

—(*García*) ¡El autor de la fea entrada es un cliente asiduo del Comité de Competición: Antonio Tejero. ¡Le pueden caer encima muchos partidos!

Narrador

A punta de metralleta, los rebeldes han ordenado a los operadores de TVE que se aparten. Sin embargo las cámaras siguen funcionando después de las intimidaciones, los balazos y los forcejeos con Mellado. Ningún golpista repara en que la luz roja encendida envía imágenes comprometedoras. Los lerdos en sintaxis lo son también en técnica moderna..

—(*Número de la Benemérita con bandeja de vituallas al cuello*) ¡Chicle *Bazooka* siempre en la boca! ¡Cacao, coñá, ginebra, orujo y anís del asturiano, presente en los golpes de mano! ¿Matarratas, jefe?

—(*Tejero voltea el gatillo*) Una zarzaparrilla.

—(*Mellado a Suárez*) Este loco se cree el bueno de una película de tiros. Parece que el general Torres Rojas también está implicado. No me extraña, tiene nombre de coñac.

Narrador

En el exterior un gabinete de crisis toma las disposiciones que pueden tomarse.

—Caballeros, he pedido queso Idiazábal, Jabugo y paté de liebre, amén de confitería y bollería regados con refrescos y *Fino Laína*. No podía ser de otra manera siendo yo, el subsecretario jefe y primer ministro en funciones, Francisco Laína,

Narrador

Entre los retenidos toma cuerpo que la autoridad esperada es un "Elefante Blanco". Fraga no ha esperado más que una vez en su vida, colgado al teléfono, y al minuto ya había seccionado el cable. Por eso se yergue ante Tejero y sus secuaces.

—¡Osofrezcomi pecho o disparadmeporlaespalda si tenéis narices! ¡Rendíos, malandrines!

—(*El barbudo*) Tate quieto o te vaciaré el cargador en la tapa de los sexos. De aquí solo saldremos por las armas. Si se nos encañona, os suicidaremos y nos pegaremos un tiro respectivamente y viceversa, o nos suicidaremos y os pegaremos un tiro. ¿Támos?

—(*La voz de Tejero resuena en lo alto*) Al Fraguita le fusilo yo aunque tenga que poner la laureada de San Fernando en el féretro. (*Fraga se sienta*).

Narrador

La amplitud del golpe no se desvela, pero Jordi Pujol ya culmina los preparativos de una espontánea manifestación de respaldo al estado de derecho en su vitoreable persona, desde el balcón de la Generalitat. "Tranquilo, Jordi, tranquilo", repite el Rey cuando de buenas a primeras el presidente catalán revela su temor a que Tejero invada también Andorra.

—(*Suárez salta del escaño*). ¡Puñado de traidores!
—(*Tejero*) No hay más infiel a España que usted. Un patriota se enorgullece de su ideario. Dijimos por las claras a su ministro que somos partidarios del SAM, el Supuesto Anticonstitucional Máximo. (*Chupando un incisivo*) Los pájaros grandes, al retrete.

Al oír lo de SAM, Sahagún se repliega bajo el banco azul. Custodiados, los líderes políticos máximos se alivian en el baño.

—¿Has reparado en el jabón, Santiago?
—Sí, Felipe: *Heno de Pavía*. Hay que reconocer que estos golpistas están en todo.
—¡Mira, papel higiénico *Elefante Blanco*!
—Menos cháchara, politicastros.

Narrador

De noche llega el capitán de navío retirado Camilo Menéndez. Lleva un cachalote de goma.

—Por si hay maniobras de combate.

Narrador

El capitán general de Valencia ha sacado los carros de combate a circular por la ciudad. Juan Carlos le telefonea.

—¡Jaime, Jaime, Jaime!
—No está. No está. No está.
—(*En el acto segunda llamada*). ¿Jaime? Soy Juan Carlos.
—No estoy, o sea, no quiero ponerme. Adiós.
—(*Tercera llamada*) ¡Jaime! ¡Saluda y ponte a mis órdenes! ¡Has anulado los gobernadores!
—Eran sospechosos, Majestad.
—Has implantado el toque de queda.
—Cosa del trompeta. No le sale Miles Davis.
—¡Has sacado los carros p'alante!
—La basura, Señor, como cada noche.
—Basta de bufonadas. General Milans del Bosch, ¿los blindados en la calle tienen algo que ver con el cuartelazo del Congreso?
—En absoluto. Se trata de un ejercicio táctico de libertad de expresión para denunciar la carencia en ésta, la tercera ciudad española, de un circuito estable capaz para las pruebas más duras.

La escena regresa al hemiciclo. Tejero ha traído una mesita con fotos de familia. Deposita tricornio, municiones y una estampita de la Inmaculada.

—Yo haré la primera guardia y no perderé de vista a ése. (*Se recuesta en el banco azul asido a Mellado. Al poco dormita en voz alta*).

—Lo siento por ti, caballito. Han huido por allá. En esa mina no hay más que sangre, forastero. ¡Un *marshall* a tu espalda! Cúbreme, Joe. ¡Cúbreme, joé! Hay que poner a este pueblo en cintura. Póquer de reyes, cuatrero. Prepárate a morir y reza lo que sepas. Quiero ver cómo saltas. ¡Bang, bang! Llevas el *Colt* demasiado bajo, chulito, te dejaré como un colador. ¡Desenfunda! Te salvé, Jenny, bésame.

—(*Mellado*) ¡Pervertido, me succiona el bigote! ¡Y antes me dio un culatazo en el hígado!

—(*Tejero se despereza*) Un sueño difícil. Rematé a mi yegua Pavita, que se había roto una pata al venir.

—Mi teniente coronel: la canallesca pregunta con qué refuerzos contamos.

—(*De una cuartilla*) Efectivos de la División Azul Marino, Canarias, Río de Oro, Sidi, Ifni, Chafarinas, Filipinas, Alhucemas, Formosa, Corea la buena, Chile… (*Ya sin leer*) la Legión Condor Pasa por aquí, Regulares de Melilla, Lourdes, Amigos de los Castillos y el Sindicato del Transporte Funerario.

—(*Suárez*) Pardillos.

—Sí, chulito, el comandante Pardo Zancada y su tropa también nos reforzarán en la Nueva Cruzada.

Narrador

Como no llegan refuerzos a la cámara y es hora de almorzar, Tejero desiste de delirios captores y transige el Pacto del Capó, así bautizado porque los del compló a capa y espada amenazan con capar al capitán de navío Menéndez si sigue entonando 'La tabernera del puerto'.

—*(Crónica de García)* Golpistas, golpeados y humillados salen juntos del terreno al final del tiempo reglamentario de secuestro en franquísima hermandad.

Yo he salido por la ventana. Emocionante.

—Yo he preferido la puerta grande.

—¿Me cambias tu camisa por mi guerrera?

—De mil amores. ¿Te firmo un autógrafo?

—Muy amable. Te lo cambio por un casquillo y si te he visto no me acuerdo.

—Por eso los que mandan han hecho el Pacto del Escapó.

—*(García)* ¡Primeras impresiones desde vestuarios! Desde el equipo verde-caqui-gris-azulmarino se apunta que el fulgurante contrataque respondía a las letales incursiones terroristas amparadas por un reglamento autonómico a restringir. Los vencedores destacan, en cambio, que las autonomías muy abiertas en el campo constitucional tienen una titularidad indiscutible, al ser insustituibles para deshacer la defensa franquista.

Narrador

Antonio Tejero Molina, el diestro que ha sido cabeza de cartel de la faena a la democracia, es blanco de críticas por su lidia imposible, chapucera y desactivable desde dentro, que le ha llevado a la capitulación. Él no se amilana.

—(*Saludando a los medios con montera y tablas de la ley*) Españoles, he inventado el Tejeroglífico.

Fin de la escena en el hotel Palace. García grita sin micrófono, con las manos haciendo cuenco en la boca.

—Eso ha sido todo, queridos radioyentes en este duelo histórico. Una jornada de triunfo épico, balsámico, agónico y merecido por la labor ímproba de un servidor, el rey de las ondas, hoy asistido desde la cabina de control por el primer oyente, el Rey de España, grande donde los haya, a quien mis palabras han proporcionado las claves para descifrar y neutralizar la táctica golpista. Les avanzo en rigurosa exclusiva que el nuevo Gobierno instaurará el Día de Acción de Garcías, en reconocimiento a los desvelos periodísticos en la final de una Supercopa del Rey que por muy poco no ha sido del Generalísimo.

Escena 44

¡A MÍ LA LEGIONELLA!

En el proscenio un cañón de luz resalta a Leopoldo Calvo-Sotelo, que luce una túnica socrática de filosofar. Monólogo.

—¿Quién es el Elefante Blanco? ¿Acaso yo, el entrante, soy el de futuro más negro? ¿Por qué el Monarca invita a safaris cada dos por tres y a mí me sugiere que no cace elefantes blancos? ¿Por qué los valedores de los golpistas procesados y por procesar son legión? ¿Recomiendo a Adolfo para duque? Silogismo: ¿la grandeza de España es acorde con su *status* sibarita del *Ducados Internacional?* Paradoja: ¿por qué el contrabando de cajetillas de tabaco rubio es mercado negro? Perdón, Dios mío, por la digresión. Mi gestión se pretende ambiciosa. Me esforzaré en no capturar ni un solo elefante. ¿Pero qué hacer si mi ejecutivo de caínes y fariseos ya pierde aceptación desde el primer día? Evidencia: los cambios de rostros y modos en UCD no distraen a los mastines del PSOE que babean una presa asequible. Imperativo categórico: conocer a quien señalan mi sucesor desde la izquierda. (*Tomando una ficha del secreter*) "Felipe González Márquez. Abogado sevillano, Apodo: *Isidoro.* Combinó los estudios con asambleas, protestas y juergas en la universidad. Dice haber leído a Marx, pero abandonó los tres tomos de *El*

239

Capital al primero. Insiste en haber leído el *18 de Brumario* de Luis Bonaparte. Música: Jorge Cafrune. Muletillas molestas: por consiguiente y constato que me afecta". (*Se rasca la calva con exagerada pulcritud*).

Coro

Eres un centrista nato
Céntrate en la NATO

Narrador

Calvo-Sotelo termina de investirse y, puesto a firmar, pone España a los pies de la Alianza Atlántica. El ingreso, visto y no visto, admira al gremio de malabaristas. El presidente inaprensible solo deja escapar una frase. "Soy pionero en pensamiento único moderno". Su pensamiento único o único pensamiento del mandato, convertir a España en el décimo socio de la OTAN sin preguntar, no augura nada bueno. Por añadidura, la ristra de muertos del aceite de colza amañado encalla al gobierno ante la opinión y una crítica lleva a la otra.

***

Escena de tribunal evaluador. Curiosamente el examinado está subido a una tarima que le confiere jerarquía frente a los examinadores.

—Señor ministro de Sanidad, Jesús Sancho Rof, comparece usted ante esta comisión parlamentaria investigadora de su presunta incompetencia.

—Encantado de colaborar en todo cuanto pueda.

—¿Alguna enmienda previa a deponer?

—Conste en acta que mi única tarima y podio son las suelas de mis zapatos después de un día de trabajo.

—Muchas gracias. Procedamos. ¿Qué es un estafilococo?

—Un trabajador de CC.OO. que engaña a su empresario.

—¿Causa de la intoxicación por la colza?

—Un bichito pequeñito que si se cae de la silla se mata.

—¿Y qué es la hepatitis?

—Otro bichito pequeñito, así denominado por lo delgado de sus patitas.

—¿Y la legionella?

—¡A mí la legionella!

—(*El tribunal en pie*) Sobresaliente.

Narrador

Los comisionados aclaman a Sancho Rof al recoger el cum laude, cum LODE y cum LOAPA. Se rumorea que LOAPA era la Ley Orgánica de Apaleamiento Autonómico que el marino Menéndez portaba dentro de su cachalote hinchable para el pacto. Dos comisionados cuchichean.

—Lo que hay que hacer para no perder el puesto, mierda de tarima. Mañana me toca dorarles la píldora con la LODE.

—Dice el de Educación que no quedará nadie por escolarizar. ¿Incluso Sancho Rof?

—¡Y que lo digas! En los desastres del gas y la pirotecnia presumió de que el dispositivo sanitario funcionaba a la perfección. O sea: el trasiego de cadáveres tuvo plena sincronía. Para que luego nos tilden de maledicencia intestina.

—(*Sancho Rof muy abatido manos en las sienes*). Salmonella, salmonella... Pues no hay registro de ninguna defunción por salmón del Sella en mal estado...

Escena 45

MACHOS ACOSADORES DE BECERRIL

Un haz de luz violeta rompe la oscuridad de la escena y fija la figura femenina central.

Narrador

Los avances en el orden público y la economía no pasan de magros, pero Soledad Becerril, la "prima donna" del Gobierno, se plantea metas feministas inéditas. He aquí una carta de la ministra de Cultura.

"Majestades de Oriente: Soy la primera española en una cartera de gobierno después de la anarquista Federica Montseny, que en 1936 fue la primera ministra de Europa Occidental. Les escribo porque estoy hasta el moño de que el vicepresidente me haga el chistecito de que tengo una Constitución de olé, que mi antecesor me llame ministra escultural y el de Comercio, que está en la higuera y hasta canonizaría a San Chorrof, me pida un cortadito y dos madalenas en cada consejo. Uno, cuyo nombre callo, sé que lo llama "conejo de ministros". El mismo que pinta por ahí "Soledad B. Cerril". Ahíta estoy de improperios. Que el machorro de Trabajo me trate de señora menestra y que los diputados que me soltaban "¡guapa!" hoy digan "¡loapa!". Por ello, y para no seguir oyendo a Fraga que manos blancas no ofenden, les pido unos auriculares con música de *Supertramp* para ponerlos debajo de la permanente. Dando las gracias anticipadas a SS.MM, echo la presente al cartero real esperando que el CESID no la interfiera".

"Soledad Becerril, más Soledad que nunca".

El subsecretario de Sanidad entra cuando la ministra pega con saliva el sello de la misiva.

—¿Qué coño haces, Sole, pillar la sellomonella?

—¡Analfabeto! (*A su secretaria*). Violeta, por favor, que salga en el correo del día.

—(*Subsecretario*) Mujeres juntas, ni difuntas.

Coro

Mujer sin aretes
Altar sin ramilletes
Mujer al volante
Peligro constante

Escena 46

FELIPE GONZÁLEZ SE DESTAPA

Narrador

José María García ha sucedido a Matías Prats en el círculo central de la conciencia balompédica española y Felipe González cautiva a los corazones jóvenes. El pontífice del periodismo deportivo y el líder democrático, dos fenómenos sociológicos, se ven en un cara a cara radiofónico de estadista a estadista.

—Saludos cordiales. En rigurosa primicia informativa de *Superrrgarcía en la Cadena SERRRR*, Felipe González. secretario general del PSOE. Felipe, las quinielas te dan vencedor por activa y por pasiva.

—Solo sé lo que dicen los periódicos, pero como todo profesional aspiro a mejorar.

—¿Gobierno de coalición o en solitario?.

—Los dos son grandes equipos, y en estos casos el jugador es el último en enterarse. Las negociaciones, de haberlas, se llevan de club a club.

—¿Qué harás si el PSOE es la columna del equipo nacional?

—Procuraré dar un título a esta sufrida afición, que tanto me anima y tanto se lo merece.

—¿Qué opinas del apoyo socialista a la LOAPA, todo un codazo a las autonomías?

—Desde mi posición en el foso es difícil apreciar este tipo de lances con nitidez.

—¿Tenéis una prima de terceros?

—Eso debe contestarlo la directiva, pero quién puede negar que despertamos simpatías.

—¿Qué piensas del nuevo Estado Mayor?

—No acostumbro a hablar de los árbitros.

—¿Se consolidará la democracia?

—Es cuestión de partidos. Creamos infinidad de ocasiones, aunque no llegan a materializarse por verdadera mala suerte.

—¿No crees que Guerra es demasiado duro?

—Duro y viril pero sin mala intención. Lo que hacemos es cosa de hombres.

—¿De qué míster guardas mejor recuerdo?

—La verdad es que de todos; cada maestrillo tiene su librillo.

—¿Por qué no te ha llamado el seleccionador del poder en España?

—Él sabrá, aunque solo pueden jugar once. Yo me limito a esforzarme en cada entrenamiento y darlo todo por mis colores.

—¿Te ves jugando la Eurocopa de la OTAN?

—Por ahora pienso triunfar en mi club. Lo demás, si viene, se dará por añadidura.

—¿Socialdemocracia o largocaballerismo?

—Son buenos compañeros, cada uno en su puesto.

—Dicen que eres incompatible con el empresariado.

—Cumplimos funciones distintas sobre el terreno, pero de ahí a eso media un gran trecho.

—¿Nacionalizaciones?

—Si son grandes y aportan algo nuevo al equipo, rotundamente sí. Pero nada de medianías.

—Mucha suerte.

—Por nosotros no va a quedar; pondremos toda la carne en el asador para amarrar un buen resultado e ir tranquilos a la investidura de vuelta.

—Felipe González, un hombre que se viste porrr los pies. Que no cobra 300 millones porrr tirar los córners desde la izquierda. Tiemblen los mandamales, los abrazafarolas, los mustélidos trasnochados del imperio del monopolio, esos que se lo pasan todo porrr el forrro de sus caprichos, y tiemblen sus tribuletes a sueldo.

Escena 47

EL FESTÍN DE LOS ULTRAS

Narrador

La euforia espumosa de los socialistas agudiza la frustración, el despecho y la sed de venganza de quienes han estado de parte de los sediciosos, y estos no ponen la otra mejilla. La Cervecería Galaxia es el marco de animadas tertulias de café comandadas por miembros de las fuerzas y cuerpos de seguridad.

—Ya nos levantamos contra Adolfo, el cabronzuelo que se rio de Franco en su venerable ancianidad. ¿Podemos seguir consintiendo tanto desorden? La misma conjura de atentados: el Papa, Reagan, Miterrand...

—Hombre, Mitterrand no ha atentado contra nadie.

—¿Ah, no? ¿Qué es meter a cuatro comunistas en su gobierno? ¡Y otros traen la bazofia del Guernica! ¡4.000 millones han pagado al museo yanqui! ¡3.000 más que Maradona!

—¿Qué me dices del atentado a Sadat? ¡Toda una idea!

—Aquí prohibirán hasta desfiles de Pierre Cardin.

—¿Y si en la onomástica del Borbón diéramos otra intentona durante la recepción?

Narrador

Los ultras, con Blas Piñar al frente, montan la concentración más imponente después de Franco en la Plaza de Oriente. Hurras a los sublevados, brazos en alto, insultos a la Constitución y al consenso, afrentas a la Corona y profusión de banderas ilegales. El franquismo bien atado sigue nudoso.

—¡Los fantasmones de la democracia liberal, comediantes de los Pactos de la Moncloa, rompen la unidad y el progreso!

Ante la portezuela de su coche, el jefe de Fuerza Nueva declara a un batiburrillo de plumíferos.

—Martín Villa pone cada día 200 policías para desmantelarnos. Los remordimientos se lo comen. (*Ya sin la prensa, a sus acompañantes*) ¿Habéis hablado con nuestros comandos en TVE?
—Cuesta hablar con todos, caudillo, porque son mayoría, pero nos garantizan que el telediario antepondrá nuestra mani al sexto aniversario de la proclamación del Rey y empalmarán la imagen de nuestro mar de banderas con la noticia siguiente, la entrega de bandera al buque insignia de la Armada.
—Bien, que sigan ordenando las noticias para crear relaciones falsas entre ellas. Como notario de la legítima defensa, doy fe.

Narrador

Los altercados y detenciones en la Plaza de Oriente dan fuelle a los nostálgicos. Las sucesivas conspiraciones tienen éxito incluso desarticuladas. El Gobierno se derechiza, Fernández Ordóñez dimite en Justicia y los defraudados votantes de centro registran un corrimiento al PSOE. Hasta la patronal, dirigida por Ferrer Salat, vaticina muy a su pesar la debacle de UCD a un año vista, en octubre de 1982. Para colmo el juicio a los golpistas no esclarece su arrepentimiento.

***

Los golpistas, en decorado judicial no identificado.

—General Milans, ¿cómo recuerda el 23-F?
—Se siente, coño.
—¿Y usted, Tejero?
—La próxima asonada la ganaremos sin bajar del autocar.
—¿Cómo lo recuerda, Armada?
—Mi posición en el banquillo…
—Haga un esfuerzo.
—En posición de descanso.

***

Escena en el despacho de Suárez, donde se apilan coronas mortuorias.

—(*Suárez a Abril*) Ahí tienes los regalos. Muchos más que otros días.
—Natural. A Tejero y Milans les han caído 30 años. A Armada 6, por lo del descanso. (*Pausa*). ¿Y sabes la última?
—Me la imagino.

—El Premio Nacional de Literatura, género de greguería épica retroactiva, ha sido para Iniesta Cano, director de la Guardia Civil, por su vibrante telegrama de usurpación de funciones de los gobernadores civiles, muerto Carrero, instando a las guarniciones al uso ilimitado de las armas de fuego.

Narrador

En mayo el PSOE gana en el Parlamento andaluz. Felipe González, en olor de multitud de rosas, reafirma la intención de un referéndum sobre la Alianza, si gobierna.

—(*Alaridos entre bastidores*) ¡OTAN, de entrada no! ¡Reagan, fascista!
—(*Franco desde su posición celestial*) ¡El anti-americanismo en la OTAN y gestionando los pactos con Washington! Esto no me lo pierdo.

Escena 48

EL FRACASO DEL MUNDIAL

Narrador

La inauguración del Mundial de Fútbol de 1982 monopoliza la atención del planeta. En el palco del Camp Nou el presidente anfitrión, Calvo-Sotelo, despliega su encanto exótico.

—(*Por lo bajinis a Martín Villa*) ¿Quién juega?

—Argentina y Bélgica. ¿No has visto al primer ministro Martens? Si hoy es Martens, esto es Bélgica. ¿Por qué no te ríes? ¿No la has visto?

—¿A Martens y su señora esposa?

—¡La peli! Si hoy es martes, esto es Bélgica.

—¿La hace Martens? Yo veo documentales de paleontología y filminas cristalográficas. (*Con ánimo de congraciarse*) ¿Aquella joven no es Di Estefanía? ¡Bien por Eddie Merckx! ¡Bravo, Fangio!

—Queriendo simpatizar haces el ridículo.

—(*Ahora desdeñoso*) Pensando en la OTAN, solamente me interesa el Torpedo de Moscú.

El Rey tercia con evidentes ganas de pasarlo pipa.

—A mí el Spartak de Sofía.

—¿Perdón, Majestad?

—Qué plasta. ¡P'alante, Diego! ¡Será Pichichi!

Don Leopoldo tirita de pudor. El Rey está cachondo.

—Pichichi, un as italiano de grandes atributos.

—Virgen santísima.

—(*Presidente argentino*) ¡Árbitro, cara huevo!.

—(*Calvo-Sotelo*) Por alusiones personales le ruego que se contenga.

—Argentina, ché, acusa problemas de concentración. Desde que recién apareció Valdano los pibes pasan las horas leyendo a Borges y Cortázar, y sueñan con ir a unos juegos florales.

—Señor Pujol, hablando de partidos, ¿qué opina de las vicisitudes del mío?

—Miri, Leopold, no se me enfade. Si Sant Jordi que venció al dragón hubiera luchado contra UCD, habría perdido. Ustedes tienen muchos reptiles.

En el descanso Becerril sufre susurros de colegas.

—Sole, prenda, ¿sabes lo mejor del ministro de Marina? Los efectos nabales. ¿De nabo, eh?

—Sole, muñeca. ¿las contrarias al *top-less* sois antitetánicas?

—Sois repugnantes.

—Pues Juan Carlos hace rato que sonríe.

Calvo-Sotelo, ya un sarcófago andante a estas alturas del Mundial, presencia el diálogo del Rey con el jeque que incitó a los kuwaitíes a retirarse por una injusticia arbitral. La prensa española lo pone verde y el jeque se irrita.

—Majestad, su país no debe levantar la voz contra Kuwait. Cuando nos nace un niño, recibe 50 dólares mensuales hasta ingresar en la universidad gratuita.

—(*Juan Carlos*) ¿Si el niño es de penalti lo anulan?

Calvo-Sotelo, de lívido a muy colorado, busca refugio en el secretario de Estado del Vaticano.

—¿Se divierte Su Ilustrísima?
—Todo lo contrario, esto es un desbarajuste. Tenemos plegarias de sus obispos a favor de España y tenemos del Papa y los padres curiales a favor de Italia. Confidencialmente le digo que, para evitar males mayores, decidiremos que a España la elimine Alemania, el equipo del cardenal Ratziger. En la final el Padre irá con uno, el Hijo con el otro y el Espíritu Santo desempatará en los penaltis.

✳✳✳

La escena muestra el palco del estadio Santiago Bernabéu. Banderas rojigualdas a porrillo.

—(*Codazo del Rey*) Hoy veremos a la *squadra azzurra*. (*Calvo-Sotelo, sonrojado, no sabe qué responder*).
—Italia, presidente. Italia contra Alemania.
—¿Y España? ¿Por qué no juega España?
—Está eliminada. ¿No recuerdas?
—Pediré responsables. ¿Quién está al mando?
—Santamaría.

—Ora pro nobis.

—Santamaría es el míster.

—¿Qué?

—El entrenador.

En un lance el presidente Pertini mira a su homólogo español.

—*Molto Gentile.*

—Gracias por su *finezza*. Igualmente, muy gentil.

—*Dico molto Gentile perqué il defensore destro, Gentile, está giocando grande.*

—Ah, ¿y qué hace el número ocho?

—¿*Cosa face?* Marca pasos.

—¿Padece del corazón?

—(*Juan Carlos*) Lanza un golpe franco.

—Guardaos, Majestad. Un golpe Franco, después de mi investidura...

—(*Canciller Schmidt*). El marcapasos lo llevo yo.

—Don Leopoldo se desasosiega a cada ocasión en que el anciano Pertini abraza al Rey. El Monarca aclara.

—Resiste tanto porque fue líder de la resistencia.

—¿Y eso qué es?

Narrador

Tras entregar la copa, el Jefe del Estado departe largamente por separado con Schmidt y Pertini. La Reina pregunta por su consorte al jefe de la Casa Real. Trae cara de circunstancias.

—¿Está allí, Sabino?

—Sí, Majestad, en el saloncito cerrado de costumbre. Les está pidiendo dinero otra vez. Ya no sé cómo ponerle coto. Me lleva loco.

—Dímelo a mí. Todo el día con el estribillo: el exilio fue muy duro, me acostumbré a vivir de las donaciones, son nuestro plan de jubilación, hemos de labrarnos un futuro. Me tiene frita. Hoy solo repetía: ¿no vamos a un partido de fútbol? Pues a sacar partido.

Escena 49

SALE MARTÍN VILLA, ENTRA KAROL WOJTYLA

Narrador

El fiasco de la selección hunde a España en el pesimismo sobre su papel en el concierto de las naciones. El Gobierno ya malherido por cuartelazos, envenenamientos y la indisciplina interna derivada de la ley de divorcio, dicta medidas para aguantar hasta las elecciones generales: despedir a Martín Villa y fichar al Papa por unos días.

***

En escena, un Consejo de Ministros extra en Moncloa, presidido por Su Majestad. En vez de trona, Juan Carlos ocupa un sillón exageradamente alto en la cabecera de la mesa. Enmarca el evento un gran cartel de propaganda del Gobierno alentando a consumir sardina, jurel y caballa, "tres frescos del día".

—¿Martín Villa, no ha venido?
—Era pescado azul falangista, Majestad, pero nada fresco.

Narrador

Quienes han achacado el 23-F y el Mundial a la chapuza celtibérica tienen otro foco de desánimo al desbordarse la presa valenciana de Tous, que aparte de muertos y heridos hace evacuar a 100.000 personas. El presidente pide informes al ministro de la Presidencia..

—UCD puede hacer aguas pero no naufragar. ¿Hemos socorrido a los damnificados con eficacia?

—Los suministros se han desarrollado con normalidad. Salvo que no había chubasqueros, ni botas de goma, ni calcetines de lana, ni guantes, ni nada para poner dentro del pan, ni aceite, ni sal, ni mantas, ni zapatillas, ni azúcar, ni fruta, ni mantequilla, ni papillas, ni ropa interior de señora, caballero y niño, ni compresas, ni papel higiénico.

—¿Qué razones existen para tamañas carencias?

—La difícil situación heredada, presidente.

—Pues chitón, hagamos hincapié en las existencias.

—Había toneladas de leche descremada, ríos de galletas, sandalias playeras, zapatos de tacón con predominio del pie izquierdo, servilletas, tarros de a quilo de melocotón en almíbar, lujosos botes de garbanzos y lentejas, y muchos palillos.

Al término del consejo, un presidente en sus horas más bajas promete la revitalización democrática.

—Haremos un gran bloque de talante europeo.

—Eso, p'alante lo europeo.

Narrador

Pero Calvo-Sotelo no puede apuntarse ni un éxito. El nuncio en Madrid pospone discretamente la visita papal de las postrimerías de UCD a después de las urnas del 28 de octubre.

***

Imágenes callejeras en que la gente corriente canturrea: "Ganará el PSOE. Viene el cambio. El cambio viene. Ganará el PSOE".

Narrador

De las patronales a las centrales sindicales, desde Santurce a La Línea pasando por el frágil espinazo del centro, se masca el apogeo del puño y la rosa. Los militares franquistas gastan el último cartucho.

***

En escena dos miembros del contraespionaje, fácilmente deducibles por sus ropajes a lo Sherlock.

—(*Pasando una lupa*) ¿Has visto? El coronel Tuñón ha visitado al preso Milans tres horas. ¿No te parece sospechoso?
—No.
—Lleva un portafolios. Podrían ser los planos de otro golpe de Estado.

—Si fuera algo subversivo no estaría a la vista.

—¿Echamos una mirada?

—Vamos, y así paras de chinchar.

—¡Mira el título! "Intentona del 28-O".

—Bueno, eso no prueba nada.

—¿Tampoco probaban el lanzacohetes en el maletero de su coche? ¿Las cargas de plástico en el radiocasete? ¿La mina en la rueda de repuesto?

—Joder, a redactar otro informe a máquina. Eso sí es un golpe, bajo.

Narrador

La suerte está echada. La noche electoral se viste de moderno: franela, pantalón de pana y barba tupida. El PSOE exuda gloria con 204 diputados. Banderas republicanas y rojigualdas al viento, melenas y trajes de guardabosques descorbatados. En su adiós don Leopoldo regala un paradigma de sinceridad.

—Los indicios de que habría un escaso número de votantes de centro eran una indicación de que tendríamos menos gente acudiendo a votar. Posología: una gragea en las comidas. Feliz sin dolor todo el día, Calmante Vitaminado le devuelve la alegría.

Escena 50

UNA MISA EN LA ACORAZADA

Narrador

España enloquece. ¡El cambio! ¡El progresismo! ¡El anti-franquismo en el aparato del Estado de Franco! Antes del primer consejo, el presidente Felipe González habla con su vicepresidente Alfonso Guerra.

—¿Con qué bancos contamos para emancipar a los pobres?

—Con los bancos de niebla.

—Hay que hacer la pelota al Papa para que él se la haga a los poderes fácticos. Alfonso, rescatas un *NO-DO* con terrores del látigo ruso y montas a Wojtyla una demostración sindical de Solidaridad en el Bernabéu. Que entre bajo palio.

—Yo aquí estoy de oyente.

—Entonces te enviaré a Zarzuela.

—¡Antes muerto! Cachocabrón, tú mandas.

—(*Extiende un tarjetón*). Ven conmigo.

—(*Guerra lee*) "Invitación a la santa misa de la División Acorazada Brunete en memoria del general jefe Lago Román, vilmente asesinado por ETA". No voy ni loco; estos tíos creen que aún calcinamos iglesias. ¿Qué hace un anticlerical en un oficio castrense? Que vaya Narcís. ¿No está en Defensa? Que defienda la reserva espiritual de Occidente.

Escenografía del estrado de un oficio religioso.

—Narcís, hay que darles confianza y diluir el espectro golpista.

—Te digo que aquí peligramos.

—No seas catalán, he arrostrado riesgos mayores.

—Dime uno.

—He visto películas de Garci.

—No estoy para chistes ni hostias.

—Ojito con las hostias, joder, uy, perdón.

—(*Oficiante*) Orad hermanos, que este sacrificio…

—Arrodíllate, Narcís.

—Al revés: levántate, Felipe.

—¿Por qué te arrodillas cuando me levanto?

—¿Por qué te levantas cuando yo me arrodillo?

—¿Por qué nos levantamos cuando los demás se arrodillan?

—¿Por qué nos arrodillamos cuando los demás se levantan?

—Habla más bajo, que nos miran los caquis.

—Tendríamos que ir a comulgar.

—No somos creyentes, no estamos en gracia.

—¿En gracia? ¡Tenemos diez millones de votos!

—¿Qué dirá Fidel? Yo no me quedo sin cohibas.

—Psssst, nos llaman la atención. Me pones un suplente para estas cosas y podré dedicarme a lo mío, la vicepresidencia para la Defensa de Mozart.

—Podéis ir en paz.

—Vete al carajo, Narcís.

—Prefiero la paz.

—Te darán de leches.

Narrador

Los adalides del cambio se ven en la encrucijada de probar su temple en exequias semejantes. El ministro de Sepelios y Funerales, José Barrionuevo, destaca netamente de sus colegas al dar los vivas de rigor a policías y militares. Su volumen redobla el de sus antecesores de centro y derecha. Barrionuevo vitorera a pleno pulmón en un funeral, rodeado de fieles que no comulgan con el socialismo.

—¡Qué bien grita, parece de Falange!

—¿No te digo? Ya se empieza a notar el cambio: este Barrionuevo era del PSOE.

—(*Ministro a la platea*). Estoy tan pletórico en el orden público que renovaré el departamento en Ministerio de Defensa Personal y Artes Marciales. (*Chillido de taekwondo*) ¡Derrocharé energías en defender las libertades recién conquistadas! (*Patadón de boxeo thailandés*)

Escena 51

CARRILLO PAGA LOS PLATOS ROTOS

Narrador

La explosión democrática y la alegría del PSOE contrastan con el antológico descalabro electoral de los comunistas. El secretario general se lleva la peor parte. En la sede del PCE reclutan a descontentos.

—¿Tú también persigues al secretario general? Apúntate a los grupos. Ahí tienes a sindicalistas, renovadores, prosoviets o envidiosos de seudónimo.

—No veo mi casilla. Soy un purgado del partido.

—No la ves porque es la más numerosa. Está al dorso.

—¿Crees que el secretario ahuecará el ala?

—Resiste más que en el frente de Madrid. ¡El siguiente! ¿Para qué quieres la cabeza de Carrillo?

—Paracuellos.

—Lo siento, esta leva es exclusiva de militantes y simpatizantes. Pero, vale, firma aquí. ¡Siguiente!

Narrador

Los descontentos fuerzan la dimisión del secretario general y coartífice de la transición.

—(*Despedida oficial*). ¡Camaradas! Una vez hube de optar entre mi padre y el partido y opté por el partido; hoy debía optar entre el partido y mis amigos, y he optado por el partido.

—¡Tu padre!

—Somos el termómetro del cambio.

—¡Del tuyo! ¡Aburguesado!

—Me corresponsabilicé de la gobernabilidad exigiendo reivindicaciones responsables, no movilizaciones provocadoras. Objetivos desmedidos solo traen obreros vencidos, desmoralizados, y dramatización de la derecha. Seguid la estela del Gobierno de concentración de Tarradellas.

—¡Tú eras el jefe reformista que conspiraba en Zarzuela para protegerse de ultras, mientras los rupturistas estábamos en los sótanos!

—(*José Mª García en directo*) Después de las lindezas arbitrales a Carrillo, la tangana a resultas del comité central entrante contabiliza un número de expulsados que rebasa las alineaciones de un grupo entero de tercera división. Del aluvión de canteranos del 77 solo quedan los que han adelantado cuotas. Con nosotros están Ana Manuel y Víctor Belén, tanto monta monta tanto, la dupla roja por antonomasia. ¿Os iréis con la música a otra parte?

—(*A dúo*) Desde luego que no. Nos disecaremos.

—¿Y usted, Tamames?

—No me haré de derechas porque ya lo era. Tengo muchos compañeros de viaje; todos los ex policías de Martín Villa que pasaron a escoltas del PCE.

—¿Y qué piensa Solé Tura, el secretario general de la rama comunista catalana?

—Que tengo al personal en pleno desvarío leninista y volverá al redil del PSUC muy mermado. De no variar las previsiones, Solé tendrá que colocar a Tura de secretario general adjunto.

Escena 52

EL MOVIMIENTO ES AHORA LA MOVIDA

Narrador

España está en manos de dos andaluces, Felipe González y Alfonso Guerra, muy seguros de sí y muy piropeados por las muchedumbres. El volcán Felipe desprende autoridad ética. Cara a la galería Guerra hace el papel de fulano capcioso y viscoso. El Movimiento Nacional cambia de nombre.

***

Consejo de Ministros en la Moncloa.

—Buenos días, compañeros. ¡Olé la Movida!

—¡Ahí, tus *co'hone!* Crearemos 800.000 puestos de trabajo. Los curas no podrán competir con este milagro.

—Gracias, Alfonso. Eres un intelecto sin complejos, así que soltarás aforismos que asombren al pueblo y recuperarás el buen nombre de España.

—Me cago en la puta madre, si la conocen, de los que nos han legado España. ¿Vale el aforismo?

—Sin acritú, Fonzillo, aunque seas pasional y coherente.

—A España no la va a conocer ni la puta madre que la parió.

—Sin puta. ¡Hala, cada ministro a su tarea diferenciada! Tú, Lluch, irrita a los médicos y Ledesma a los jueces; Tú, Moscoso, incordia a los funcionarios. Tú, Maravall, solivianta a los maestros en tanto Miguel exaspera a sindicatos y Solchaga los cabrea a todos a la vez. Por cierto, Alfonso, ¿dónde está Miguel?

—(*Con tonillo*) Tá con *La China*.

—Vayamos al meollo: España aún no se ha integrado de lleno en la Alianza Atlántica. Los papeles de don Leopoldo siguen en ventanilla. ¿Qué canturrean los niños a horas lectivas, Alfonso?

—OTAN no, bases fuera, puño en alto y con pegatinas de rosa-rosae.

—¿Qué repite nuestra gente, orgullosa del programa?

—OTAN, de entrada no.

—¿Y cuál es nuestra filigrana táctica invencible?

—Antes de entrar dejen salir.

—Me ocuparé en persona de empapar de antiamericanismo las capas sociales.

Narrador

Los ejes del proyecto de cambio son, por orden de prioridades: Miguel Ríos, enterrar la OTAN en el Monte de las Palabras, despenalizar el aborto, la ley de incompatibilidades y la reconversión industrial. ¿Pero cómo cuadra reconvertir con crear 800.000 empleos? Boyer llega por fin al cónclave.

—(*Guerra, de choteo*) ¿Vienes de visitar a tu prima única, la ex costilla flotante de Julito Iglesias? ¿O te has entretenido explicando tu programa a alguien de la Ejecutiva Federal, porque aún no has recibido el carnet del PSOE de manos del Doble Fondo Internacional?

—(*Felipe*) Deja hablar a Miguel.

—(*Boyer sin inmutarse*) ¡Compañeros, venid al sabor de Marlboro! ¡Viva la socialización! ¡Viva Porcelanosa!

Narrador

Al vicepresidente Boyer le ha tocado la china de los asuntos económicos y la otra, la filipina Isabel Preysler, apodada 'La China', una estrella del amor y la política. Boyer tiene encandilado a González. Sienta cátedra. No hay mesa en que el presidente no reconduzca una discusión en su favor.

—Que hable Miguel, que de esto sabe la tira. Nuestros informes del congreso centrista indican que se dividirá en dos bandos. ¿Qué táctica recomiendas? ¿Divide y vencerás?

—No: dividendos y vencerás.

—(*Murmullo*) Este chico llegará muy lejos.

***

Después del Consejo la acción sigue al titular de Defensa, a quien vemos entrando en el Ministerio. Le recibe el subsecretario. Los subordinados están atentos a sus pantallas.

—F- 6.

—Agua.

—F-17.

—Tocado.

—F-18.

—Tocado y hundido.

—(*Serra*) Laboran muy concentrados, porque están comprando aviones, supongo..

—(*Subsecretario*) Agua, señor ministro.

—¿Cómo? ¿Alguna lancha torpedera?

—No exactamente.

Serra cierra con llave tras entrar en su despacho, donde una pianola define la estancia. Habla para sí, mientras hace carantoñas al teclado.

—Me echan en cara no ser patriota, no haber cumplido en filas y tener piano en el despacho, pero solo mis íntimos saben que tengo una flauta mágica para encantar a los militares y silenciar el ruido de sables. Ignoran que mi pianola, al presionar según qué teclas negras, entra en conexión con el CESID, los capitostes político-económicos y las cien mejores deducciones del teniente Colombo. La gente me ve comedido e ingenuo pero ayer, sin ir más lejos, grabé en microfilme y caset mi cena de ex alumnos. No tienen la menor idea del código de comunicaciones secreto con Jordi Pujol.

Narrador

La pericia del ministro de Defensa para el espionaje de bien se basa en las contracciones faciales. Gracias a los tics en clave dos personalidades a quienes el vulgo cree enemigas, Serra y Pujol, se remiten señales regulares de mutuo afecto, comprensión y amistad en completa reserva. Muy pocos conocen esta singularidad cifrada del aparato estatal. (Fondo de rictus, muecas, guiños y respingos de Serra y Pujol).

***

La escena recoge una videoconferencia entre Madrid y Barcelona. Felipe y Guerra la siguen.

—Mira, a Serra se le ha disparado una ceja.
—Sí, significa: "Tengo algo contra ti. Los fiscales piden procesarte por Banca Catalana".
—¡Y ahora le baila la mejilla izquierda!
—"Pero no te vamos a procesar".
—Ahora guiña los dos ojos en el grupo parlamentario.
—Les pide más corbatas. A Santiburcio lo tiene entre ceja y ceja.

Las pantallas se funden a negro. Vemos a Serra junto a un general. Clima de funeral. Música sacra de piano.

Narrador

De tantas misas por atentados y tantos fastos castrenses el ministro Serra transita de descreído a interesado. A veces sin excesiva puntería.

—Perdone, general, he oído que hay una parábola de los morteros. ¡Me encantan los sucesos fingidos con enseñanza moral! ¿Podría contármela?

El militar se endereza amenazador, pero Serra saca la flauta y lo amansa a la primera nota.

Escena 53

EXPROPIEMOS RUMASA

Narrador

La nueva izquierda precisa éxitos rápidos. Un golpe de efecto que silencie los rumores de derechización. Los ministros debaten día y noche.

***

Ministros que pernoctan en Moncloa hablan medio enfundados en sus sacos de dormir.

—Yo expropiaría al Barça.
—Son demasiados.
—Yo buscaría la Caja B de la Generalitat.
—Son correosos.
—Yo expropiaría al nuncio.
—Son poderosos.
—Yo expropiaría la JUJEM.
—Son temibles.
—Yo pediría la extradición de Samaranch.

—Es agente doble.

—¡Cajem! (*Tose Boyer*).

—(*Felipe*) Es lo más coherente que he oído.

—¿Lo de Samaranch?

—La tos a la totalidad.

—(*Boyer*) ¿Y expropiar a Ruiz-Mateos? Está solo, porque los banqueros le han abandonado. No es arriesgado, porque tiene Caja B. Y no está lejos, porque tú, Barrionuevo, ibas a nombrarle asesor y tiene la policía en casa.

—¡Buen golpe, Miguel! Que sea el 23 de febrero.

Narrador

En un brillante servicio, a cubierto de la noche y sin un tiro, la policía detiene 642 alijos de champán semiseco, cientos de bolsos de señora y aguas de colonia de caballero, así como armamento de tintos riojanos de tercer año envejecidos en zulos de roble y un número no determinado de abejas. El presidente del holding Rumasa telefonea a Boyer.

—¿Me expropias? Tengo 222 sociedades y 45.000 bocas que mantener.

—Y una quiebra encubierta de 250.000 millones.

—¿Por qué me quitas los bancos?

—Para garantizar los depósitos.

—¿Y la Hispano-Alemana de Construcciones?

—Para salvaguardar los empleos.

—¿Y Hoteles Agrupados?

—Para garantizar derechos patrimoniales de terceros.

—¿Y los vinos?

—Hacienda somos todos.

—¿Y Galerías Preciados?

—En la cárcel ya tendrás galerías.

—Al menos déjame *Loewe*.

—Nunca *loewe* a gusto de todos.

—Cínico, me las pagarás todas juntas.

—*Dura lex, sed lex.*

—El duralex te lo metes donde te quepa. Será un drama.

—No creas; descubrirá tus fantásticas dotes para la escena.

—Boccherr, bribonnggg, ussuuuurpadooorrr.

—Tu inimitable dicción gutural se hará famosa.

—¿Y mis abejas?

—Las internaremos en un penal de rica miel.

Cierre escénico con Barrionuevo cacheando y peinando con frui-ción una reproducción gigante de la abeja Maya. Banda sonora del telefilm.

Escena 54

EN LA BODEGUIYA

Narrador

La presidencia socialista instala su centro intelectual en la Bodeguiya, un bar adosado a Moncloa. Un foro de veladas para animar el izquierdismo nacional contra el gigante yanqui a golpe de caldos andaluces. Moriles va, amontillado viene. Carmen Romero, esposa de Felipe González, le acomete a la entrada.

—¿Te ha dado por la excentricidad? ¡Cómo se te ocurre salir de casa para ir al bar sin camisa!

—Primero, es el bar de casa. Por consiguiente, hay una permisividad. Segundo, en un hotel yanqui le dijeron a Olof Palme que solo podían servir a quienes llevaran corbata; a la mañana siguiente mi ídolo bajó al comedor igual que yo voy, con corbata pero sin camisa. ¡Ele!

—Nunca te había visto tan retador con los americanos, tan grandes, tan ricos...

—¿Tan superiores? ¡Patochás! Si ellos tienen el *Discovery*, nosotros una jartá de chupinazos. Si tienen a Ginger Rogers y Fred Astaire, nosotros a Alaska y Dinarama. ¿Que van a Maryland? Nosotros a Marinaleda.

—¡Bien hablado, compa!

—¡Digo! ¡Rebujito pacá!

—Y si tienen a Julio Iglesias, nosotros al fundador Pablo Iglesias. Para plagiarnos hasta Carrillo ha nombrado sucesor al minero Gerardo Iglesias.

—(*Guerra cáustico*) Y si ellos tienen un Valle de la Muerte, aquí está el Valle de los Caídos.

En otra mesa Solchaga diserta ante su equipo.

—La historia de España atestigua que las mentiras más evidentes son las más efectivas, de igual manera que los más rebeldes resisten en Sagunto. Por allí hemos empezado. Les hemos pillado por sorpresa desmantelando la siderúrgica, que no vale pa ná. Vi algo similar a Jota Erre con los pozos de su primo Cliff, el tocahuevos.

Coro (*desde otra mesa*)

Solchaga no paga
El pueblo no traga
Felipe no escucha
Vamos a la lucha

—(*Solchaga a su equipo*) Sí, sí, venga el coro, otra rima, que no queda nada en la hucha. No les hagáis caso, son guerristas refractarios a dar el salto a la modernidad. En Sagunto piden pan para hoy y hambre para mañana. Nosotros ofrecemos más: más mañana hoy mismo. Aquí hay una gran movida: ¡a moverse! El futuro está en el despido estratégico.

En otra mesa dialogan los ministros de Interior y Justicia.

—¿Las entidades de derechos humanos te han puesto en un brete, ¿eh, Barri? (*Mordaz*) Oí cuando te ponían verde por aplicar la moderna teoría de la arruga es bella en la piel de obreros reconvertidos. Te defendiste muy bien en el Congreso con los vivas de rigor.

—(*Picado en el amor propio*) Y fuera del Congreso, guapito de cara, con mis peinados de calle, los controles que enseñan lo que vale un peine. Los cacheos y los registros me han valido los aplausos de los fraguistas. ¿Reticencias de los míos? De los que no saben situarse correctamente en la derecha izquierdista de la izquierda derechista.

—(*Ledesma*) Los arrestos a bulto son palos de ciego. Una lotería tosca.

—¿Tosca? ¿Ciego?

—(*Atornillando*) Sí, tosca. Estas redadas son una lotería troglodítica, muy primitiva. Veo los retenidos en tu último peinado selectivo: Florinda Chico, Joaquín Prat, Valderrama, Bódalo, Coll, Corbalán, Cugat, Gala, Chillida, Orantes, la Orquesta Mondragón, el doctor Abril, *El Platanito* y Estíbaliz.

—(*Barrionuevo*) ¡Ya lo tengo, lotería primitiva de ciegos! ¡Será el mayor logro de mi carrera!

Escena 55

FELIPE CON REAGAN

Escenografía de rueda de prensa en Barajas.

Narrador

Amordazados provisionalmente los militares más involucionistas y peinados por Barrionuevo otros malvados, Felipe está lustroso, Europa lo tiene en un pedestal. Ve la oportunidad de poner los puntos sobre las íes a Ronald Reagan, un ex actor elegido para protagonizar la película del planeta.

—Señor González, cuando Gerald Ford y Jimmy Carter buscaban una alternativa de izquierdas responsable para España, su partido ofrecía el lema de "negociación, consenso y tolerancia", pero al tiempo se pronunciaba por la acción directa y por no ser un administrador del capitalismo. El objetivo principal era estar a la izquierda del PCE. ¿Se arrepiente de ello?

—En absoluto. Con el presidente Reagan, por consiguiente, voy a sentar las bases de unas relaciones en pie de igualdad, mediante la consiguiente reducción de los efectivos yanq… estadounidenses en España, la tajante negativa a establecer cualquier lazo con la OTAN y nuestro respaldo activo a los movimientos de liberación en Latinoamérica, consiguientemente.

—(*Un subalterno de Exteriores al ministro*) Abusa de un latiguillo consiguiente.

—(*Morán*) Felipe no comete errores; es su modo de decir "por cojones", ¿pasa algo? Se va a enterar ese actorcillo de *westerns*.

✳✳✳

El escenario cambia de la iluminación burocrática de aeropuerto a un estallido de luz y technicolor, de barras y estrellas. La musiquilla de Movirecord da paso al despacho oval de la Casa Blanca. Reagan dedica una acogida especial al líder europeo del momento. El racimo centelleante a su alrededor y la calidez de su saludo lo evidencian.

—Tome el sobre, muchacho. Cómprese un buen traje de paño y otro juego de camisas y corbatas.

—(*Incómodo con el sobre en mano*) Le traigo saludos de Su Majestad.

—Ah, la Monarquía. Es un ancla a barlovento. Juan Carlos me ha llamado hace un rato. Lo hace muy a menudo para decir hola. ¡Saca, Mijail! No tema, es mi entrenamiento diario.

A su indicación Felipe se sienta. Reagan sigue de pie.

Narrador

Aunque Reagan parece abrir fuego, las palabras del mandatario español son conciliadoras.

—Vengo a sentar las bases…

—Eso está bien, joven, las bases ni tocarlas. ¡Muere, convicto! Le intuyo brillante, moderado, con personalidad, pragmático. ¿Puede quedarse con Marcos? Desde 1973 ustedes tienen una deuda con nosotros. *Do you remember?*

La referencia a Carrero es clara y el rostro de González se espesa, pero solo unos segundos.

—Soy socialista, pacifista, republicano, federalista, andalucista, agnóstico, radical y nicaragüista. Mi partido invoca la acción directa. No somos administradores del capital.

—Conozco a los de su estilo, muchacho. ¡A tu espalda, Henry! ¡Desenfunda, cara de limón! Antes de que cante el Gallup, lo habrá negado tres veces. ¿No pagan su partido los alemanes? ¿Quién le metió todo eso en la cabeza, diablos?

—Ha sido Morán.

—Destitúyalo. Míster Ordóñez sabía el papel que ustedes deben jugar en el mundo, la opción cero a la izquierda entre quienes no les quieren y quienes les marginan. ¡No ves mi placa, negro? ¡Inténtalo y será lo último que hagas! Dígame, ¿su alternativa de poder en España está consolidada? Usted ya me entiende, con tanta selva, tanta guerrilla, tantos salvajes, tanto haragán y tan pocos exploradores.

—(*Aflojándose la franela, sudoroso*). El español que pueda sucederme aún está haciendo COU y los sondeos auguran que estaré en palacio al menos hasta el próximo siglo. Trabajemos: el tratado bilateral está obsoleto.

—No me cansaré de recalcar que el tratado entre Washington y Torrejón es vital. ¡Voy a vaciarte un cargador debajo del plumaje, jefe apache, nunca me gustó tu juego! ¿De qué se ríe?

—*Sorry*, su dialéctica de *cow-boy* me recuerda a Tejero. Incurriré en una indelicadeza ajena a los usos diplomáticos, pero debo preguntar si el cabecilla golpista estuvo en su casa y usted responderá que es un asunto interno.

—No lo es. *Anthonyo* detestaba las *burger*.

—Indignante. Exijo una explicación.

—Muchacho, necesita un cursillo avanzado. Me fatigaría reprendiéndole por Centroamérica.

—(*Se embala*) Ustedes perdieron cuatro bombas atómicas en mi tierra, Franco aceptó que no enterraran todo el material y pactó en secreto los niveles de radiactividad que quedaría en Palomares. Pregunto: ¿cuándo limpiarán su desastre?

—*Come on, boys*! ¡Acción directa! ¡Una limpieza completa!

Dos hombretones de bata blanca entran a paso ligero.

—Le dejo con mis asesores reeducacionales. Continuaremos dentro de una hora.

Tienden a González en un diván. Un hombretón de mirada penetrante recita.

—Repita conmigo, pausadamente. Agradecemos al Ejército de los Estados Unidos...

—Agradecemos...

—Muy bien, siga: las facilidades otorgadas para el rodaje de la transición.

—Las facilidades otorgadas...

—Correcto. Siga: sin las cuales esta magna obra no habría sido posible.

—... sido posible.

A la media hora un hombretón de perilla y aire científico toma el relevo.

—Repita despacio: todo cuerpo sumergido en el agua de Palomares…
—… ares.
—OK, desaloja el volumen que le da la gana a la Sexta Flota.
—… a la Sexta Flota.
—*Well*, este tipo está *transformer*. Ni él mismo se dará cuenta. Avisemos al presidente.

Al ver a Reagan, González rompe a hablar.

—¿Cómo salgo del lio de la OTAN en que me he metido?
—¡Avanza, yo te cubro! Lo mejor para salir es entrar. Convocará un referéndum con la pregunta "¿Qué harías tú, en un ataque preventivo de la URSS?" Éxito seguro. ¡Plomo a los cuatreros rojos!

El líder del momento se postra de hinojos.

—A cambio podríamos pensar juntos en una reducción de tropas. No se enfade: que ustedes nos enviaran soldados más bajitos.
—Ni hablar.
—Se lo imploro. Deme algo, por caridad, Rigansito.
—¡Me estoy hartando de tus bravatas, Sandino! No sea iluso, muchacho. La venta clandestina de armas a Irán para liberar rehenes me dio 30 millones, que ya he transferido a la contra nicaragüense para derrocar el comunismo. Venga con nosotros a descubrir el Nuevo Mundo de verdad. Y recuerde que la violencia es condenable.
—¿Venga de donde venga?

—Bengasi de donde Bengasi. ¿Me sigue? Le sugiero una fuente de riqueza: ustedes con tantos muertos podrían importar nuestros cementerios privados. Apartamentos con capillas y cafetería equipada para que los dolientes se reúnan en un marco incomparable de sepulturas sin lápida, rodeadas de jardines, paseos y grupos escultóricos.

—(*Sobre en mano durante toda la escena*) Zenquiu, zenquiu, zenquiu.

—*Please*, sin reverencias. Le invito a Venecia antes de que la hundan los rusos. No tema, llevaremos habitaciones-burbuja de blindaje electrónico, muchas cortinas y espías, para que las mujeres del séquito no sean filmadas por el KGB. La listilla Raisa está en todas partes.

—Me siento como poseído… por un sueño vaporoso.

—Sueñe, muchacho: gozará de un vino que sabrá a ponche, perros calientes, un quinteto de *jazz*, violinistas del ejército, mayordomos y todos mis lujos culturales; pelis de la CIA, informes de espionaje, el *Reader's Digest* y los horóscopos. Le daré un *paypay*, un salacot, pajitas de bambú y una talla de tiburón ballena, regalos del filipino. ¿En serio no quiere quedarse con Marcos?

—(*Como en sueños*) Marcos, uf, uf…

—Le añado una espada de plata con empuñadura de marquetería en caja de madera noble con el águila de mi país. Y eso no es todo: si me compra la proposición ahora mismo, obtendrá el bolso *Loewe* de piel verde que puede ver en pantalla (señala un *videowall*). Me lo regaló su rey, en caja de cartón y sin envoltorio. (*Al notar la resistencia a sus ofertas, Reagan escolta a Felipe hasta la puerta como un pegajoso comerciante de un zoco*) ¿Me aceptaría al asesino de John Lennon? ¿A Madona? Barato, barato.

Escena 56

EL CAMBIAZO DEL CAMBIO

Narrador

Barajas. Rueda informativa del presidente a su vuelta de EE.UU. Le arropan dirigentes del partido.

—¿Has visto los vaqueros de Felipe? En el trasero se trasluce una huella de botas camperas.

—(*Pablo Castellano*) Será por el anunciado pie de igualdad en la cumbre.

—Buenos días, gracias por su asistencia. Con el presidente Reagan hemos sentado las bases en un clima distendido y realista. Les diré que prefiero morir de un navajazo en el metro de Nueva York que en el metro de Moscú.

—(*Corresponsal de 'Pravda'*) En Moscú no hay navajazos.

—Más a mí favor. Prefiero morir de un navajazo en el metro de Nueva York que arrollado en el aburrido metro de Moscú.

El ruso se mesa el cabello y su grabadora cae al suelo. Felipe rebaña la respuesta.

—Vean si no el peso aplastante de la lógica.

—(*Periodista 2*) ¿Sentar las bases equivale a aprobar la escalada belicista de la Casa Blanca?

—Libertad y democracia han sido preservadas no pocas veces a costa del derramamiento de sangre en los campos de batalla. Por consiguiente, aunque la guerra nunca sea deseable, los pueblos deben estar listos para combatir a estados cómplices de terrorismo con represalias rápidas y eficaces.

—(*Periodista 3*) Reagan defiende la línea dura frente a las importaciones. ¿Hay un avance comercial conjunto?

—Reflexionamos mucho. Pese a las dificultades, nuestras economías deben ahondar en lo que las hace pujantes: el principio de recompensa individual al esfuerzo individual. Jamás debemos homologar nuestros obstáculos circunstanciales de hoy con las deficiencias crónicas de la economía soviética.

—(*Runrún*) Qué cambio ha dado el presidente del cambio. Cambiazo, vuelco.

El presidente hace un aparte con Serra.

—Narcís, ¿vas a Barcelotan este fin de semana?

—Has dicho Barcelotan.

—No lo había otanado.

—Has dicho otanado y no notado.

—¿Y qué? Estamos triunfando. Solo falta el eureka.

—Has dicho eureka, la clave de defensa nuclear naval de Occidente.

¿No he dicho euskera?

Narrador

La transformación proatlántica del felipismo, desconocida por la sociedad, asoma la nariz en minucias. Hasta que González convoca un congreso fulminante y abomina del marxismo, el gauchismo, el republicanismo, el socialismo mal entendido, el neutralismo y nuevamente el marxismo. Guerra anda con moscardones en la oreja.

—Felipe, que el PSOE se ha quedao sin la ese.

—Fonzillo, despierta. Es el sacrificio por el cambio progresista. La Bolsa al alza nos lo agradece, sabedora de que el socialismo de ideales crudos camina hacia el posibilismo hervido sin merma de romanticismo.

—Lo que refrenda la Bolsa está claro: bipartidismo naciente entre una mayoría natural, la de Fraga, y una descremada, la del aparato gobernante. A este paso nos tacharán de franquistas.

—Despojaré de carga beligerante los símbolos de Franco. Para darles un baño democrático zarparé en el *Azor*. Veré a Fidel y de paso iré a Contadora.

¡Las críticas te hundirán el yate! Y en el Grupo de Contadora, como no sea nuestra experiencia en contar parados…

La escena se sitúa en el mar del Caribe. Felipe pesca en el yate de Fidel Castro.

—Ay, compañero Fidel. A mí por subir a un yate mucho menos importante me han armado una bronca.

—Mal hecho, chico. ¿En qué cabeza cabe montarse en el barco del dictador y pretender que yo te acompañe? Te han zarandeado bien.

—Hasta los míos. Castellano habla de si voy a fundar un frente sardinista de liberación.

—Chico, chico, vendías el yate de Franco por 60 millones de dólares a un coleccionista yanqui y por 30 te comprabas uno igual que el mío.

El sol de la escena marítima se adentra en el ocaso. Ahora solo vemos a un náufrago que da sus últimos chapoteos.

Narrador

A todo esto Ucedé pierde al último superviviente del naufragio, Landelino Lavilla.

—El Señor me lo dio, el Señor me lo quitó, bendito sea. Pero soy mejor parecido que Felipe. (*El agua le engulle*).

Escena 57

EXPAÑOLES Y EXTRAÑOLES

Narrador

El PSOE, con el viejo profesor Tierno Galván de mascarón de proa por Madrid, arrasa en las municipales a pesar de los titubeos en política general y de los poderosos nacionalismos. Solchaga no tiene empacho en culparse de los excesos en las promesas. No será posible crear 800.000 empleos. En el Consejo de Ministros un Guerra rugoso pone contra la pared al socialdemócrata Solchaga.

—Pichafría, ¿y tú eras trotsquista?

—Alfonso, contente, que tú aquí vas de oyente. (*Guerra y Solchaga se encrespan*).

—¡Crearemos los 800.000 empleos y cambiaremos tanto a España que no la conocerá…

—Ya, ya, ni la madre que…

—¡Queremos intervención pública, obra pública, gasto público! ¡Queremos Estado, enano pichafría!

—¿Y si no los creamos?

—Entonces quien no te reconocerá será tu madre.

—Gobernar a la izquierda es jugar con fuego. Agravar las penas del el 23-F ha sentado como un tiro a los caquis. ¿Por qué no vas a la Acorazada, como Felipe y Narcís, y bajas del limbo?

—No hay más acorazado que el *Potemkin*. ¡Vuestros amigos yanquis han invadido Granada!

—Claro, tanta movida tuya con Miguel Ríos y "vuelvo a Granada"…

—*(Felipe desvía)* Habrá Defensor del Pueblo.

—Esa función ya la viene haciendo mi hermano Juan en Andalucía. Centrémonos en lo que importa. El fascio ataca: Reagan, Pinochet, Marcos, patronos, curas y militares. Nacionalicemos las eléctricas.

—Eso, y que Sendero Luminoso nos dé la luz.

—Felipe, haz callar al pichafría o la armo. Es matón para limitar salarios pero no los beneficios; para subir impuestos y no para embridar la especulación; para ser títere del imperialismo…

—Se levanta la sesión.

—*(Guerra refunfuñando por el foro)* Pichafría, papafrita y malafolla *(Repite)*

La mutación de González vuelve a la superficie.

—Narcís, ya que hemos inventado la movida, ¿Por qué no subvencionamos a Almodóvar para que ruede *El puente sobre el río Güay* y restaure la gratitud al pueblo americano que nos liberó del nazismo? Ellos al menos tenían al general Custer; nosotros tenemos generales cutres.

—¿Te encuentras bien, presi?

—No me pasa nasa.

—Has dicho nasa en vez de nada.

—¡Es un lapsus! Me estás hablando con Manitú.

—¿El dios indio?

—Quiero decir con acritú.

—Tierno me pide que Reagan repatríe los *F-16* de Torrejón. Los motores supersónicos le perturban su ensayo del *heavy rock* como teología municipal liberadora.

—Dile al alcalde que los sacaré cuando el imperialismo soviético se retire de los Urales.

—Qué puntilloso estás.

—Las nacionalidades históricas me dan jaqueca y no puedo acunar los bonsais. Además el PNV ya tiene mayoría autonómica, aunque del caserío me fío.

—Pujol también. ¿Te fías?

—Tampoco.

Narrador

El reconvertido González está celoso del mandamás catalán. Congrega a sus fiscales y les arroja al rostro una hipótesis de gran alcance.

—Con los Ewing de *Dallas* en Banca Catalana otro gallo hubiese cantado. Pujol no es un Ewing. A por él.

—Pero, presidente, Cataluña es la locomotora de España y la punta de lanza del progreso nacional.

—Ningún maquinista catalán tocará la locomotora y la lanza la manejo yo.

—No dramaticemos; los catalanes son gentes de pirotecnia verbal efectista y tics imperialistas de mínimo riesgo.

—Más vale prevenir. Lo dice Sánchez Ocaña.

Coro

Paco, Paco, Paco
Tu humor perdura
Paco, Paco, Paco
Ponlos en cintura

Escena 58

FELIPE, EL GATO Y EL CUENTO CHINO

Narrador

Dos rivales de peso se agigantan en el horizonte socialista. Euskadi y Cataluña se unen contra el centralismo. Un polémico sondeo de Sofemasa pone en alerta al Gobierno sobre el disparadero del estado autonómico. (Voz campanuda): "Tres de cada dos españoles no quieren ser españoles sino extrañoles o expañoles".

***

Felipe González llega a palacio ataviado de mandarín y con un gato en brazos. Dos asistentes con gorritos chinos depositan maletas y bultos. El presidente saluda al modo asiático y hace que el gato le imite. Guerra le ha salido al paso, guasón.

—*¿Jodía* matemática porcentual a mí? ¿Cálculo de posibilidades a mí? ¡Amos anda! Las estadísticas solo permiten saber de antemano que 50 de cada 100 personas son la mitad, a pesar de que el 74,82% de ellas sean falsas. ¡Menudo cuento chino!

—(*Mimando al gato*) No quiero oír ningún menosprecio a la literatura milenaria oriental. (*Ensimismado*) ¿Sabes que los gatos cantoneses beben con criterio matemático avanzado y por eso no se mojan? Combinan la mecánica de fluidos, la razón entre gravedad e inercia y un número matemático adimensional. Lo averiguó un estudio chino ya hace siglos. (*Siguiendo a su bola*) Los felinos no solo son más listos que nosotros en hidrodinámica. También poseen el equilibrio perfecto de inteligencia emocional para saltar a una cama, amedrentar a un gorrión o mordisquear un ratón en el instante preciso.

—(*Guerra piensa*: viene de Asia con macro-síndrome de Estocolmo). Qué rollo, joé.

—(*Felipe*) Te prohíbo terminantemente citar en vano la milenaria gastronomía china.

—(Boyer) ¡Hola, Felipe, cuántos días en Pequín!

—(*Agrio*) He sufrido una conjura mundial de autoridades aeroportuarias reaccionarias. En China solo pude estar 24 horas; el resto han sido escalas del avión presidencial en Kenya, Trieste, Tierra del Fuego… Preciosas vistas.

—(*Guerra*) Qué desastre diplomático. (*Para sí*). ¡Y cuánto síndrome reformista y posibilista!

—No negaré que los aparatos para viajes de estado aportan ventajas. Por una repentina pérdida de aceite, la disfunción de un reactor y la fisura en una puerta, también pude entrevistarme con mis homólogos de Trinidad Tobago e Isla García.

—(*Guerra, inquisitivo*) Aterriza, Felipe. ¿Nos iría mejor Ardanza que Garaikoetxea?

—(*Felipe*) Que hable Miguel.

—(*Boyer*) Para hacer frente a los disgregadores, hay que potenciar la interlocución con el Gobierno vasco.

—(*Entrega el felino a Guerra*) Gato blanco o gato negro, qué importa si caza ratones. Lo he aprendido del maestro Deng Xiao

Ping como tantas cosas. Deng no practica una economía estatalista ni políticas dogmáticas ideologizadas.

Como Franco.

—Su liberalización es gradual y su tecnocracia, acentuada.

—Como Franco.

—Se ha acercado a EE.UU para combinar el autoritarismo con el rápido desarrollo de mercado.

—Como Franco.

—Déjate de analogías violentas.

—(*Soltando el minino*) Déjate de excursiones. Un País Vasco pacificado por la izquierda será la mejor garantía de que se vayan los americanos.

—(*Felipe*) De momento el Bilbao ha ganado la Liga con once aborígenes. Por cierto, ¿quién ha sido el cenutrio del comunicado? En lugar de felicitar a los leones decimos que no son representativos del noble sentir del pueblo vasco. ¡Ha enviado el modelo de rutina, la condena de crímenes! Todos nos repudian.

—(*Guerra*) No todos. Herri Batasuna se abstiene por razones de procedimiento, como es habitual.

—(*El presidente junta las palmas como despedida y se dirige a un asistente*) Tomaré un chop suey ligero en la unidad de relajación de bonsais. El pantalón al secador. (*A Guerra extrañado*) Las goteras del *DC-8* han causado estragos en el guardarropía del pasaje.

Felipe toma el gato en su regazo, delante de un retrato de Juan Carlos.

—Pragmatín, ya te enseñé a saludar a Su Majestad. Hoy aprenderás a lamer de verdad sin salpicarte.

Escena 59

UN REGALO DE CAMPANILLAS

Narrador

El terrorismo irreductible en el País Vasco ha convertido la nación en mártir. De él depende la democracia. Hasta en Canarias hay quienes aspiran a independizarse por las armas. Barrionuevo explica al colega de Asuntos Exteriores otra de sus geniales ideas, por ello incomprendida.

—Me he atraído al moro Dudú para que éste se atraiga a los argelinos, para que estos se atraigan al separatista canario Cubillo, para que este a su vez se atraiga a los etarras al diálogo. Propongo reinsertar al cabecilla insular como Duque de Cubillo.

—(*Morán*) Brillante forma de coronar tu astucia. (*Aparte al público*) Pobrecillo, el terrorismo ha hecho tal mella en él que entre el vulgo inmisericorde corre de boca en boca el lema del ministerio: *"Mens sana in corpore in sepulto"*.

Narrador

El proyecto se viene abajo. No está hecha la miel para la boca del asno y el auditorio juzgará a quién se refiere lo de asno. Pasarse el

303

muerto parece un vicio nacional. El amo de la oposición, Fraga, estalla echando chispas como un bólido de Fórmula Uno.

—(*Saliendo de una trampilla*) ¡Brrrm! ¡Brrmmm! ¡Yoacabaríaconelterrorismoenseismeses!

Narrador

En represalia TVE difunde un noticiario con los cadáveres putrefactos de don Manuel en su virreinato de Gobernación. Fraga se sube por las paredes.

—Amigonzález, si no nos sirves lacabezadeldirector de RTVE, miCoaliciónPopularseretirarádeLasCortes.

—Te hago una contrapropuesta: destituyo a Calviño más adelante, acelero extradiciones, activo reconversiones y freno expropiaciones, si tú te jubilas también a medio plazo.

—(*Calviño mirando a ambos*) La televisión ha de ser un espejo sedicente al borde del camino, pero aquí hay tanto borde que no se puede ni caminar. Ahora transacciones. Y encima convocan un referéndum para ratificar la entrada en la OTAN.

—(*Fraga*) Brrmm, brrmm, querimigozlez, bien sabe usted que el verdaderoenemigoesFrancia, que no entrega etarras, apresapesqueros, vuelcacamiones de hortalizas, nos roba influencia en África y, lo peor, bloqueaelingresoenlaComunidad.

—(*Morán*) A mí en Bruselas me machacan: ¿cómo pretenden ustedes entrar en Europa sin estar de lleno en la OTAN? Además, el estrecho de Ormuz y el Golfo Pérsico son prioritarios. Yo les digo: los estrechos y golfos son ustedes. Ellos replican: ¿es uno de sus chistes, *monsieur*? Cuente otro. Yo zanjo: que os lo cuente la vaca que ríe.

—(*González*) Mientras mi François Mitterrand esté en El Elíseo, conduciremos este tema con delicadeza. Me insiste en que el día de su muerte le va a salir un pomo de viudas. ¿Cómo vamos a presentarle una España viuda por el terror?

—(*Barrionuevo alza una prenda cual trofeo*) Mi estrategia de convencer a Francia ha sido un éxito. París ha enviado este anorak. Me confirman que la frontera se halla por fin impermeabilizada.

—(*Fraga*) Déjensedemonsergas y ríndanse a mi sentido de Estado. (*Sostiene una caja de madera, semejante a una de zapatos*) Profundizando en la teoría de mi ilustre colega Ibáñez Freire sobre cómo detectar terroristas hastaenelcentrodelatierra, he conectado con otras investigaciones del granfísicoGalileoGalilei. En su honor este aparato lleva su nombre: GAL-GAL. ¡Brrmmm, brrmm!

—(*Barrionuevo, entusiasmado*) ¿Y cómo funciona? Explíquelo despacio, se lo ruego.

—Un sensor del ADN político se activa de inmediato en caso positivo. Se coloca el GAL-GAL ante el sospechoso y, si éste es etarra, se produce un campanilleo irrefutable. (*Confía la caja a Barrionuevo y en el acto las campanillas se vuelven frenéticas*).

—(*Barrionuevo, aturdido*) ¡Yo no he sido!

—A veces el GAL-GAL tiene días sensibles pero es del todo fiable. Se lo cedo por migransentidodeEstado.

—(*Felipe*) GAL blanco o GAL negro qué importa si caza ratones. Por consiguiente, don Manuel, estamos sumamente agradecidos. Lo utilizaremos sin reservas. Pero la clave está en la Alianza Atlántica. Usted, que antaño hasta dio parabienes a los americanos por perder cuatro bombas de hidrógeno en Almería, es lógico que respalde a los socialistas en nuestra campaña de ingreso, por encima de revanchismos.

—Querimigomío, si nos quieren de colchón en la OTAN, liquiden*ElLibroRojodelCole*, lapresiónfiscal, losbebésdeprobeta y latelenovela *Los ricos también lloran*. También les pediría que nos bailaran, brmmm, brmmm, unas czardas en la sede del partido, pero me lo impide migransentidodeEstado.

De súbito el GAL-GAL repite campanilleo y apunta hacia lo alto. Los presentes se abstraen ante un efecto lumínico que se engrandece. Una estrella brilla cien veces más que el resto. Tiene el rostro de Reagan. Un ángel flamígero anuncia: Reelegido.

—(*Fraga*) Sí, hoy mi Galielito está muy sensible.

Escena 60

FRAGA NO TRAGA

Narrador

La reelección del atlántico Reagan desata pasiones en España, enfrascada en el debate picudo de la OTAN. Entidades sindicales, políticas y cívicas promueven concentraciones urbanas para salir de la Alianza, desmantelar las bases yanquis y abrazar la neutralidad. Todo ello a dos semanas de que el PSOE fije la postura en su congreso.

—(*Felipe*) Hasta el atlantista Pujol se niega a respaldar la estrategia pro OTAN. Constato que estoy consternado; me voy a meditar a la sierra. (*Al asistente*) ¿Cómo está el puerto de Guadarrama?

—Es necesario el uso de cadenas.

—No importa.

—Sí importa, presidente. En la cima se han encadenado unos ugetistas contra la OTAN y una delegación de las Juventudes Socialistas.

—Cielos, esto es fractura, guerra.

—Guerra también se pronuncia por plantar a la OTAN.

—Por consiguiente…

—No, no: por libre y por sus muertos.

—Gravísima irresponsabilidad.

Narrador

En vez de ir a la sierra, González cita a Fernando Morán y al secretario para las Comunidades Europeas en lugar resguardado: una base americana.

—Hola, Marín.
—Hola, Morán.
—Ya ves, en Morón.
—¿Qué tal, Felipe?
—Poniendo el morro. He tenido una pesadilla morrocotuda. El Constitucional me anulaba el resto de la LOAPA y Chernenko me daba un beso en la boca. Pero vengo por otra pesadilla. Tenéis que montar una campaña en la que por consiguiente seguir en la OTAN sea vital para entrar en España. Fraga es un ficus que se niega a amarillear. Nos traicionará.

***

La acción se localiza en la sede de la nueva Coalición Popular de Fraga.

Narrador

Vivir para ver: el suplicio atlántico al que el Fraga atlántico somete a sus rivales socialistas atlánticos incrementa los recelos hacia él de populares atlánticos. Miguel Herrero y Jorge Verstrynge enmiendan la plana a su líder. Calmoso por una vez, Fraga les pide explicaciones.

—¿Porqué me habéis enviado este retrato de la reina Juliana? (*Blandiéndolo*) La holandesa cuando obesa es obesa de verdad. Qué pistoleras. No me sorprende que su marido esté en el negocio de las armas.

—(*Herrero*) Juliana ha abdicado por turbiedades de su fortuna, una parte de la cual procede de la sopa boba, como su nombre indica y la otra de trapicheos listos. Sin embargo, el motivo...

—(*Gabriel Cisneros*) Ay, Manolo, que esos quieren verte convertido en reina madre arrinconada.

—A quien discuta mi jefatura ideológica y mi hegemonía histórica melozampocrudo. Por algo soy Manolo el del autobombo.

—(*Cisneros*) ¡Cautela! Dicen que el PSOE guarda un as en la manga: los Juegos del 92 para Barcelona. Samaranch les está haciendo encaje de bolillos en el comité de Lausana. Cuando lo colocaron de embajador en Moscú, debimos sospechar la cabriola.

—En vida del Caudillo este señorito se relacionaba frecuentando el té con pastas en el Pardo. Quería construir una ciudad de vacaciones. ¡Como si su vida no fuera una vacación! ¡Losoportunistasmerepatean!

—Volvamos al tema, Manolo, que la última vez rompiste dos búcaros. Felipe quiere homogeneizar y liofilizar el catalanismo radical con el frescor del olimpismo. ¿No te convendría un equipo menos entrado en años y menos marcado por el ayer?

—Fuiste procurador, Gabriel, y estuviste callado 40 años. ¿No podrías seguir un poco más? (*Tocado por un rayo de genialidad*) ¡RelanzaremosaRodolfo! ¡Será director de la MartinvillaOlímpica!

Escena 61

QUÉ MORRITO TIENE

Narrador

El trigésimo congreso se cierne determinante para el felipismo-ota-nismo. Un encorbatado González defiende la tesis oficial.

—España, tras dos años en la Alianza, no ha perdido ni un átomo de atonomía política exterior.

—¿Ha dicho autonomía o atonomía?

—Si viene de átomo, habrá dicho atonomía.

—Qué bien habla, sin rodeos. Va a lo nuclear de los temas. El único rodeo fue cuando Reagan le hizo domar potros salvajes en cuclillas.

—¡Compañeros, también yo soy pacifista! Pero Suecia, el país más pacifista, gasta el doble que nosotros del producto interior bruto en defensa, y su primer ministro, Palme, ha palmao. ¿Queréis ser como Suecia?

—Qué morrito tiene.

Narrador

Una turbamulta de negaciones atruena en el recinto. La magia gonzalera lleva el congreso hasta aprobar la ponencia. Una vez el PSOE hace de tripas corazón entrando de pleno en la OTAN, Ronald Reagan gira la primera visita a Madrid.

***

Jardines de Moncloa. Reagan juega con un portaviones teledirigido en un estanque. Felipe mira complacido. Guerra observa sin ser visto.

—Muchacho, sacaré la Sexta Flota de aguas menores.

—(*Guerra piensa*) Para aguas menores las de Felipe. Se hace pis en cuanto le ve.

—(*Felipe*) En mi congreso ya anticipé que Washington haría grandes avances en desarme.

—Quiero decir que sacaré a mi portaviones *Kitty Hawk* de estas aguas turbias de su palacio. En cuanto a su congreso, *OK boy*, pero no estoy del todo satisfecho. ¿Cómo no ha despedido aún a Boyer? ¿Cree que los bancos están para que les pisen un callo cada día? ¿Por qué no da unos dólares a Ruiz *Mathews* para que le dé una golpiza?

—España necesita, necesitaba, una pasada por la izquierda.

—Tonterías, ponga más *dolby* a la policía. Las películas duras, la vida, solo son buenas si tienen una buena pelea sonorizada. ¿Cómo van los astilleros?

—Bien, Solchaga dice que astilleros viene de astilla y de tal astilla viene el palo.

—Bravo, hijo. Usted y yo elegimos a Solchaga por ser el mejor disfraz de ministro socialista español que teníamos en la agencia. Hágale empresario del año. Es un monetarista puro como yo. Recorte las pensiones para dar una lección práctica de neoliberalismo a los liberticidas. El Estado no puede con tanto peso, y menos con los sindicatos. ¿Por qué no deshacerse de Nicolás Redondo antes de que le apuñale por la espalda? Haría un buen conserje en Disneyworld.

—Pero quedará Camacho.

—*My business*. Cosa mía. Lanzaré al mundo sus tricots de invierno y verano con cremallera y bolsillos: *Marcelino's*. Los colocaré en el *number one* del obrerismo. Será un bombazo, se lo digo yo.

—Redondo y Camacho me inspiran afinidad.

—¡*A* mí también! Pluma Roja y Pluma Más Roja, dos jefes de tribu. Por sus sentencias lapidarias, su poder, honor y fuerza. Hacen el indio casi mejor que los comanches. Su corral de plumajes alborotados es un *show* fascinante, muchacho. Pero los indios son una raza perdedora. Los algonquines que vivían en Manhattan, de pésima reputación como negociantes, vendieron la isla a los holandeses por 24 dólares.

—La socialdemocracia correctora del capitalismo…

—Usted convive todavía con el socialismo igual que la tos con el tabaco. En mi país ya no fumamos, y mucho menos la pipa de la paz con el enemigo.

—Pero usted era un propagandista de fumar en 1948. (*Reagan niega y González le muestra un espot donde el joven entona un lema publicitario: "Mi cigarrillo es el cigarrillo flojo, por eso 'Chesterfield' es mi favorito." (González hace un guiño)* Se lo tenía preparado, por si acaso.

—Le doy un millón de dólares por esta grabación. Ya destruí todas las demás. ¿Lo ve? He hecho de usted un triunfador en las escuelas de negocios.

Escena 62

LA HUELGA GENERAL

Narrador

González se siente frágil. Redondo y Camacho maquinan una huelga general contra la reforma de las pensiones.

—Nicolás, ¿te gusta Mickey Mouse? ¿El conejo de la suerte?

—Estás raro de cojones, Felipe.

—¿Y hacer de San Nicolás en unos almacenes? (…) Quizá prefieras que pensemos en tu futuro a lo grande. (…) ¿Por qué no un Valle del Cilicio, o de la Silicona, y que lo presidas en una corporación financiera?

—El yanqui te ha comido el coco.

—¿No me dijiste una vez en 1974: "Soy tuyo"?

—Te dije también: "Y de la clase obrera".

—Ya no eres de la clase obrera, joé contigo, Nico. ¡La guerra fría se fue! El Kremlin ha elegido a un tío que no vivió la Revolución ni el estalinismo. El benjamín del Politburó llenará de Mc Donald's la Plaza Roja y se fundirá los misiles en casinos, bancos y rock duro.

—El Muro de Berlín nunca caerá. Y si en vez de casas del pueblo las hace de *rock and roll*, será enemigo del pueblo.

—Hacer casas es una actividad muy decente. Plusvalía Sobre-valorada de Viviendas. ¿Por qué no gestionas residencias para el sindicato? Cooperativa PSV. ¡Lo veo, Nico!

—Estoy concentrado en las pensiones.

—Te dejo, me espera Solchaga.

—¡Él, otra vez él! ¡Siempre delante de mi!

—He hecho que le nombren empresario del año.

—Será el bochorno padre del socialismo. Montaré una huelga general política. Bueno, general.

—¿Una huelga general, la primera en democracia contra la izquierda? ¿Armaréis la de dios?

—Como diputado votaré contra la reforma y después os mon-taré la general, te pongas como te pongas. Por mis muertos, que deberían ser los tuyos. (*Avanza al proscenio y entorna los ojos*). Y así, el chico de los recados, el que llevaba bocatas y lustraba el calzado de Chaves, Corcuera y Solchaga, (*se esponja y saca pecho*) empieza a pensar en sí mismo para hacerse Zar Nicolás de la Ugeté independiente.

Narrador

En semanas sucede todo. España ingresa en la Comunidad Euro-pea, los sindicatos hacen la gran huelga y los socialistas decretan unos servicios máximos de Día de la Productividad. Ordóñez reemplaza al díscolo Morán y Solchaga a Boyer. El ministro prodigio pide a los máximos dirigentes que su cese pase a la historia como renuncia por cansancio.

—(*Guerra con sorna*) La China te destroza.

—Me voy por una cuestión de limpieza.

—Ya, tu nueva casa con veinte cuartos de baño.

Narrador

Entre la remodelación ministerial y Bruselas, González jadea de un lado a otro de la Europa europea, hablando de esto y de lo otro.

—(*Suspicaz y con acento excesivo*) Musho ojito la vó en off con er zambenito de la Andalusía paniaguada. Que uno currela y currela preparando musha cumbre comunitaria preparatoria de má cumbre comunitaria que zon precumbre supracomunitaria. ¿Vale? Perdóng, pero tengo que zalí en mi telediario. (*Vemos el busto de González en un monitor*).

—Españoles: Permitidme que penetre en la intimidad de vuestros hogares tan prontito. Las emisiones matinales estrenadas por TVE han tenido un éxito concluyente. Tanto es así que emitiremos emisiones matinales también por la tarde. A lo que iba: "Si perdemos el referéndum, España saldrá de la OTAN". (*Gritos de asombro*).

Coro

Por consiguiente
La gente va
Donde va Vicente

Escena 63

EL REFERÉNDUM DE LA OTAN

Narrador

El órdago de Felipe González con la OTAN ante millones de espectadores hace cobrar a la noche una animación inusitada. La Bodeguiya ya es el único bar de titularidad institucional y servicio público donde el camarero oficial se toma algunas libertades con los clientes.

—(*Tierno Galván*) ¡Chico! Un jerez seco.

—Va, profe, si propaga lo que le enseñé.

—Pardiez, maese Felipe, qué porfía la vuestra. Lo tengo muy presente: "La consulta de la OTAN solo tiene valor instrumental".

—(*Un grupo crítico*) ¡Garçon, sangría!

—Os la pondrá vuestra madre. Garzón es un celoso a quien jamás querré en una lista.

—¡Seis tiopepes, tres cañas y un frigodedo!

—¡Marchando seis tíosams y se perdona una ronda por cada amigo que vote sí! (Las encuestas son esquivas, toda prevención es poca).

—(*Guerra repite exorcismo*). No azutarze: tengo dicho que la matemática en los sondeos zolo sirve para saber con exactitú cuántos grupos de la oposición se adjudicarán la victoria aunque no venzan, que no vencerán.

—(*Felipe derrama carisma*). Cada día voy a tres agrupaciones. Primer plato en una, segundo en otra y postre en la tercera. Esta noche tengo vela de cofrades. Hay que perder el culo donde sea para movilizar apáticos. Salgo ahora mismito a la calle para trabajarme incrédulos.

El presidente escucha a un matrimonio clásico.

—(*Ella*) Soy pro-OTAN por ser de derechas, pero me planteo votar no porque muchos como yo lo harán.

—(*Él*) Yo soy anti-OTAN por ser de izquierdas, pero medito votar sí porque aún me tiran el puño y la rosa y para no hacer el caldo gordo al contrincante.

—(*A la vista de una pareja mayor*). ¿Animados para normalizar España en el mundo Occidental?

—Sí, lástima de la división de la izquierda, porque…

—Eres idiota, Toribio. No hay más división que la división azul. Voto no, no y noooo.

—Los tuyos son falsos, Gertrudis. Presumen de patriotismo y lo ejercen si les conviene.

—¿Y los tuyos? De Felipe a Perico en el Tour de Francia y ese escalador, Pérez de Tudela, que ya le duelen las encías de mentir.

—Yo no soy del PSOE, señora. Soy socialista real.

—El socialismo fracasa cuando se acaba el dinero de los demás; lo dice la Thatcher, ya ves.

—(*González, solemne, a la platea*). Conclusión: más cambio. He de cambiar el cambio prometido por un cambio sobrevenido. Pasar de la ética de las convicciones a la ética de las responsabilidades. (*Una luz celeste le confiere un aura angelical*) El recambio bien entendido, dentro de lo posible que pueda caber dentro de un orden, dentro de un sistema de librecambio dentro de lo razonable. (*Suena un sí estentóreo y masivo*).

Narrador

(*Después de una mezcla psicodélica de La Internacional y el himno de EE.UU*). *Los españoles dan el sí en las urnas al volantazo atlántico del PSOE. Rabian para sus adentros los pro-atlánticos que en el esquizofrénico plebiscito han decidido votar no, en blanco o abstenerse, y rabian más para sus adentros los del partido del recambio, que había ganado las elecciones con el lema "OTAN, de entrada no" y hoy practica el "OTAN, de entrada sí". ¿Alguien entre el público tiene un ansiolítico?*

—(*González*) ¡Hemos ganado! ¡52 a 39!
—(*Fraga*) ¡Hemosganadonetamente si se suman votos en blanco, nulos y abstenciones! La mayoría de ausentes eran nuestros, griposos o con alergias.
—Pero si también erais partidarios de la OTAN.
—Por eso. Hemos ganado perdiendo o hemos perdido ganando.
—(*González insiste*) ¡Viva la Alianza!.
—(*Fraga*) ¡Popular!
—(*Ardanza y Pujol*) Hemos vencido.
—(*González*) El vencedor soy Yo.
—(*Ardanza y Pujol*) Ni hablar, el voto vasco y catalán trasluce la insatisfacción por el centralismo.
—(*Ejecutiva del PCE*) ¡Hemos ganado, la clase obrera que se negó a colaborar en esta farsa plebiscitaria manipulada!
—(*González llamando a la Casa Blanca*). ¿Se alivia, *mister president*?

—Sí, a Libia también.

Narrador

(Entre estruendos)Bombarderos de EE.UU guiados por radares de las bases españolas sobre Trípoli y Bengasi destruyen el cuartel general de Gadafi y hieren a su familia.

Escena 64

HERNÁNDEZ Y GORBACHOV DE LA MANCHA

Narrador

Una distensión impensable se apodera del planeta. El imparable ascenso de un ruso con un antojo capitalista en la frente. La designación de Mijail Gorbachov a jefe del Estado en la URSS es tomada con gran complacencia en zonas nacionales de la ya extinta Coalición Popular. Fraga profetiza.

—Si nombran jefe al manchado Gorbachov, es la hora del Mancha. ¡EnmarchaelManchaa!

Narrador

La dimisión de Fraga Iribarne franquea el paso a un extremeño demoledor, Hernández Mancha, predestinado a salvar a España de la ruina del nuevo IVA, la tenebrosa escalada separatista que conllevaría la capitalidad olímpica a Barcelona y la nueva TVE pacifista-revisionista de la listilla Pilar Miró. Mancha se hace políticamente adulto con una frase feliz.

—La pana del PSOE no es la panacea. Empieza el desencanto.

Narrador

El mozo tiene rollo y su programa engancha.

—(*Mancha*) Ilegalizaremos el síndrome de abstinencia, los impuestos directos, las sobredosis, la mili en la propia región, el sexo a elegir y manipulaciones genéticas en la línea de las ecografías.

—¿Alguna otra erradicación de lo pernicioso?

—Acabaremos con la hipócrita protección a los bebés-foca, el escubidú, los mercadillos, las saunas, los cantautores, los ponchos, el tarot, la LODE, el diseño, los preservativos, los controladores, las asambleas y por supuesto los telediarios.

—¿No es más cierto que tienen la vista puesta en el cine basto, el dinero negro y la arquitectura golfa?

—Lo desmiento rotundamente. La prioridad está en la guerra bacteriológica defensiva y el ataque químico justificado.

—¿Qué opina del anti-socialismo de la Iglesia?

—El clero nacional ha sido paradigma de justicia, ecuanimidad, equidad, ponderación, equilibrio y despolarización. Ya en la transición se entregaba a restañar heridas. Bendecía por igual a comandos de Blas Piñar y a los guerrilleros de Cristo Rey.

—(*Fraga*) Estechavalestámásverde que una aceituna en diciembre. Me lo quitaré de encima fundando otro partido, el popular.

Narrador

En esas anda la derecha cuando se origina un escándalo en las estancias privadas de Felipe González. Es sorprendido por una cámara oculta de Tele 5 en actitud acaramelada ante una foto dedicada de Mijail Gorbachov a orillas del Moscova.

***

Vemos al presidente en las imágenes de Tele 5, grabando un mensaje en vídeo con sentidas palabras de amor político.

—Recordado Mijail: cuando en tus cartas me llamas *drug* (amigo) y *tovarich* (camarada), siento rebrotar en mí las similitudes que brotaron entre nosotros en 1985. Sé cuánto te gusta que los españoles te llamen torero. Me complace ver cómo te excitas cuando tienes que hablar conmigo, por mis reflexiones filosóficas abstractas y mi apego al socialismo vaporoso que tanto nos une. Mi corazón reconvertido te espera ansioso en Madrid. Constato que las elecciones serán difíciles, pero he cumplido todas las promesas que pensaba cumplir. Tu cuidate mucho; he visto cómo la transición devora a sus hijos. Por consiguiente: Felipe".

***

Sede socialista de la calle Ferraz, Militantes de altura y de base mantienen un debate agotador. Maniquíes con G de guerristas y R de Renovadores.

—(*G*) Nosotros, y con nosotros la mayoría de la izquierda; hemos perdido las señas de identidad, contagiados de derechismo.

—(*G*) Corroboro. Medramos por poder y dinero, pero tenemos la desfachatez de pregonar lo opuesto.

—(*R*) ¿O sea que no hacemos políticas para los de más abajo?

—(*G*) Sí, pero sin gasto social ni justicia fiscal. Si los pobres viven algo mejor, los ricos son más ricos.

—(*R*) Menos milongas. La modernización se palpa; la estabilidad social es consistente y tiempo habrá de rearmarse.

—(*G*) Los voceros del cambio, las boquitas revolucionarias, ya no podéis vender nada. ¿Renovadores con qué? Ni siquiera sabéis cómo cambiar la sociedad, que era nuestra razón de ser.

—(*G*) Estoy contigo; el carnet del PSOE pone muy clara la meta: "La conquista del poder político por los trabajadores". Pero de socializar, nada. Bajo la etiqueta de izquierdas hemos mantenido intacto el capitalismo en lo esencial.

—(*G*) Fijaos en el craso cinismo de la maniobra a escala mundial. Exportar un socialismo sinsocialista a los comunistas que quieren dejar de ser socialistas reales para ser socialistas democráticos, aprovechando que su mandamás comunista no quiere ser socialista, sino socio capitalista de Occidente. ¿Comprendido?

Entra el ministro Barrionuevo con su detector-aspirador de etarras funcionando a todo gas. Las campanillas dan señales.

—(*Ministro*) Lo que me temía. Todos son de ETA.

—(*Militantes iracundos*) ¡Fue-ra, fue-ra! ¡Desde tu ministerio se ha matado o secuestrado a etarras, a supuestos etarras y a personas a las que confundieron con etarras!

—Si yo os contara, dejadme habl…

—¡Esfúmate, torpón! ¡A peinar a tu *barbie*! ¡Barrionuevo, eres del medievo! ¡Barri, dimite, el pueblo no te admite! ¡A desalambrar!

—Está bien, me voy.

—¡El pueblo unido no será vencido! *Avanti popolo*! ¡*O bella Ciao, ciao, ciao*!

Los iracundos desalojan el escenario entre cánticos. El repicar de campanillas se hace ensordecedor. Resuenan risas enlatadas.

Coro

Qué humor, Pepe
Qué humor, Paco
Qué tumor

Narrador

González hace una declaración sin preguntas entre una expectación inédita.

—Comparezco a voluntad propia, para no dar pábulo a rumores malintencionados que afecten a mi persona institucional. Sí, mantengo una relación continuada y al abrigo de la curiosidad pública con Mijail desde que nos conocimos. Me desarmaron su empeño aperturista y sinceridad. Haber hecho pública tal relación anteriormente suponía colocarle en una situación imposible, dados sus vínculos con el Politburó del PCUS. Tengo esperanza en que nuestro estrecho contacto brinde un beneficio sin precedentes para ambos países. Gracias.

—¿Confirma que para Gorbachov usted es solo una coartada en la venta de la *perestroika*?

—¿Le llama Gorby en la intimidad?

—¿Le inquieta que el radical Boris Yeltsin se entrometa en su relación?

—Eso es todo, muchas gracias.

Imágenes de fondo: embrollo importante en el Kremlin.

Narrador

En las cancillerías europeas nadie da un duro por la suerte electoral del PSOE en las elecciones de 22 de junio de 1989.

Coro

Ideas cambiantes
Líder desnortado
Partido fraccionado
Adiós, pedantes

Escena 65

EL "COJO MANTECA"

Narrador

Uno de los pocos éxitos sociales del PSOE está en la calle. Tullidos, indigentes recalcitrantes, inadaptados, pícaros y excedentes biológicos sin clasificar se aglomeran ordenadamente en los semáforos rojos para no afectar a la fluidez circulatoria ni al grueso del paisaje de la modernidad.

***

La acción transcurre en una avenida madrileña. Un joven aquejado de cojera destroza una farola a muletazos. Los peatones huyen.

—¡Mira, ahí está otra vez el tío de la tele!

—Yo creo que es un agitador a sueldo.

—¡Siempre relativizando! ¿Y si es un liberador que ha dado con la piedra filosofal?

—En principio un impedido que mortifica su cuerpo por una causa tiene algo que ofrecer.

—De todos modos será mejor largarse.

Narrador

Un cojo apodado 'Manteca' ha llegado al pináculo de la fama rompiendo cabinas telefónicas a pedradas y palos.

***

Un hombre con traje de pana intercambia palabras con el joven bárbaro. Se van a una esquina.

—*Manteca,* te traigo otro trabajillo.

—¿También de parte del Gobierno?

—Qué bestia eres. ¿Recuerdas el encargo secreto para las elecciones generales? Hay que continuar demostrando que no ha habido pacto de estado y que la oposición es facha. Apedrearás escaparates.

—(*Escupiendo*) Son 20.000 del ala por guijarro. Las lunas de grandes almacenes, a 40.000.

—Vale, y hacer añicos unas cuantas farolas.

—5.000 la unidad. ¿Añado más cabinas?

—Sí, pero a golpes de muleta y con recochineo, que irán las cámaras.

—Entonces serán 10.000 por farola y os rompo media docena de logotipos oficiales de propina. Yo soy muy legal.

—Aquí tienes. Chao.

—¿Suplemento de rollo satánico?

—Chao.

Manteca se queda en la esquina. Le aborda un señor con abrigo Loden.

—Buenas noches, señor Jon Manteca. Me envían los servicios de animación social de la Confraternización Popular, a ver si le fuera posible infundir más miedo escénico al ciudadano, igual que hizo en vísperas del referéndum de la OTAN. Sabemos que le paga el Gobierno, pero estamos dispuestos a darle el doble.

—Soy un incontrolado profesional y por tanto abierto a ofertas.

—¿Podría usted reventar manifestaciones, echar cócteles incendiarios en papeleras, descerrajar buzones y defecar en una veintena de cabinas telefónicas? No bajaremos de los dos kilos.

—¿Defequé?

—Cagar.

—Hecho. ¿Suelto o en pieza?

—En metálico y al contado.

—Me refiero a la cagada. ¿Suelta o en pieza? Y no llegaré a los dos kilos, ni loco.

ACTO CUARTO

Escena 66

NACE LA SANTA CRISPACIÓN

Narrador

La derecha refundada en el Partido Popular avizora al candidato ideal para derrocar al cesarismo felipista; el adiestrador de mordiscos de la campaña electoral a cara de perro. No es nadie en el 'star system' de su formación, pero pincha y corta como un espadón del siglo XIX. Empuje prescriptor le sobra al tipo menudo del mostacho.

***

Planta noble de la sede del PP. Reunión de trabajo. Diserta el mostachudo Aznar, a quien no se designa por su nombre en esta escena.

—¡No quiero una sola alcaldesa sin minifalda! Tú, Celia, cruza las piernas en los debates con cámaras, basta de puritanismos izquierdosos.

—Descuida, es mi especialidad. Por el lado intelectual tengo el graduado escolar. O un certificado de escolaridad, no sé.

—¡Como si no lo hubiese advertido cuando me hablaste del careo como una caries pudibunda en los mendigos y de Camelot como un libro de embustes ingleses sobre Gibraltar! Mercedes: hazme la merced de un elogio indirecto a Franco.

—(*Mercedes de la Merced*) Un, dos, tres, acción: a nadie se le oculta que Franco era una persona preocupada por las clases débiles, nadie podrá negarlo, otra cosa es que hubiese o no libertades.

—Por el amor de Dios, una declaración más concisa y rotunda.

—Diré que estoy muy satisfecha de su política social. ¿O ya puedo decir satisfacha?

—Arenas, más salero andaluz: échales en cara que Barrionuevo y sus secuaces solo saben jugar al monopoli, a comprar policías con sobresueldos.

—¿No toco la guerra del Golfo?

—¡No hay más golfo que González!

—¿Y Maastricht?

—Listos para tomarla, si se tercia.

—¿Echamos un cable comprensivo a la bioética?

—¡Toma, genoma!

—Qué torta me has dado, Jose Mari.

No he sido yo, sino la ética, pero te la has ganado. Se te recalienta la bragueta, Cascos.

—¿Alguna misión especial? .

—Quiero que el PSOE fiche a Garzón, una termita orgullosa que roe cuanto le rodea. Infiltradle y que pierda el virgo. Esos gilis aún creen que un partido se regenera con independientes. Felipe sabrá lo que es dormir con el enemigo. Mataremos dos pájaros de un tiro. Quiero que ese despojo presidencial entre bonsais se despierte diciendo: "¿A qué juzgado vamos hoy?". Quiero que Carmen Romero sea "doña Carmen".

—¿Y qué hacemos con Vera?

—No cejar hasta verle dando clases de gimnasia a sus compañeros de cárcel.

—(*Rajoy*) ¿Abrimos la puerta al voto homosexual, vinculándolo con lo cristiano? *Ecce Homo, Ora pro novios.* ¡Qué hallazgo de eslóganes! Los maronitas ...

—(*Ademán napoleónico*). Mariconadas extemporáneas, Mariano. Táctica de mus: instinto básico y exterminio. Quiero virilidad: comisiones de investigación a cada paso, tirones de conciencia en cada esquina, suplicatorios, mociones de censura, linchamientos de corruptos de VISA y motorola, de los maestros de la calumnia y la cobardía moral. (*Los reunidos se aplican tomando apuntes*). Quiero acoso y derribo, síndrome *Watergate*, elecciones anticipadas, jubilaciones anticipadas, prisiones anticipadas, bajas desincentivadas y saneadores que pongan pinzas en los cojones; quiero vivas a Viriato, Numancia, Covadonga y los empresarios mártires.

—(*Auditorio admirado*) Ohhhhhh.

—Quiero poner en vereda a los mercantilistas catalanes; al Pujol que metía la mano en el fuego por De la Rosa; a los vascos que despotrican de obispos castellanos; a los banqueros que cambiaron de caballo y a los profesionales de la vagancia... (*Pausa de acero y pavor en los rostros*).

—... por las subvenciones manirrotas al empleo rural.

—(*Auditorio aliviado*) Ahhhhhh.

—Quiero cargarme el pistolerismo editorial de la prensa progre. Quiero interminables listas de espera de socialistas para entrar en las cárceles, quiero el punto final de los que perdieron la guerra y escriben como si la hubiesen ganado. Quien se arrugue no sale en la foto. Quiero romper una lanza...

—¿En favor de quién?

—¡En la cara de esos gilipollas impunes! El socialismo de don Tancredo está intubado, la alternancia es imparable. Ha nacido la España del siglo XXI. Nuestro Muro de Berlín está cayendo. ¡Viva España! Con modernidad: ¡Arr@ba España! ¿Te enteras, tesorero?

—(*El tesorero al vecino*) ¿Ha dicho arroba o a robar?

—*Gran pompa en la tramoya. Un rótulo señala que estamos a 30 metros de la cima del monte "Jet Set Maní". Aznar es encumbrado por los hombres fuertes del partido en una camilla que evoca un paso de Semana Santa y un palio. Le escolta en majestuoso vuelo rasante el albatros, la nueva mascota, como un espíritu santo particular. El líder asciende saludando al modo de una infanta, hasta que el himno cambia a versión 'bakalao'. Entonces salta a tierra firme y esprinta hasta la cima, donde efectua una breve pero sustanciosa exhibición de bíceps y abdominales. El conjunto, bañado en azul, transmite esplendor.*

Escena 67

CUANDO MENOS TE LO ESPERAS

Narrador

La alegría del PP ante los comicios generales de 1993 se acrecienta con las noticias llegadas de Moncloa. El PSOE titubea. Cuando España solo tiene ojos para los aventados crímenes socialistas y su castigo, un golpe de Estado en la URSS pone a Gorbachov al borde del precipicio. En su favor solo se oye el vozarrón del opositor Yeltsin.

***

La escena sucede en una de las salas de palacio.

—(*Ordóñez*) No dudes más, presidente. Llevamos un día sin elogiar la resistencia de Boris Yeltsin. No podemos hacerle este feo. Ya no le diste audiencia cuando fue a Barcelona. Es el porvenir de Rusia. Mijail Gorbachov tiene los días contados.

—Qué lata. ¿Por qué no dejas la silla? Solana la reclama cada día. (*Índice en alto*) Por Sánchez Pizjuán prometo que ni me rebajaré ante el radical turbulento Yeltsin ni el Sevilla bajará jamás a segunda.

Narrador

A las 48 horas Moncloa condena el golpe de Moscú. Menos mal, porque Yeltsin cambia las tornas y es elevado a héroe. Todos miran a Rusia. Un mensaje personal de González intenta repararlo: "Felicidades Boris. Contigo Moscú tiene un color especial". Respuesta de Yeltsin:

—(*Voz en off vacilante*) "Señor González Byass: su incomprensible misiva llega sin obsequio. El presidente italiano Martini, el *premier* Johnny Walker y el francés Cointreau son más atentos".

Narrador

Una entrevista al desacreditado Gorbachov en 'The New York Times' pone el asunto en ebullición.

—Felipe González es mi estadista extranjero preferido. Me gustan su temperamento, juventud e ideas progresistas. Con él puedo hablar con franqueza y coincidimos en todo.

Narrador

(Fragor de trompetería para un notición). Tanta era la confianza en la fuerza aglutinante del Partido Popuznar ante las urnas, tan rosadas las previsiones y tanta la dentera del PSOE que la derrota del PP, corta pero derrota, encoleriza al candidato ideal, que reúne a su sanedrín.

***

Idéntico escenario en Génova, Rostros mucho más ceñudos. Desde un pedestal Aznar alecciona a los suyos, sentados en pupitres.

—(*Arrollador*) Las falacias sobre dóbermans, derechonas y golpistas han minado el triunfo de la honradez y la verdad, más el voto oculto de los estómagos agradecidos como el general Sáenz de Santamaría. Quiero: perder de vista a este tártaro pasado de moda. ¡Ahora sí saltaremos la barrera psicológica! (*Vuelven a apuntar como si les fuese la vida*). ¿Pero qué estás tomando, Paco?

—*RU-486*. La píldora del día después, me han dicho que es ideal para quitarse el día anterior.

—Zopenco, es porquería abortiva. Exigiré al Vaticano que prohíba la píldora de después de los días de después. Continúo. Quiero: más estado de crisis, más Estado en crisis, cueste lo que cueste. Quiero: a todos esos progres del Gobierno durmiendo en Alcatraz aunque mueran matando. Hay que arrojarles la guerra de los Balcanes, atontarles a parrafadas de Sánchez Dragó Y quiero que nuestra joven promesa, Urdaci, entre en RTVE de ascensorista, para que no sospechen.

—¿Y Solchaga. jefe? Deja el Fondo Monetario para ser portavoz en el Congreso.

—Quiero que pague por todos los banqueros que ha amamantado. A cada tres palabrotas de su discurso gritaréis: "¡Y todo eso con mis impuestos!". Acostumbraos a hablar para quienes os necesitan.

—¿Los pobres y depauperados?

—Ricos y pobres, público y privado, ¡debates antiguos! Los temas del PSOE son apolillados, huelen a naftalina. Nos acusan de olvidar a los pobres y es al revés: ellos nunca nos votan o no votan. Empezad a hablar para los inmigrantes, hay que capturar a los moros. No votan pero un saludito siempre queda bien: "Salami Alikum".

—¿Salami, jefe? ¿No tenían prohibido el cerdo?

—¡Si digo Salami Alikum es Salami Alikum!

Julio Anguita, el califa comunista de Córdoba pasado al bando cristiano, va a tomar la palabra pero se echa atrás. Aznar le pincha con la mirada.

—Ya lo advirtió un científico maltratado por la progresía, el Marqués de Villaverde: *ment sana in corpore sano*. ¿O tú no mientes nunca, Julio?

—Yo digo verdades como puños y no le bailo el agua a nadie.

—Punto en boca, que no estás en el comité central, y deja ya de abanicarme.

—Perdón, jefe. Si te parece diré que "la salida del felipismo no ha de ser indefectiblemente el PP".

—¿Pero tú estás en tus cabales? ¿Vas a tirar la llave de la gobernabilidad? ¿Quieres jubilarte de maestrillo o de secretario de las Naciones Unidas?

—Yo siempre me llevo las hostias.

—Y yo quiero otro vocabulario. ¿OK? Si estás tan preocupado por los moritos, muévete para que el Real fiche a Zidane y ganemos popularidad gritando ¡Alá Madrid! Trillo, ¿qué hace el cachazas de Barbero con la instrucción de Filesa?

—Va por la página 16.700 y dice que le faltan 1.300. Que en 3 años, 10 meses y 2 semanas lo tiene.

—¿En procedimiento de urgencias con técnica abreviada? ¡Menos mal que no se ha hecho lampista! Ahora estaría arreglando el inodoro de María Antonieta, mierda de franchutes.

Coro

Rico, guapo y con dinero
Que más quieres, Baldomero
Quiero, quiero
Quiero y quiero

Escena 68

UN CADETE LLAMADO MARHUENDA

Narrador

Francisco Marhuenda, joven promesa catalana, es muy ojeada por los cazadores de talentos mediáticos del PP. Fraga espera al imberbe periodistillo erguido en su puente de mando de la calle Génova.

—Bien llegado, jovencito. Gracias por aceptar la invitación. Necesitamos frescura juvenil.

—Bueno, de hecho prefiero ser cadete. Queda más marcial. De chiquito me gustaba la OJE.

—Estupendo, cadete. ¿Qué conoces de mí?

—(*Con seguridad alelada*) Que usted, antes en Alianza y en Coalición, ahora en el Partido Popular además de cofundador es pontífice, sumo sacerdote, costalero coriáceo, empollón y blanco de España.

—Vienes bien equipado. Hago caso de las recomendaciones, y más si vienen de tan alto. De contratistas de obras faraónicas. ¿Cuál es tu análisis desapasionado de la situación?

—Al Gobierno le flaquean las piernas. El pelotón de los torpes no tiene arrestos ni para impedir las huelgas más bárbaras. Nos pone de rodillas ante Europa.

—Perfecto, así te esperábamos. Te presentaré a alguien como yo, vértice de amores y odios.

—(*Bromea nervioso*) ¿Tal vez Alzaga?.

—A este su madre ya le vio las apetencias personales chupando biberones ajenos. Por sí solo un parásito no vale nada. Fue un tránsfuga corrosivo de UCD, un as en indisciplinas y votos comprados que se desmarcó de nosotros cuando nos la pegamos en el 85.

—(*Señalando al bigotudo*). Es el salvador que nos envía la Providencia. Notarás su olor a cítrico muy cítrico; a pomelo y mandarina chilena. Preséntate. Yo vuelvo a mi sitio de jarrón rinconero.

El joven se encamina hacia el líder y queda estático a su derecha. El líder le dedica una sonrisa que más parece un esguince facial.

—Unos venden el alma al diablo, nosotros elegimos mejor a los aliados, porque siempre hemos sabido dónde estamos. Soy José María Aznar.

—Paco Marhuenda. Tanto gusto.

—Así es, chico, da gusto porque tenemos las manos limpias. Te presentaré a nuestros asesores.

La acción se desenvuelve en una sala atestada de lienzos de batallas e intrigas cortesanas. Marhuenda distingue sobre la mesa un membrete del CESID.

—¿Pero este dosier no es material clasificado?

—Todavía eres presa del candor, primo hermano del relativismo ético que corroe Europa. Nada es demasiado para salvar España. ¿Conoces a Cantinflas? El gran pensador mexicano tenía una máxima: ¿hablamos como caballeros o como lo que somos?

Sígueme. Verás a los mejores españoles de la segunda transición. Ahí están perorando el juez Gómez de Liarlo y los fecales del Estado, Fungairiño y Cardenal. No te confundas: el que habla como si fuera presidente del Supremo es Jiménez Losantos Mártires del 36 y quienes le rodean hablando cual fiscales también son periodistas, socialmente canonizados.

—¿Ah sí?

—El de los modales, traje y tirantes estridentes de capo calabrés porque lo exige su papel de regenerador vehemente y descarnado es Pedro José Ramírez, Pedrojota. Le rodean Isabel Sansebastián la Católica, Carlos Santateresa Dávila, Herrero I, Herrero II, Pablo Sinsebastián y Saúl del Pozo. Asimismo de pronta canonización social.

—¿Podré conseguir autógrafos dedicados?

—Eso está hecho, aunque mi intuición me dice que pronto te los solicitarán a ti.

—Muchas gracias. ¿Y el vaho a incienso?

—Es nuestro anti-cristo y armacristos Julio Anguita, que suele expresarse por encíclicas. No estreches su mano derecha, donde lleva la tenaza, y no te asustes al verle la izquierda, abierta en dos por una pinza metálica. Sé precavido también saludando al fortachón que está junto a la ventana. Francisco Álvarez Cascos, una de las fuerzas centrípeperas de pelo en pecho. Es efusivo como los capitanes hititas. Y aquí tenemos a Luis Mª Acusón, que está en fase contenida. Esta semana solo calumnia con menos de cuatro sílabas y solo injuria con vocablos iniciados en la vocal i.

—(*Luis Mª Ansón*) España está plagada de íncubos leninistas que se nutren de insidias, intoxicaciones, insinuaciones, inventos e insensateces irresponsables. Por eso no vive en paz.

—Escuchemos a Pedrojota. ¡Verás cómo redunda! ¡Redunda y redunda dunda!

—(*Pedrojota*) Les asfixiaremos en la crispación que ellos mismos provocaron con la confusión de poderes, la inestabilidad estable, la autoría intelectual sangrienta y el gobierno bajo sospecha, enfermo terminal de mayoría absoluta.

—Al grano, coño, al grano: paro, corrupción y despilfarro. Hay que tirar de la manta y pasar página.

—Perdón, querido Jose, hablo tantas veces por tu boca para enseñarte lo que debes decir y tú tanto hablas por la mía, dictándome los editoriales de *El Mundo*, que a veces me aturullo y te editorializo.

—Gobierno culpable, X responsable.

—Bravo, Julio. Así: concreción y demolición.

—Es que mi infarto tiene nombre y apellidos, presi. Y buscando al Palomino se va al pájaro grande. Ojo, yo imputo cosas graves al cuñado del señor X, pero no insulto. Felipe vendió España al mercado de trabajo. Pedrojota no hace más que turbar el sosiego de la charca fétida. Esto va a misa. (*Golpe de pinza*). Hay que dar caña.

—Ya te alargas como él, y no me llames presi. Aún.

—Cuando un comunista como yo ve el sacrificio de los seres humanos en el altar de la diosa Economía y al señor X del GAL por acción o por omisión, un comunista no puede emigrar de su alma.

—Cíñete a tus pastorales y extirpa las cursiladas baldías. Recuerda: no estás para lograr la hegemonía de la izquierda, ni ser referencia de gobierno, ni asegurar el futuro de Izquierda Unida como nuevo PCE. Estás para imbuirte del fracaso del felipismo. Táctica de bola de nieve. ¡Pasemos al salón de mapas!

***

En una sala con elementos cartográficos, Aznar reparte carpetas con las siglas JCC muy visibles.

—Estimado entorno, por fin puedo compartir los planes teóricos y los planos de acción de la Jotacecé, Justa Conspiración Crispadora, que ya domináis a grandes rasguños. No seáis medrosos al preguntar.

—(*Marhuenda*) ¿Conspirar para hacer tabla rasa de más de una década no es desproporcionado?

—Otra vez el candor que opaca el discernimiento. Una revolución no es más que conspiración y una conspiración es una necesidad biológica.

—¿Y hacer un proceso político antes del penal?

—La justicia preventiva evita graves entuertos, con las debidas garantías. No dudes: indulto pro reo.

—*In dubio pro reo.*

Aznar junta las palmas. Su iris chispea brillos de ángel exterminador.

—Cuando digo indulto pro reo, jovencito hablador, es indulto pro reo. Verás cuando los míos se lo ofrezcan a Amedo y Domínguez.

—¿Qué vale la versión de un fugado? Es palabra de delincuente.

—No les inculparán mientras vayan vaciando el buche. Los cuentistas de los 800.000 empleos, el cuarto supuesto del aborto y el mimo a las parejas de hecho, los espías y podridos, ellos, son los delincuentes. Los perjuros que abominaban de la OTAN, la mili y las nucleares. Cañizares, el obispo de Ávila, les ha dado un buen meneo: es más fácil eliminar a un *nasciturus* que una avutarda.

—Pero lo que aquí se forja es una agencia de compraventa de escándalos políticos.

—Una cruzada democrática. Nos ilumina la COPE.

—La radio de obispos insulta. *¿Insulto pro reo?*

—(*Aznar*) Contra el mal no valen blanduras. Los agraviados somos nosotros, y ofende quien puede. El denuesto periodístico es un depurativo eficaz para desenmascarar a los pérfidos sicarios del cesarismo. Te daremos un curso acelerado en la séptima planta.

—¿Qué servicios secretos podrían colaborar con los españoles, si los secretos salen en los diarios?

—Ya organizaremos los servicios de inteligencia. Los actuales, que se asfixien en su salsa.

—Pero la coincidencia prefabricada de secretos levantados, citaciones judiciales, acusaciones de papel y filtraciones anti-socialistas en un solo día…

—Esto no es un castillo de hadas, es el final de un ciclo de pirañas. No podemos ir de risitas contentando a todos. En este país, en nuestra patria, nace una era de auge y fortaleza. (*Almidonando la expresión hasta la mueca*). Quienes no están con nosotros están dando alas al terrorismo.

—Perdón, admirado líder. He fingido el principio de contradicción para que usted practicara su soltura en las argucias de la izquierda falaz.

Coro

Qué humor, Paco Marhuenda
Qué humor de chico listo
Nada así habíase visto
Desde que Mendo mató a menda

—(*Aznar*) Por descontado que lo sabía, he estado trabajando en ello. Su golpe de efecto resulta convincente. (*La mirada furibunda le desmiente*).

Aznar apaga la luz y en su rincón Fraga sumerge la cabeza en la tinaja.

—Este vídeo reforzará las certidumbres. Está cargado de verdad y de justicia. Os impresionará mi hallazgo acústico apabullante, la vox en off.

—(*Voz en off*) "La izquierda resentida ofende la bandera, pisotea las togas, humilla los uniformes, encarcela a los mecenas de la banca y la empresa, y decapita los toros de Osborne."

Tras el vídeo los presentes aclaman al líder salvapatria, que recapitula.

—Las fuerzas del bien contamos más que nunca con periodistas que solo buscan la luz de la verdad, prestos a todo sacrificio personal por defender la causa, aunque para la calaña sean un "sindicato del crimen". Solo COPE y Onda Cero retratan cabalmente la podredumbre generalizada y nuestro estado de necesidad, de ira santa.

Coro

Por tu bien
La COPE escupe
No hay escape
Amén

Escena 69

INGENIERÍA FINANCIERA

Narrador

La polilla y el orín han invadido el PSOE desde el BOE a la Guardia Civil. El afán de medrar y hacer dinero se extiende como la hiedra oxidada.

***

Escena en la barra de un bar de copas, Un chorbo canijo de chaqueta limón se explica ante una morena de ojos apenados. Las manos desafiantes y la voz queda de él intrigan a un cliente cercano que oculta un micrófono direccional.

—(*Chorbo*) Yo no robo, nena, hago ingeniería financiera.
—¿Me lo juras, Johnatan?
—Estos mendas del PSOE cursan altos estudios mercantiles en apropiación sutil indebida y semifalsedad eficiente al alcance de descuideros con un 9'3 de nota de corte. Ingeniería, muñeca.
—Intenta estar con los mejores.

—Los del Bajo Fondo Monetario de la solidaridad internacional son inaccesibles. Pero en el fondo de los trasfondos estos tíos cambiarían ser los más ricos del planeta por un enderezamiento peneano a tiempo real, como Clinton con la becaria.

—Qué bien hablas (*refrenda ella bajando la voz*). Pero cuando copiaste las tarjetas de crédito…

—Yo no copio, nena. Intertextualizo y clono. Acércate. (*Mascullando*) Anoche salí con un amigo del partido, transportista de restos de pisos y locales de oficinas. Por mi educación yo me privaba de apetecer los bienes terrenales ajenos, como el volverme ludópata. Pues bien, él me calmó la conciencia. Resulta que el Estado promueve un pasatiempo quinielístico de loterías y apuestas, la Previsión del IPC, así que me hizo tomar una tragaperras. El tacto grasiento y deslizante de la máquina molaba. ¿No diferencian los esquiadores nieve polvo de nieve dura? Ambos dimos rienda suelta a una nueva afición: el juego bien entendido. Cuando las tres peras se alinearon por cuarta vez, decidí inventar una lotería erotizada mejor que en Tele 5. Tendrá tanto gancho que hasta el buen ladrón, el vendido de la Benemérita Luis Roldán, usará el "¡vendido, aquí!" de mis décimos para darse a conocer y captar comisiones. Mucho mejor que el cuponcillo de los ciegos.

—(*El tipo embozado esposándole*) Andando a comisaría.

—¿De qué se me acusa?

—De competencia desleal y plagio.

—¡Te amo, Johnatan!

Escena 70

EL MONSTRUO DE DOS CABEZAS

Narrador

En un saloncito de Moncloa Felipe dialoga con su mujer, Carmen Romero, que de vez en cuando tañe a la guitarra arpegios lastimeros.

—Cariño, constato que las calumnias de una campaña encarnizada y los tres millones de parados ensombrecen el firmamento (*acorde de ella*). Por consiguiente también me afecta que las centrales obreras, instigadoras de la huelga general por temas de poca monta, estén dispuestas a montar la segunda por cosas aún menores. (*Acorde*).

—Tú mismo zozobras, Felipe.

—(*Graciosillo*) De cuanto he dicho no zobra ná. Un español puede comer una ración, un plato combinado, un menú del día o de la carta, pero la presentación y el precio parecen variar como las mareas de Saturno y ser tan difíciles de explicar como las caras de Belmez. Y no obstante se pagan cada día. Es más. científicos canadienses alertan de especies en peligro de extinción: tigres, leones, osos polares y españoles que entiendan el recibo de la luz. ¡Y los pagan! ¿Por qué no van a votar nuestra contradicción funcional transformadora responsable? (*Acorde místico*).

Narrador

Y de pronto... ¡Mayoría absoluta del PSOE! Moraleja: los socialistas ganan elecciones, crédito, moral, mociones de censura, consultas y cuanto se les pone por delante. El atractivo huracanado del líder devasta corazones y Moncloa se colma por primera vez de pomos de flores.

—Mira esta dedicatoria, Carmen: "Gracias por existir, Felipe".

—Evidentemente no saben lo que tengo en casa, la mitad de un monstruo. Has conseguido mutar el PSOE en un pintoresco ser de dos cabezas que se miran con ojos extraños; un único estómago y un morro para tragar lo indecible, cuando las dos cabezas desayunáis juntas dos veces por semana.

—*(Calándose unas orejeras)* Dicen que el partido está agusanado de ladrones y mercaderes ventajistas. Yo no lo sé, solo sé que no sé nada que no deba saber, pero la cuestión radica en que tenemos enfrente un verdadero golpe de estado civil. Una vasta conspiración quiere cazarme al precio que sea.

—A propósito de cazar, por no comprar los *Mirage 2000* a Francia habéis traído de EE.UU una remesa de cazas *F-18* desfasados.

—Comparación improcedente. El complot quiere descabalgarnos a costa de las instituciones. He hecho una lista de implicados

—Dámela. *(La lee)* "Un banquero tramposo, un judas ex jefe de servicios secretos, jueces amargaos, fiscales sectarios y policías franquistas que extorsionan al Gobierno. Los sustentan una división radiofónica de predicadores catastróficos de mentalidad totalitaria y un coro gospel de tertulianos que acata o ataca las decisiones judiciales según le va en su brega partidista". Bueno, nada nuevo que no os hayáis ganao una miaja.

—¿Afirmas, como tantos, que merecemos una punición por el GAL? No seré yo, que solo me entero de las cosas por la prensa. Pero convendrás en que los que lincharon a Barrionuevo son buitres. Violadores de secretos de Estado. En los países normales lo discreto es fundamento y un secreto oficial consiste en lo que el poder encierra celosamente por alguna Razón de Peso. ¿Y aquí? En el lavadero público español un secreto es un conocimiento exclusivo en el que están iniciados gobernantes, funcionarios, escritores, jueces, topos, fiscales, locutores, espías, agentes dobles, soplones, gángsters, intermediarios, ¡sacerdotes!, vendedores al mejor postor y algunos transeúntes. Todos ellos – ¿hace falta decirlo? - deudores de Aznar, autoproclamado cabeza del santo complot y azuzado a presidente por empresas a sus órdenes.

—¿Así pues les contamos nuestros secretos? ¿O vedamos el acceso a los secretos de Aznar y sus amigos? ¿Retiras lo dicho? (*acorde rimbombante*).

—(*Sale por el foro ajustándose unos auriculares encima de las orejeras*) Comparación improcedente.

Romero canta a la guitarra. Ritmo de rumba.

Sufre, mamón
La codicia de tus chicos
Pero de Aznar te vengarás
con la herencia que reciba

Escena 71

HEMOS GANADO, EMPIEZA LA DERROTA

Narrador

Los socialistas acogen el inaudito triunfo de 1993 con netos signos de modestia y enmienda. Felipe se confiesa ante su núcleo duro.

—He entendido el mensaje del cambio del cambio. Que devuelvan a primera al Sevilla CF, aunque lo hayan bajado por errores contables. El que cuenta soy yo.

—(*Alfonso Guerra, ufano*) Te lo dije: no era más que un vendaval antidemocrático, tigres de papel.

—(*Juan Guerra*). Repito por quinta vez: ¿puedo seguir con lo mío o qué? La NBA nos pasa estadísticas de asistencias por la cara. Yo soy asistente. Cojo, *ergo sum*. Pienso, luego asisto. ¿Pillo o no pillo?

—(*Felipe*) Alerta, Juan, que demasiado personal pasa de la ética de las comisiones a la ética de las irresponsabilidades. Has de asimilar el mensaje. Antes de las asistencias copiarás diez veces las catorce estaciones de nuestro viacrucis: Roldán, Rubio, Banesto, la choriza del BOE, Urralburu, Intxaurrondo, Marey, fondos reservados, Filesa, Expo, Flick, CESID, KIO y tú. El pleno al quince, los terrenos de RENFE, lo copiarás en redondilla.

***

Narrador

La victoria electoral dura poco. La desidia y picaresca endémicas revientan en todos los frentes socialistas. ¿Un régimen que no sabe vigilar a sus empleados cómo va a estar al tanto de un soplete y de un soplagaitas? Así se les quema el Liceo y se les fuga el facineroso que mandaba la Guardia Civil. El ministro del Interior, Antoni Asunción, sucesor del despellejado Barrionuevo, promete la captura.

—Tranquilidad, no es más que un vodevil a destiempo. Un mal sueño. Tengo al huido Roldán controlado en alguna parte. Le encontraré hasta en el centro de la tierra, pero que conste: ya ni me quedan soplones para saber qué hacen los enemigos.

Narrador

Sin embargo, la cachaza se ha hecho incurable y el fugado se le escurre de entre las manos. El ministro que no apresa a Roldán tampoco atina a hallarse responsable. Le suple un jurista que puede pasar por centurión de Roma: apolíneo, pétreo y ambicioso, Juan Alberto Belloch.

—(*El entrante*) Tengo la solución. Si los delincuentes se han fundido el botín, yo refundiré los ministerios de Justicia e Interior. Perseguiré a Roldán con abogados del Estado. Trabaré amistad con Pedrojota, el autor de las insinuaciones más chocantes contra González. Un fanfa vulnerable: fue defensor del GAL y es protector de los robocops franquistas que chulean al Gobierno, Amedo y Domínguez.

Narrador

En el despacho del director de 'El Mundo', Belloch abre un doble juego sibilino haciendo la rosca a Ramírez.

—Yo estaba arrobado con los sociatas, pero ahora…

—Los que han robado son ellos, ministro, ja, ja. Hasta roban la responsabilidad. Solchaga no dimitió por el *caso Rubio* cuando dirigía Economía y lo hace cuando solo es portavoz parlamentario. Se aferran a la responsabilidad política para evitar la otra. Solo les faltaba Galindo cascando de lo lindo, ja, ja. ¿Creías que el cuartel de Intxaurrondo era *La casa de la pradera*? Estáis en guerra civil, las momias y los renovadores. Guerra de *chef* envenenador de Felipe y Corcuera dando patadas a todo el que lleve gafas por intelectual y cabezazos a la pared por haber confiado en Roldán. ¡Un día las dos facciones acordaréis una moción de desconfianza y reprobación contra el PSOE, ja, ja!

—¿No es eso caer en el estereotipo?

—¿Denunciar que en una ciénaga repulsiva, la Moncloaca de los pactos vergonzantes, operan fontaneros sucios y el Estado desagua sus guerras? ¿La charca fétida denunciada por Anguita con un fondo de reptiles mutantes? ¡Hay que cortar de raíz el felipismo!

Coro

Cortar la cizaña
Con saña
Por España

Escena 72

LA CALLE DICTA SENTENCIA

Barrio madrileño de Argüelles. Un encuestador acomete a los peatones.

—¿Qué opina de Felipe González, caballero?

—Un superhombre creado a la perfecta imagen y semejanza de Dios. Y por tanto, de poco fiar.

—¿Usted, señora?

—Tiene un estilo James Bond; pero de agente del mal: ni vive ni deja vivir.

Su acompañante le arrebata el micrófono.

—Qué cínica y borde te pones, Puri; Felipe ha perdido su libertad para que los demás la tengamos.

—Para cínica tú, Palmira: como Felipe ha perdido su libertad por nosotros, no se entera de la corrupción y serán sus amigos quienes acabarán perdiendo la suya. Al trullo.

—¿Qué me dice, caballero?

—Este señor se ha desprendido de tanto lastre socialista, republicano, pacifista, obrero, marxista, agnóstico, andalucista

363

y tercermundista que al final saldrá en globo. Al tiempo, soy piloto de Iberia.

—¿Y usted, señorita?

—¿Felipe? Un gachó transparente que llegó a hacer por el país democrático lo nunca visto, pero que ya es invisible a los asuntos turbios y solo toma cuerpo para llamar descerebrados a los jueces.

—¿Más pareceres por aquí?

—No se puede negar que era mi fantasía político-sensual desbordante del 82, yo es que soy muy poética, ¿vale?, con un paquete de diez millones de votos, un habano en los labios carnosos, que también soy muy carnal, ¿vale?, y una pana que rompía moldes. Pero acaba como horrenda alucinación del último emperador de los bonsais. ¿Qué le parece?

—La señora de ahí detrás...

—Mucha poesía derrotista hay por ahí. Las ratas son las primeras en saltar de cubierta. Felipe es un político que reúne todas las excelencias y hace innecesaria la alternancia con mierdecillas. ¡Qué bien ha lucido apadrinando a Gorby en Madrid!

El encuestador aborda a un paseante de perros.

—De Felipe solo un detalle. Se enamoró de un yanqui que podía apretar el botón nuclear cuando no merecía ni llevar la correa de su chucho.

—¿Esos pins? ¿Ustedes dos son del PSOE?

—Militantes viejos, ¿eh? Antes luchadores y hoy una institución escalafonaria. Felipe era carismático contra tigres de papel. Luego se contentó hablando de gatos y su faldero ya no se mea en las puertas de los bancos, no maúlla ante los abusos y ha perdido mucho pelo. Hasta sus telediarios le están tocando en sus partes blandas.

—Ahí le duele, Venancio. Él y sus amigos son la ortodoxia, la socialbucrocracia. Menos disciplina y más autodisciplina del convencimiento.

—¿Amedo y Domínguez?

—Dos ratitas de cloaca que pueden cantar *La Traviata* sin entreactos si les prometen un indulto entre dos trozos de queso.

—¿Cómo juzga la ejecutoria de José Barrionuevo?

—Sin ser vegetal, cumple una función ecológica. Es el palanganero a quien sus *capos* hacen pagar por los demás tragándose el cloro de la charca. Lo sé porque estudio Ciencias Biológicas.

—¿Y usted?

—Yo soy profesor de Semiótica. En versión siniestra Barrionuevo supera al gendarme de Saint Tropez y la Pantera Rosa. Es Pepe Gotera, Otilio, Mortadelo, Filemón, el caco Bonifacio y Ramoncín en un solo personaje. Se hizo socialista de puro no saber qué hacerse. Va a la chapuza por la chapuza. ¿Quiere un ejemplo? En vez de negar que conocía la trama terrorista acusa de delatores a los que afirman lo contrario. ¿Le parece poco?

—¿Descalifica a la cúpula de Interior?

—A esos los eligen por sus poderes persuasivos, deductivos y de control financiero e inmobiliario.

El encuestador infiltra un micrófono en una tasca. La parroquia está absorta siguiendo un noticiario.

—¡Toma, otro zurdazo de Garzón a Barrionuevo por toda la escuadra!

—¡Vaya túnel de García-Castellón a Pinochet!

—¡Y qué regate de Dolores Márquez de Prado a su marcador, Aranda: lo ha dejado clavado!

—¿Qué están viendo con tanta afición?

—(*Parroquiano 1*) Un resumen de las mejores jugadas de los ases de la liga de las estrellas, magistrados y fiscales. Los que hacen su juego y dan espectáculo de verdad.

—(*Parroquiano 2*) Confirmo lo de mi compañero. La auténtica liga de las estrellas es la Audiencia Nacional por la calidad de sus invitados: Barrionuevo, el general Pinochet, el general Galindo y sus montajes espectaculares con fiscales rebeldes. ¡Mejor que *Espartaco* y *Testigo de cargo*!

Escena 73

¡APELES PARA TODOS!
(y algo más)

Narrador

Los valedores de José Mª Aznar no esconden que en sus años de articulista fue glosador de José Antonio Primo de Rivera, Pero el seudónimo 'Blas', matizan, ya era despolarizado. El justo medio entre Blas Piñar y Blas de Otero. Aznar, juran, ha modulado su discurso. Cada noche lo practica antes de acostarse, mientras su cónyuge se ensimisma en el tocador.

—(*En pijama ante un póster de González)*) Quiero que mis lugartenientes puedan arrancarle el corazón, cortarle la cabeza y clavarla sobre estacas. No, debo modularme: la cabeza en hielo líquido.

Suena el teléfono. Oímos la voz al otro lado.

—(*Arenas*) Deberías prestar atención al padre Apeles Santaolaria de Puey para nuestra causa. Tiene sexapeles.
—¿Al curita bochornoso de piel lustrosa, sotana cara y lengua viperina? ¿Al que Barrionuevo investigó por presentar bajo mano

a TVE un proyecto de sorteo de la Iglesia para autofinanciarse, retransmitido en *prime time*, llamado Telecopón? ¿El de las cristomonedas? No me hagas reír, y menos a esta hora.

—Lo que tú quieras, pero le acabo de escuchar que las muertes de la Santa Inquisición se daban por bien empleadas y no prejuzgaban su eticidad, ya que la efusión de sangre a veces se requiere para cosas buenas, caso de las transfusiones en hospitales.

—Ah, interesante. Apeles para todos...

Entrando en el lecho, Ana Botella afea a su esposo la omnipresencia del cura televisivo.

—(*Aznar*) No tenía yo bastante con Harpo para que salgas tú.

—No la llames Harpo.

—¿No ves el peinado, los pañuelos, los trajes? Ana Palacio es el mudo de los Hermanos Marx. ¡Pero ya quisiera yo que Harpo fuese mudita! Y tú también, ahora. No toda la Iglesia es Apeles.

—(*Vertical*) Ni todo bigote es Groucho.

—Eres más pesada que cargar el lavavajillas, reponer el papel higiénico y sacar la basura. A propósito: estoy trabajando en ello. Lo haré en la próxima legislatura.

—De sacar la basura se trata, Jose. De la Iglesia oficial. De sus privilegios fiscales, de las propiedades extraterritoriales. Vive pendiente del cepillo y de especular en bolsa. ¿Te rodean buenos católicos?

—Zapatera a tus zapatos. La Iglesia está donde debe. En España se es católico o no se es nada. Catolicidad y unidad la hicieron grande. El sentido católico continua alumbrando toda la vida española, es garantía contra la arbitrariedad. No me salgas de papisa obrera. ¿Qué ocurrió cuando el Vaticano quiso pactar con Marx y las logias? Mataron a Aldo Moro. Tenlo presente. Silvio y yo lo comentamos a menudo.

—A veces pienso que esta Iglesia tiene el cielo reservado para fascistas católicos. Se parece mucho a los viejos predicadores de la dictadura.

—Me disgusta que aludas así al régimen personal monocolor, al apoliticismo técnico, al desarrollismo burocrático. Fascistas fueron los alemanes.

—Qué humor tienes, Jose.

—Lo medito a menudo. El problema de Franco era de expresión a falta de Airtel, Moviline y Movistar. Otro Caudillo habría sido de navegar en el *Azor* por Internet, ver programas de sexo, cantar en *karaoke*, bailar en línea y mover tácticamente los *clicks* de Famóbil. ¿Te imaginas su empuje en una consola *playstation* para su tele, dándole al mando por cable?

—Me lo imagino montando en el *Dragón Khan*.

—A Franco le faltó visión general de un estado que le sucediera tras su personalidad irrepetible. La compenetración del jefe con su pueblo, eso es política. Somos el mismo estado en lo esencial y distinto en lo circunstancial.

—Jose, me estás asustando.

—¿Qué querías? ¿Qué en vez de transferir el poder a la Corona el Caudillo lo entregara al pueblo con la guía telefónica? La Corona, mal nos pese hoy, había de quedar atada y bien atada. Monarquía equivale a orden, seguridad y obediencia. Todo por el pueblo pero sin el pueblo, que es cosa mía. Del Caudillo nació mi amor por la blancura del Real Madrid. Le gustaba mucho el anuncio de Norit el Borreguito.

—Te vas por las ramas más que Tarzán. Recuerda que el director general de Seguridad comulgaba en Atocha cada día antes de ir a ver cómo marchaba la tortura al padre García Salve con pelos y señales.

—Esas falsedades las cuenta Martín Villa, de profesión sus despechos. Haces figuraciones arqueológicas. No es justo.

—¿Justo? La justicia lamía las botas de Franco. Por una homilía caían dos años y tres por maldecir el TOP, que condenaba por defender derechos humanos. García Salve…

—¿Has visto a García Salve?

—No te importa. Él solo gritaba: "¡Hermanos, no os sometáis a la dictadura! Todo hombre tiene derecho a clamar contra la injusticia y para un cristiano es un deber". Le cayeron doce años por mantener el fuego sagrado de la dignidad.

—Por fanático y engreído. Estás panfletaria. No tengo por qué soportar insurrecciones feminoides en la cama. Por mí, guapita, hay senadores que votan en dos escaños a la vez, y alguno con el pie. Por mí. Buenas noches, miliciana.

—Ni miliciana ni tampoco postulanta del Domund. ¡Habló el varonazo! No cambias pañales ni aguantas llantos. Ni instaurarías una baja por paternidad.

—(*Sardónico*) En el plano de los derechos guardiaciviles, cuando sea presidente crearé la Declaración de los Derechos del Hombre y Deberes de la Costilla. Vaya coñazo feminista te he soltao.

—(*Herida*) Soy más pepera que la gaviota, pero tú representas el ala clerical reaccionaria. ¡Santurrón!

—¿Ahora vas de comecuras? ¡Al sofá!

—(*Antes del portazo*) Suerte tienes de que la manzana podrida de González caerá por su peso, sin que aprietes al máximo las clavijas a la intriga.

—(*El marido, solo y enfurruñado, pelea con las sábanas*). Esto no quedará así. No sabe con quién está hablando. Llamaré a Salido.

A la mañana siguiente Aznar recibe a uno de sus cerebros de FAES. Sin mediar saludo, tan solo media sonrisa esquinada, el presidente aprieta.

—¿Mujer sin retoños?

—Bosque sin madroños.

—Mujer al fin, tierna delicia...

—Como madre llora, ama y acaricia

—¿Marie Curie, Pardo Bazán?

—Todas ellas al desván.

—¿Dios es hombre o mujer?

—El hombre está hecho a imagen de Dios, la mujer está hecha a su semejanza.

—¡Choca esos cinco, bravísimo! Esteban Penín Salido, con razón me insisten en que eres el indicado. Dirigirás la maniobra para restablecer la maltrecha posición varonil en la guerra de sexos. La igualdad de oportunidades es la esencia de la Constitución, un imperativo moral. Por decirlo de otra manera...

—O follamos todos o tiramos la puta al río, presidente.

—(*Con el índice en los labios*) Penin, Penin, esa otra manera debes guardarla para ti. No se te ocurra esparcirla. Hay que liquidar el lenguaje castrador pero sin exhibir el testicular. Quiero un masculinismo de Estado sin que se note el cuidado.

—Entendido, con un par de cojones. Recuperaré el patrimonio matriarcal, perdón, el matrimonio patriarcal, que esas marimachos toman por el coño de la Bernarda.

—El cuidado, Penín, el cuidado. Que Rajoy te dé un curso rápido de lenguaje sistemático pasteurizado. Sigamos: la suerte de la lesbiana fea...

—... La hetero bonita no desea.

—Quedan cositas por pulir, pero eres grande. No como Pimentel en el Ministerio de Trabajo y Asuntos Sociales. Fue el primero de los nuestros en oponerse a que las mujeres cobraran menos que los hombres, cuando ellas producen menos. Última pregunta. ¿Cuál es la mejor forma de actuar contra la violencia sexista?

—Que las tías se paguen clases de jiu-jitsu, una fuente vital.

—Genial, la semana entrante me haces llegar un esbozo de programa. (*Despidiéndole*) ¿Te cuento un chiste guarrillo? Mis asesores me insisten en practicarlos por mi déficit de carisma y empatía. Ahí va: había una empleada en relaciones públicas tan, tan, tan imbuida de la oralidad de su oficio que ya es felaciones púbicas, je, je. Cuéntame tú uno.

—¿Por qué las bizcas en la playa son multiuso? Porque te vigilan la toalla mientras te hacen...

—(*Al corte*) La manicura, Salido, la manicura. Recuerda la primera regla: que surta el efecto sin que se note el cuidado. Has de tener la regla, je, je...

Escena 74

¡AZNAR, PRESIDENTE!

Narrador

(Himno del PP) En el año de gloria de 1996 las urnas hacen justicia. Presidente, José Mª Aznar López. ¿Un mequetrefe curtido en marrullerías? No. El pueblo intuye a un estadista de cuerpo entero. Un titán en miniatura. Todo un carácter superdotado para las relaciones exteriores.

***

Familia Aznar en Moncloa. Fondo musical de ranchera. El presidente, arrellanado, los pies encima de una mesa baja, departe con Álvarez-Cascos.

—No veas el éxito inenarrable de la cumbre de México en mi primer año triunfal. ¡Cómo me jaleaba una legión bien pagada de josemariachis! Nada más llegar puse pie firme en la mesa de Blair, un socialistillo inglés más listillo que social. Un medianejo que busca notoriedad adorándome a mí, su precursor español centrado y tan bien despatarrado. Mi noble calidez también granjeó la estima de Fujimori. El peruano me llamaba "Sushimari".

—¿Qué visión tienen de España?

—Pues la lógica, que la coba populista y la demagogia inane han dejado paso a la lealtad, la honestidad y el esfuerzo.

—¿Y de mí?

—De ti, Cascorrabius, te lo digo yo. Eres toscopoderoso. Un hombre entero de hiel y vinagre. Tu estancia en Fomento fomentará los higadillos y casquería. Por cierto, después del fútbol deberíamos declarar de interés general el Aparato.

—Tú mandas, presidente. ¿Pasquines, habladurías, agarrones en el aparato sexual?

—Ahh, qué seguro me siento junto a mi escudo humano, aunque para quienes les caes cuadrado seas solo escudo. Nada mejor para reintegrar el juego limpio a la política y la dignidad a las instituciones que nombrar a un amigo competente al frente de Telefónica, porque le sale a uno del Aparato y por algo uno es el presidente. Que venga Miguel Ángel Rodríguez, un músculo recio para tiempos duros. Y que entre Garzón.

—¿Cómo está mi juez de guardia siempre en guardia?

—(*Genuflexión leve*) Como puede estar uno que perdió la honra con el PSOE y ha vuelto al buen camino de juez vengador. Lo único que me mueve, aparte de tu magnanimidad, presidente, es que se me considere un espíritu creado por Dios para salvar a los imperfectos mortales. Pedrojota también se ha considerado mensajero de la Divinidad a semejanza humana, pero en horas confusas.

—Baltasar, me preocupa el tema más traído y llevado. La DSH[10]. El Gobierno corrompido nos ha encasquetado pufos e hipotecas económicas enormes.

---

10 En la jerga política, la difícil situación heredada.

—Sin problema; soy un hacha del bricolaje. En mi tiempo de odio recoloco alfombras y esqueletos para armarios. Ahí entra mi talla. Y la tuya, por supuesto.

—Apunta a los de Grupo Zeta: que se rindan o se atengan a las consecuencias. El *sheriff* Garzón les abrirá unas diligencias y unos *winchester*.

—Gracias por renovar el crédito en mí.

—Te lo has ganado. Por cierto, ¿quieres entrar en Aweb Maria Puríssima? Una sociedad digital de lavatorio y purificación de ahorros participada por Terre Promise-Pecanova. Depende de la…

—De la Trustferencia Episcopal, la filial de Papakom System Connecting Fideles. Tu gente me ha dicho que lo preguntarías.

—Mis guardianes más cercanos ya son buenaccionistas. Créeme, sería pecado no invertir.

—Siendo así…

El juez se despide con inclinación versallesca.

—(*Aznar, retórico*) Cascorrabius, doy comienzo a la conquista del espacio. ¿Qué órgano sigue al Gobierno en importancia? El ente unipersonal José Barea, director de la Oficina Presupuestaria. (*Con retintín*) Lo que en familia llamáis "*Apocalypse Now*". Su misión será situar en el firmamento informativo los globos sonda o ingenios elevadores de la sana inquietud popular. Haremos prodigios político-aerostáticos.

—(*Al teléfono*) ¿Barea? ¿Cómo estás, *globetrotter*? Junto al lote de serpientes de verano, otoño y entretiempo lanza este globo: "Para mantener las pensiones serán necesarios ajustes dolorosos. Las prestaciones sociales son una pérdida de potencial productivo". Hala, a recortar.

—Presidente, me pillas en Cenicero.

—Pues recorta: este pueblo se queda en cero. Desde la ética liberal es inexcusable una apelación titánica a buscarse la vida en el océano del mercado, sin distraernos en detalles de botes salvavidas. Entre nos: yo fundaría la religión de la Cienciología Teoliberal basada en un pilar: el crecimiento cero. ¿Un absurdo aritmético? ¡Una verdad metafísica del ingenio patrio! Pero entonces no podría ir a misa del gallo. Y si yo no voy, no hay gallo.

—A mandar. ¿Algún otro ingenio?

—Si no nos apretamos el cinturón, dicho sea sin catastrofismos, los pensionistas cotizarán por anticipado el 50% de la prestación a fin de obtener la nueva Renta Social Redimensionada. Lanzarás que los hospitales deficitarios se reconvertirán en cines-bolera, disco-bares de tapas y copas, y pista de *roller-skate*.

—Pero ¿los cirróticos y los parapléjicos?

—(*Meditando con masaje a la mandíbula*) Los cirróticos quedarán dispensados de servir en el bar y los parapléjicos no trabajarán en patines. Por ahora.

Escena 75

LA JETA SOCIETY

Narrador

Con el aznarismo florecen las artes y las letras desinhibidas, así como el esfuerzo individual. Las recepciones, estrictamente necesarias y austeras, rebosan de novedoso pálpito intelectual. No en balde es ministra cultural Esperanza Aguirre. Está de palique en un cóctel con una joven amiga, diputada por Madrid.

—Espe, eres una lectora infatigable del género negro. Manuales técnicos de espionaje, facturas fantasma…

—No solo eso, Cifu. Ando inmersa en guías turísticas, carátulas de vídeo, calendarios, postales y folletos de complementos alimenticios. Ahora estoy devorando Azaña, la última moda. La *crême*.

—¡Ay, lazaña, también me va pasta italiana! Y si me pillas en el súper, verás cómo disfruto con las obras completas de la propaganda a domicilio. Tú pillas, yo pillo, él pilla. La pasta y la crema.

Narrador

Las celebridades de las ciencias y humanidades de los nuevos tiempos contrastan con la insustancial etapa anterior. Nimias excepciones confirman la regla. José Mª García va de un lado a otro para sonsacar confesiones. Está aplicando el tercer grado a un futbolista recién nacionalizado.

—¿Que si tengo abuelo español? Creo que uno nació en Celta.

—(*García*) ¿Cómo estamos de adrenalina, Camacho?

—No conozco a esta señorita, yo estoy centrado en España.

—(*Jesús Gil*) Serás un seleccionador ideal, aun viniendo de la acera de enfrente. (*Socarrón*) Mira tú, yo aun sin ser entrenador tengo graves problemas de banquillo. Para mi Atlético ficharía a Clon, Brent, Loft y Mibor. Lopera no se detiene ante nada; persigue a Nasdaq, un checo.

—(*Embajador francés*) *Monsieur* Gil, díganos: ¿cómo compagina la alcaldía de Marbella y la presidencia del Atlético?

—(*Imperioso*) El Atlético Marbella es un próspero ayuntamiento que juega la Liga de Municipios. Vualá: Gil y Gil es el moderno concepto jurídico yoyó a través del cual Gil, presidente de Marbella, hace negocios con Gil, alcalde del Atlético. Yo y yo, muamuá.

—*Vous êtes manguifique!*

—(*Sin captar el sentido*) Pues van diciendo que soy un tal y tal.

—¿Un talibán, *cher ami?*

—A este tal Iván lo estamos ojeando.

—(*Chungón*) ¿Qué nos dice del plutonio? ¡Qué *dangereux!*

—¿Plutonio, el extremo peligroso del Pescara? Lo traeré, pero los politiquillos me atornillan las cuentas. Me hacen comulgar con carretas de molino. (*Yéndose*). Estoy entre la espalda y la pared.

—(*García al oído del embajador*). De tan bruto es lo más parejo a un animal de compañía. Si algún día le hicieran una estatua ecuestre, propondría que la inaugurara un caballo.

Narrador

Aznar se multiplica entre los asistentes sin otra ambición que restaurar la cordialidad. ¡Qué lustre de fiesta! Solo tiene ojos para el perfeccionamiento moral y cultural.

—Querida Norma: te ocuparás de normalizar el pensamiento. Desde Gracita Morales no hay una actriz del régimen.
—Lo que mande el señorito.

Cuando el líder se aleja, Norma Duval accede a un foro femenino.

—Cuéntanos chismes divertidos, Karmele.
—A Tamara Seisdedos, aquí presente, le fallan las cuerdas fecales.
—De eso nada, mona. Tengo una voz muy cantante.
—Cotilleo bomba: la Campos y Di Caprio duermen en camas separadas (*Risas*). ¿Y tú, Sara?
—Servidora va servida. Con Oriol y Urquijo, Gabriel y Galán y Ramón y Cajal tenía tres *ménages á trois* consecutivos a mi disposición. A día de hoy nadie como mi Pepe. Si hasta lo dice el polaco: ¡Totus Tous!
—(*Norma*) Te crees graciosa y seductora por encima del bien y del mal, cuando estás entre las peor vestidas y las peor desnudas.
—Arpía.
—Yo no toco el arpa. Tú te arrastrabas con Felipe y Guerra a todos los conciertos de Mahler.

—Aznar no tiene medio polvo.

—El polvo lo dejaron los tuyos de ahora bajo las alfombras. Aquí desentonas.

—(*Enrique Iglesias*) ¡No peleéis; es lo que buscan los *paparazzi*! No sé cómo decirles que son supermentira los roces entre las dos facciones incompatibles de hijos de mi superpadre. Estoy hasta los superhuevos del papel cuché.

—También yo, que nunca hice un montaje de mis sentimientos. De tenerlos, lo habría declarado en exclusiva. *Vulé vú cuché avec mi?*

—Supercállate Marujita. No ha venido Tita, ¿verdad Karmele?

—El arte la absorbe. El arte de quitarse de encima al barón, reñir con los hijastros y quemar los libros de Santoni. A propósito, Manolo Santani tiene otro idilio. Desde que le prestó la dentadura a Vargas Llosa no para.

—¡Anita Obregón! ¿Qué cuentas?

—Hola, Loyola. El lunes, cuando me invitaron a un ciclo de ese director tan súper, Frank...

—¿Súper? ¿Frank Caprabo?

—Eso. El lunes pensaba...

—¿Pensabas si Cathering Deneuve se nutría de comida industrial?

—(*Karmele echa cizaña*) Loyola se ríe de ti, Ana, La llaman *Virgo Prepotens* por petulante.

—(*Anita*) ¡Loyola, a mí también me mola Petula Clark!

—(*Loyola guiña el ojo*) Y aquí viene una que alucina con su nuevo chalé.

—(*Sofía Mazagatos*) Tiene una vista genial: se ve desde el cementerio del pueblo, pero el cementerio no se ve desde mi casa.

—(*Karmele*) Ayer salió Terelu en un programa de numismática. Es más santa que Terelu de Calcuta, porque la Campos puede aparecerse cualquier día a cualquier hora en cualquier canal.

—(*García asediando a Aznar*) En Barcelona la convergencia de Pujol dispara resoluciones a la meta de la autodeterminación, para replegarse sumisa y corriendo al medio centro del país. ¡Y quienes deberían penalizar son pasivos arbitruchos!

—No negaré que Jordi es todo un as del fuera de juego posicional. Yo hubiese preferido a Tarradellas.

***

Forillo de nubes. Escena celestial. Tarradellas, trajeado, dialoga con el celador del paraíso.

—Mire, San Pedro, usted tendrá la llave, pero yo siempre he sido un hombre de dos estados. ¡Que acuda a mi presencia el fiel Giscard! (*Nadie comparece pero Tarradellas, quijotesco, declama para nadie*).

—*Prenez note, mesié Valery: je reviandré en Catalogne pour la sauver, mais d'abord je vais faire la rosque a Madrid. (Al proscenio) ¡Catalans! Dans les actuelles circomstances, je ne me retirerai pas. J'ai dissou l'Assamblée Nationale. J'ai proposé au pays un referendum. Je sus ici! Cést l'heure, Segadors! Esmolez bien les eines: gentilles alohuettes, rouges et convergentes. Je vous ploumerai la tête! Collons enfants de la Patrie, le jour de moi cést arrivé!*

Coro

Quel humeur, François
Quel humeur

Escena 76

BOMBA Y PÁDEL

Narrador

España no es una fiesta. El conflicto territorial rebrota, liado y enconado. El nudo vasco ya empieza en el nombre. Aznar se devana los sesos.

—Para Franco fueron las Vascongadas, para Suárez el País Vasco, para los socialistas Euskadi y para muchos indígenas Euskal Herria. Daré normas de estilo a los meteorólogos: "Vientos racheados en el Tercio Norte península. Así son los vientos y así se los hemos contado".

Narrador

Los patriotas del Tercio Norte comienzan a gozar de favores mil para que aflojen las tensiones con Madrid. Aznar, sin embargo, confiesa desazones a la ministra Aguirre. También rinde cuenta puntual a su inspirador Pedrojota. La inteligencia fluye.

—Presidente, por el norte ándate con mucho tiento. Los esqueletos son los que están vivos.

—Sí, allí todo es raro. Confié a Arzalluz mi mando a distancia por si Ibarretxe se ponía a hablar y hoy me pide la cabeza de Clemente. Espe, que Camacho salga a calentar. Destituye al seleccionador y demos a Pujol lo pactado: los negociadores de la comisión territorial llevarán una carpeta rotulada "Cataluña" para que pueda llamarnos carpetavetónicos.

—(*Pedrojota*) Jose Mari, dile a este cabo segunda reenganchado del PSOE que has metido en Defensa, Eduardo Serra, que suprima el servicio militar obligatorio, ya.

—(*Cariñoso*) ¿Qué te has creído, Rasputín?

—¿Y tú? ¿Que la juventud te votará poniéndole a José Luis Fradejas? Cárgate la puta mili y a Eduardo Serra, que te camufla los papeles del CESID.

—(*Volviendo grupas*) Licenciaré al ministro y la leva forzosa. Gracias, gurú. Haré una España alegre y faldicorta, como pedía José Antonio. No me mires así. El buen jerez no se hace solamente con uvas del año pasado.

Narrador

Pero una tarde cualquiera sobreviene la tragedia. Una bomba de ETA explosiona al paso del auto presidencial. El blindaje frustra una matanza y aun así hay 30 heridos. En el hospital Aznar vuelve en sí y la primera pregunta, para Ana Botella, deja patente su absoluta recuperación.

—¿Vino a verme el decepcionante Felipe González?
—No.
—*Quod erat demostrandum*, todavía está dormido en la sábana santa donde sesteó durante años. Váyase, señor González, váyase.

Narrador

Solo levantarse del lecho, el héroe castellano se pone a jugar a pádel. Aznar reparte su bien ganado asueto entre eventos procesionales y tradicionales. Ha instituido el Pádel Trophy, un torneo por parejas en su residencia de Oropesamás, antes Oropesa.

***

La acción se enmarca en un campo de pádel.

—(*Aznar*) ¿Contra quién jugamos? Aquí mi partener, el ex jefe local de las JONS.

—Yo soy capellán castrense de caballería en Bétera. Mi pareja es un teniente de Tráfico.

Narrador

Aznar prodiga su proverbial fair play.

—¡Esa bola ha ido fuera!

—Si usted me lo permite y con toda la adhesión, ha botado dentro, presidente.

—¡Yo juro por España que ha ido fuera. ¿Y tú?

—Lo habré visto mal, presidente. Ha botado fuera.

Escena 77

LA CONQUISTA DEL ESPACIO

Narrador

El despegue de la ciencia digital es el primer gran éxito. Rumores y globos sonda ya circulan a celeridad pasmosa. Los bulos sobre inmigración son los más veloces. Pero el espacio aéreo presagia colapso. Todos lo pretenden, comenzando por un gobierno de altos vuelos. El ansia de tomar las alturas dirige la política. El presidente trasluce vocación aeroespacial

—*(Aznar, vestido de astronauta y Mariano Rajoy, el ministro más maduro, toquetean la maqueta de algo parecido a un Sputnik.*

—Mariano, ¿cómo era el satélite de Franco?
—Un chirimbolo rojigualdo con los caracteres *Mariner Santísima* en el fuselaje. En el interior se contabilizaron: (*lee*) rosarios del Padre Peyton. Una historieta de la familia Ulises de *TBO*. Una muñeca Mariquita Pérez. Foto autografiada de "Gento, la galerna del Cantábrico". Eso era clarividencia, presidente.
—Y que lo digas. Sigue.
—Un rollo en celuloide de *Recluta con niño*. Cupones Ahorro del Hogar para el Ama de Casa. Libro *Vela y Ancla* de Formación del Espíritu Nacional. Un "adelanto" o "tapa

del delco de *Seat 600*". Una caset de la zarzuela *Marina* y una lata de "pochas con chorizo". Inscripción en papel higiénico: "Místers marcianos u otros pobladores del sistema solar: inauguro el satélite a turbina muy navegador merced a nuestro potencial en embalses, para dar fe de la razón histórica evangelizadora que asiste a España, reserva hidroeléctrica espiritual de Occidente y unidad de destino en lo universal. En lo primero se adjunta televisor de General Eléctrica Española, artífice de la presa de Alcántara (ver foto) En lo segundo se adjunta grabación radiofónica que lo atestigua de *Las aventuras de Diego Valor*. Dado en Sanlúcar de Barrameda, a 12 de octubre de 1973, Francisco Franco Bahamonde. Caudillo de *Espain* por la *"grace of God"*.

—(*Aznar engolando*) El presidente electo de EE.UU me informa de que ha enviado a Neptuno...

—Neptuno es del Atlético.

—Esta psicopatología deportiva te matará, Mariano. Ha enviado al cosmos un mensaje - *"my taylor is rich, because is not arab and comunist"*- y sonidos naturales de la Tierra: el canto del somormujo durante un ataque de blindados israelíes, oleaje rompiéndose en un acantilado y el acantilado rompiéndose en la cara de iraquíes con armas de destrucción masiva. ¡Lúcido este George que desea conocerme! Esta noche aderezarás una nave anunciadora a las galaxias de que en España vuelve a amanecer. *Carabella* portará un mensaje amistoso, "Dear Ovnis", y sonidos patrios: María Ostiz, cañonazos de Puskas, letanías de Chiquito y Luis Aragonés, una copia coloreada de *Raza*, un neotelediario de esa chica, Leticia, un *show* de José Luis Moreno, una mantilla comentada por Cayetana de Alba y un padelnuestro por la abadía de Silos.

—Puedo añadir una bronca de la familia Pajares.

—¿Informas o distraes a los señores ovnis?

—¿Una tragicomedia de la Audiencia Nacional? Son un éxito clamoroso en todas las cadenas con Perote, Liaño, Gil, Conde, Rubio…

—El éxito soy yo. Mejor un relieve de mis abdominales. (*Los palpa*) El cielo está poco enladrillado, ¿quién lo enladrillará? Mis mágicas burbujas inmobiliarias. La pelota al pasto, dijo Di Stéfano, y el ladrillo a la pasta, porque lo digo yo. ¡Tomemos las alturas! ¡Arriba España, unidad de negocio en lo universal!

—(*Arias Salgado*) ¡Arriba! Me he permitido invitar a unos familiares, del ramo de las cementeras y las contratas. (*Al oir "¡arriba!" los visitantes miran al cielo como un apetitoso descampado*).

—(*Aznar*) Señores, España va bien, va bien armada de cemento y hay que empezar las cosas desde abajo. (*A Rafael Arias-Salgado*). ¿Cómo marcha la batalla contra la basura espacial soviética?

—Como ministro de Fomento del caos organizado, puedo garantizar que el objetivo de atolondramiento general ha sido alcanzado de pleno. Decenas de millares de maletas extraviadas surcan ya los aires de la eternidad obstruyendo a los *sputniks* que vuelen bajo, sin que el ritmo de aviones lanzados al buen tuntún haya decrecido en ningún instante. Le paso a un testigo de *Departures*. (*Le alarga un móvil*).

—(*Voz remota*) ¿Señor Aznar? Hola, me llamo Próspero Marrodán y acabo de enviudar. Iba a Oviedo pero espero ser muy feliz aquí, en Cochabamba. Muchas gracias a usted y su gobierno.

—(*Arias-Salgado*) Gracias a la privatización. Es una iniciativa tan beneficiosa que, después de privatizarlo todo, yo mismo me privatizaré en una empresa puntera privadísima.

Del foro estrellado surgen voces siniestras. Carecen de silueta pero se identifican fácilmente.

—(*Pujol*) Permítanme complicar el asunto como de costumbre. Cualquier nave que sobrevuele Cataluña exhibirá un "CAT" visible en la matrícula.

—(*Javier Sardà*) En mi programa basura rodaremos una adaptación de *Expediente X* con un ovni adicto al sexo guarro y la guerra sucia.

—(*Felipe*) Sigo siendo el Rey Sol. Eclipsaré a mis sucesores, que están en la Luna.

—(*Aznar, picado*) ¿Nos aclaramos? Una cosa es el necesario desarrollismo evangelizador de una España nueva y otra el incivismo espacial, fruto del vacío de ideas, la descristianización y el relativismo fundamentalista. Si las cosas están bien hechas, no hay atascos siderales. Baltasar Garzón, mi estrella judicial de la constelación de la Vía Mala Láctea, entra en éxtasis cada noche con la estrella mediática Pedrojota, abduciéndola, y no ocurre nada.

Narrador

(Sobre imágenes espeluznantes de desorden) El tráfico, ya denso por la saturación de satélites en el espectro radioeléctrico, se hace peliagudo. Ondas de variada catadura en danza trepidante perturban la navegación, amén de otros elementos.

—¡Ojo, *ciscovery* va!

—¿*Ciscovery*?

—(*Rajoy*) El excremento sólido de López Alegría, primer astronauta español. El líquido es *piscovery.*

—¿Es un López de lo nuestros? En caso contrario, desafía la higiene y seguridad.

—Muy español sí es. Se le reconoce por las cápsulas de monda-dientes, la tortilla, el botijo, la bota de urgencias y el diccionario. Igual le da al botijo que a la calumnia y la injuria, es muy de aquí. Por eso siempre está con el catalejo de espiar.

Narrador

Otro ministro contribuye al exitoso embrollo aéreo. Rodrigo Rato ensaya un plan de jubilación instantánea del sector más duro: el re-tiro al plato con balas adormideras.

***

Decorado de un solar con una máquina lanzaplatos, un lanzador y un tirador.

—¡Plato!
—¡Bang, bang!
—¡Uno menos!
—¡Por algo me llaman Tirofijo!

Narrador

El plan no se lleva a efecto por problemas de suministro de arcilla para platos. Sin embargo Rato no se viene abajo.

—Ahora lánzame empleos.
—¡Cuidador en centro de día! ¡Ya!
—¡Pum! ¡Toma empleo volátil! ¡Otro!
—¡Dinamizador cultural!
—¡Pum! ¡Siguiente!

Escena 78

VOLANDO CON JORDI Y MARTA

Narrador

Con Jordi Pujol no valen los arribaespaña. La noche electoral los cachorros del PP entonaban: "¡Pujol, enano, habla castellano!". Ahora dan la bienvenida a sus votos. "Ven, guaperas, habla como quieras". En los contactos con el virrey catalán de mil años de ambigüedad prima la aritmética. Pujol pone los escaños y Aznar la paciencia. El virrey invita a Aznar a sobrevolar Cataluña.

***

—*(A bordo de un avión)*. ¿Lo ves, Josepmari? Desde el autogiro, otro invento catalán, se aprecia la cutícula, el tegumento que recubre y nos distingue del resto de vertebrados racionales. Por eso aviones forasteros sobrevuelan Barcelona a baja altura.

—Majaderías. Y basta de tabarra con las chapas.

—Te lo aseguro: una vez Marta saludó emocionada a los de un sobreático con hidromasaje. Dijo: "¡Qué bien se les ve el hecho diferencial!".

—Pues yo no nunca veo nada.

—¿Por qué no vas con mi mujer y Alegre?

—Jordi, este tipo de alegrías yo no…

—Mi mujer se tirará en paracaídas desde 4.000 metros, junto al *conseller* de Turismo, Alegre.

—¿Hay una meseta por aquí? Por supuesto que me lanzaré. Vuelo más rápido que George y ligeramente menos que Supermán: 10 kilómetros, 1 minuto, 13 segundos. ¿Tú no te tiras?

—A mí me tira Cataluña y solo Cataluña, no puedo faltarle ni un segundo. Marteta está muy inquieta por la inmigración. Quiere ver en perspectiva cuántos campanarios son ya minaretes.

—Jordi, si haces tu bautismo del aire, te daré un par de traspasos. ¿Qué es lo que se ve a lo lejos?

—Una isla de responsabilidad, el Parlament.

—¿Y este oasis? ¿El célebre oasis catalán?

—¡*Cony*! ¡Los moros me han construido otro!

—(*Marta*) En esta desgracia Jordi y yo somos uno. Como me dedico a la flora, abono cualquier tesis contra los sarracenos y si es preciso los planto. Ahora me brota la tesis de que Heribert Barrera sea seleccionador catalán de inmigrantes.

—(*Aznar*) Nos une la lid contra el invasor mahometano agazapado en las migraciones.

—Sobre todas las cosas nos une la UE.

—Sí, sí. Uníos a las Elites. (*Sondeando el paisaje con ojos voraces*). ¿Aquellos amarres?

—Mort Aventura Un centro de reformulación de foráneos que vienen en patera con sus familias. Se les acoge, se les disuade de llevar hijos al mundo catalán y se les devuelve al mar de oportunidades.

—¡Cuántos molinos tenéis en el Ampurdán!

—Nuestra política en CiU hace mucho tiempo que es eólica: se la lleva el viento del PP.

—No seas malo y salta.

—¡Por Cataluña!

—¡ Te sigo! ¡Aiwaaaaaa!

Sigue diálogo entre auriculares.

—¿Por qué gritas así, Josepmari?

—¡He privatizado el salto buscando un *sponsor*! ¡Me patrocina una multinacional!

—Bien pensado: los leones de Las Cortes podrían anunciar una fragancia crecepelo.

—(*Alegre*) ¡Otra perspectiva diferencial! ¡Aquellas masas podrían ser de fugados del PSC, pero son turistas en un parque acuático de inmersión catalana!

—(*Aznar para sí*) Este consejero es un tiralevitas redomado y un fanfarrón en deportes de riesgo. (*A voz en grito*) ¡Prefiero los meandros sinuosos a la derecha! ¡Razón tiene Cañete en que los regadíos son como las mujeres! ¿Y aquellas trincheras?

—Obras del TGV, aún no decididas del todo.

—¡Del AVE!

—Aquí decimos TGV, es más europeo.

—¡Y menos español!

—¿Te gusta Cataluña desde el aire, Josepmari?

—Me gusta que Cataluña siempre esté en el aire, ya me entiendes, pero prefiero decir qué bonito es este nordeste. ¡España, el mejor país para hacerse rico!

—¡Eso lo dijo Solchaga, presidente!

—Yo ensalzo la riqueza de paisaje y gastronomía como Arguiñano. ¡Rico, rico! La ensalzo en justicia. ¡Preva-rico! Oye. Jordi, ¿tú no tienes vacas locas?

—Yo solo inmovilizaré una cabeza: Maragall.

Narrador

A 50 metros del suelo Alegre rompe cuerdas para caer el primero.
El batacazo es tremendo, pero corre a tenderse en la zona de cuatro
barras elegida por Pujol y lo atenúa con el cuerpo. Ferrusola cae de
bruces. Aznar llega último.

—¡Por Telefónica!

—¿Cómo?

—La toma de tierra la subvenciona una empresa de mis amigos
de pupitre, de guateque, de pádel y de lo ajeno. Eh, ¿por qué
Marta ha dado con el hocico en la hierba?

—Por amor a la clorofila y para que el beso sea lo primero al
retornar. El amado suelo catalán es un 3% más caro. Otro hecho
diferencial, ya sabes.

Escena 79

EL AGUJERO NEGRO DE BORRELL

Narrador

En la sede del PSOE los rostros lúgubres aterran, el partido se derrite. Entre los dirigentes todavía flota el espectro del gran derrotado.

—(*Charla anónima*) El peor trago de Felipe fue que le tuvieran cogido por los huevos, por culpa de sus amigos entre rejas.
—Qué va. Fue aguantar al presidente Yelstin en Moscú de igual a igual.

Narrador

Los socialistas escogen al candidato sucesor sin apaños y afeites, y en las elecciones primarias gana quien menos querían: el catalán Josep Borrell, mal visto por Aznar, por Pujol y por los suyos a la fuerza. Lo corroboran los militantes.

—Borrell es un desleal. Se apuntó a un curso para quitarse la adicción socialista a Felipe.
—Antipático. Los suyos no le dirigen la palabra.
—No le hablan ni las máquinas de tabaco.

—¿A Pepe? Ni las tragaperras, ni la megafonía del metro.

Narrador

El cáustico Borrell, niño prodigio detestado por el aparato, tiene que encabezar el PSOE junto a su enemigo y secretario general Almunia, de la vieja guardia. Ambos dan un nuevo dolor de cabezas al partido. El aspirante a Moncloa es adiestrado por el escenógrafo cínico Albert Boadella.

—Josep, esta noche iremos a un local donde se canta una letra que pasea por las pantallas.

—Odio los sitios donde se va a encandilar a las amistades y jorobar al resto.

—Odia cuanto te dé la gana, pero harás el ejercicio. En virtud de la articulación bicéfala, el aparato pone la partitura con letra y música y el candidato solo voz y cara. ¿He de repetirlo? Este es el discurso que recitarás. No te pongas tan neura como al ensayar, que es una moción de censura. Y aféitate mejor.

—¿Únicamente sirvo para poner la cara o qué?

—Es obvio. De ahí el nombre que se hizo famoso adaptado al japonés: *kara o ké.*

Narrador

Mientras el aspirante Borrell denota escaso temple y señorío, Aznar pasa horas estudiando consejos, admoniciones, metaforismos, arengas y lemas satíricos imbricados en la civilización cristiana occidental. Todo por el prójimo.

—(*Entonado*) "Células madres no hay más que una", ¡*Yankee go home-naje*!, "Patria, Justicia y *Pans & Company*". "Lucharemos junto a los sindicatos, codo con codo, por un salario ínfimo que sea digno". "Váyase, señor Borrelisto, antes de que lo eche su Aparatonto". "¡No nos quitarán la ñ, coño! Nuestra gran aportación a la cultura europea: caña, leña, leñe, moño, coña, coñá, ceño, tiña, ñoño, roña, Núñez... de Balboa". "Tanto manta manga tanto" (para reformar la prestación por desempleo y dar fin a la España subvencionada).

Narrador

La jefatura del PSOE va por turnos. Ha tocado a Borrell a resultas de un pacto frágil. Un día el gafitas impertinente se rebelará contra el aparato y lo desterrarán al ostracismo. Su enemigo Bono ha ideado una Bonoloto para que no vuelva a salir un Borrell por la lotería primaria. Borrell intuye su precariedad en el debate de censura. Está agitado.

—(*Almunia a sus vecinos de escaño*) Al pasar hacia el estrado tú le estornudas encima, tú le señalas una mancha, tú le importunas hablando y yo le hago la zancadilla. Si el estornudo no te viene, salivazo.

Borrell alcanza la tribuna de oradores desastrado. Detrás de él se abre un enorme cráter.

—Tenemos una seguridad negra en el agujero social, perdón, un agujero negro en la seguridad social, mecachis. En cuanto a... En cuanto a...
—(*Apuntador*) El devengo, el devengo...

—En cuanto al devengo, el devengo… Hace tiempo que devengo al taller y no sé a qué vengo.

El cráter engulle al candidato.

Escena 80

LA INMIGRACIÓN DESCONTROLADA

Narrador

La pertinaz ola de inmigrantes en masa motiva que el jefe del Gobierno y la ministra de Sanidad, Celia Villalobos, den la cara en rueda de prensa.

—¿Señor Aznar, cómo encarará la inmigración fuera de control?

—Dialogando de todo. Díganme: ¿por qué el estrecho de Gibraltar ha de ser tan estrecho? De nuevo pagamos la irresponsabilidad socialista que nos venía a decir: qué bien que se embarquen en la patera, el yate de los desfavorecidos, muy manejable, solo para viajes de ida a España. ¡Una desvergüenza! ¿De verdad querían el alud de turistas sin blanca en busca de emociones fuertes en patera?

—Lamentaciones aparte, ¿cuál es su posición?

—Trabajar con acento social. Implantaremos una *homelette* o tortilla para extranjeros sin techo y sin comulgar. Ahora bien, seremos inflexibles con quienes se nieguen a salir de pobres: que se hagan el *hara-guiri*.

—¿Le preocupan las mareas negras?

—Los socialistas se ponen histéricos por un puñado de algas cuando la marea negra es otra. Me remito a la respuesta anterior.

—¿Qué propone en sanidad pública?

—Menos laxitud y más inquietud, menos Estado del Bienestar falso y más Estado del Malestar Positivo. Ensayamos el recetazo a partir del elemental principio de que paguen más los que peor se encuentran de cuenta corriente por no haberla cuidado. Los hipocondríacos, por anticipado. Habrá cómodas listas de espera gratuitas y *after hours* para emigrantes que deseen entrar en ellas.

—¿Política respecto del alcohol? Las últimas estadísticas de adicciones son escalofriantes.

—No caiga en el desánimo. Se acabaron los gobiernos abúlicos y pusilánimes. Rebajaré a tal punto la tasa de alcoholemia que la cerveza del vecino bastará para dar positivo. El vino es otro cantar. Uno se sabe la medida. Estos socialistas hacen tantos brindis al sol que no hay día sin que ingrese uno por deshidratación o coma etílico.

—¿Su política sindical es una pinza anti-PSOE?

—Los sindicatos han de modernizarse y Comisiones Obreras participa de lleno en nuestra idea. La sindicalista CC.OO. Chanel perfumará manifestaciones y asambleas, tan necesitadas.

—¿Comisiones hace sindicalismo en favor del Gobierno?

—Ni mucho menos. Su ilusión por la huelga general está intacta, solo le falta que vuelva el PSOE. Con nosotros la paz social está garantizada.

—¿No le parece que sufre de pactopausia?

—(*Mira al embaldosado y balbucea*) Tonto del culo. Siguiente pregunta. ¿Usted otra vez?

—¿Dinamizará la solidaridad internacional?

—Desde luego. Propondré la ACNURB, Acción Contable de Naciones Unidas para la Recuperación de Beneficios. También unas ayudas FAD o créditos blandos de diseño, bajo estricto control del Fomento de las Artes Decorativas.

—Disculpe, ¿créditos destinados a ornamentar, para cuando uno no perdona la deuda de países rotos pero desea quedar bien?

—Sin comentarios. Pregunten. ¿Usted de nuevo?

—¿Los créditos están conexos con la ETT supuestamente auspiciada por el vicepresidente Rato, España Tiene Tela, acusada de ser una fundación para el *mamoning* global y el *trapiching* sin fronteras?

—(*Balbuceo a Celia*) El capullo de turno de la Cadena SER me tiene harto. Apunta el nombre. Le va a clarear el pelo.

—Le acusan de liberal a ultranza.

—El neoliberalismo es la quinta confesión monoteísta, cimentada en que la Tierra no gira alrededor del sol, sino del mercado. Gracias a todos. Acto seguido la ministra de Sanidad responderá a cuanto estimen pertinente.

—¿Qué opina de la triquinosis, ministra?

—La justicia tiene sus tiempos, pero ya cayó todo el peso de la ley sobre los tres secuestradores de Quini. Defendemos el cumplimiento íntegro de las penas, no de las penitas penas.

—Le achacan un carácter fuerte, urticante.

—Urticante va con segundas, ¿no? Es verdad que en Málaga me picó una avispa africana y la pobre estuvo en estado crítico. La pobre avispa y antes dos medusas. Yo es que voy por derecho.

—¿Puede desvirtuar las afirmaciones de carencias en su *currículum* universitario? Es de dominio público que va coja en gramática.

—Calumnias, ya me he matriculado en primero de BUP. ¿Coja? De serlo me haría hortopedia.

—¿Cómo se escribe ortopedia?

—No me cogerás, niña. Que yo sé poner la hache donde toca. Acienda, Emiciclo, Amnesty. Y Amnesy International, bonita, gracias a la cual los políticos socialistas campan libres.

Escena 81

EL REY EMPALMADO

Narrador

¿Y cómo había encajado Juan Carlos, amigo de Felipe González, al sucesor popular?

***

Reunión del presidente con Rato, Rajoy y el asesor Miguel Ángel Rodríguez. Aznar tiene los pies sobre la mesa.

—El reyecito irá a Kuwait cuando yo lo diga, no porque él lo reclame mil y una noches. Este tío me hierve la sangre. Que vaya a Palma unos días. Allí navega en un yate regalado por un príncipe saudí o por las fortunas de la isla. Nunca falta la dádiva de financieros, empresarios y banqueros. La tajada.

—(*Rajoy*) Como entendido en deportes monárquicos de invierno, diré que algo han de tener estas figuras decorativas si una corte de los milagros posmoderna, entiéndase, políticos de todos los colores chillones, porfían por chocar sus esquís por un casual con Juan Carlos. Hacerle compañía entre la nieve es un calvario de salpicaduras y achuchones para apartarse a tiempo. Hay más trajín caótico que en Barajas y en la defensa del Logroñés juntas.

—(*Aznar*) ¿Sabéis que regala una foto dedicada a los amigos? (*La enseña*). Las firmas: "Lo que más nos gusta de Baqueira-Beret en estos días es poder estar solos y desconectar de todo. SM Juan Carlos, Aznar, Rato, Loyola, Pujol, Duran, J.Sánchez Llibre, Xavier Trias, Emilio Ybarra, Joan Gaspart, Luis Del Olmo, sus familiares y amigos, en nombre también de 327 escoltas." ¡Maldito el día que me dejé llevar! Nos tiene por cortesanos pelotilleros y bufones.

—(*Rato*) Natural, siempre tiene la sonrisa de oferta continua. Lo malo es la lengua atrabancada, que a veces se le pasan a uno palabras y a un superior de sangre azul no se le puede pedir que repita. En mi cadena no tendría micrófono.

—(*Rodríguez*) En una ocasión le dieron a probar espárragos. "Cojonudos", dijo, y los conserveros lameculos bautizaron así su nueva lata. Por suerte cuando degustó cuajada en una vaquería los cántabros no llamaron al envase "Mecagonlaleche qué buena".

—(*Aznar*) Oído, cocina: al rubito se le ha acabado el *bróquil*, como digo íntimamente en catalán. Empieza la cuesta abajo. Son cada vez más los notables que cotillean sus correrías a la caza de animalotes drogados y amantes finas. ¡Me huelo su aroma verbenera a cien metros! La vida sentimental del Rey solo es ejemplar en biodiversidad.

—(*Rajoy*) Mis fuentes deportivas juran que ha perdido su *fair-play* del bolsillo.

—(*Rato*) Las fuentes económicas confirman marrullerías. Sin embargo, presidente, demostrarás perfil de estadista si sabes envainar la espada para no desdecir de la cohesión social. A la hora de meterle mano, la España de bar y peluquería mira a otro lado. De puertas afuera los españoles adulan al Rey.

—(*Rajoy*) Adulan hasta la ridiculez: en la Copa Davis le adjudican un poder oculto, de talismán. Pero un rey es un rey. Con la Iglesia y la nobleza ha sido un estamento de auténtico poder arbitral detentado por los poderosos, aunque escueza y sea reiterativo. Ejerce un influjo de preponderancia histórica en el público. Otra cosa son todas las gansadas deportivas en la cubierta del yate real.

—(*Rodríguez*) ¡También hay preponderancia en las gansadas! ¡Recordais a los *paparazzi* empapelados? Le tomaron fotos desnudo y él abroncó a Ordóñez por permitirlo. Cuando el ministro alegó que el mejor modo de no salir desnudo en una revista era no desnudarse en público, le endilgó una bronca fenomenal y le recordó que en España hasta los ilustrados eran absolutistas. Bien mirado, ahora está en Marivent, ¿no? Ponedle sabuesos del espionaje.

***

Escena de bonanza mallorquina. Un guardia civil se las tiene con un perro.

—¿Qué ha hecho, mi comandante?

—¡Qué va a ser! ¡Rintontín sigue sin acertar ni un puto explosivo! ¡Un día nos van a dar pol zulo!

—Qué alegoría más bonita.

—Esa no es nada. Viví un tiempo en la creencia de que los etarras de locales mini, de mala nota, lóbregos, mal ventilados y revestidos de hormigón eran zuloputas. ¿Y usted qué se cuenta, capitán médico?

—Que mañana hay drama. El Rey se hace la analítica de sangre.

—Será el análisis.

—Los análisis son para los del montón. Los importantes se hacen analíticas. Cuando uno de sangre azul nota que le extraen sangre roja, sufre dolorosas crisis de identidad. El "holagrama" es un drama.

—Alegoría y rima, qué bien.

Narrador

La familia real vela la congoja del patriarca. Los niños con sus consolas y el resto viendo, perdón, visionando, otra reposición de 'Verano Azul'. Una serie parapsicológica básica según la cual la vida es una sucesión de círculos inexorables y mal patriota quien no conoce el nombre de un solo protagonista.

***

Un foco ilumina un lateral del escenario. En un rincón de la historia, Carlos Arias solloza.

—Españoles, Chanquete ha muerto.

A la salida del hemograma, Juan Carlos imparte órdenes al militar de jornada.

—Recuérdame las audiencias de esta tarde, para combinarlas con el horario ferroviario.

***

La acción continúa en el palacio de Marivent. El militar actúa de introductor de visitas. Juan Carlos desliza la locomotora de un tren eléctrico por la mesa e imita su sonido auténtico.

—Majestad, un médico del Opus Dei en petición de apoyo para levantar la Clínica Deixeus, centro puntero de Moralidad Reproductiva.

—Adelante, doctor, tiene dos minutos. Chú, chú...

—Majestad, un empresario catalán de Mediaset que pide ayudas a Channel 5, eurocadena de carne de primera y telebasura aromatizada.

—(*Dejando la locomotora*) ¡Caramba, *noi*, cuánto tiempo! Hoy recuperaremos. ¿Tienes algo que hacer en las próximas dos horas, perillán?

En la antesala un chino desahoga su inquietud

—Yo acudil a Majestad polque Aznal acusalme de subvelsivo y polanquista; despojal de mi TV de fibla óptica pala echal cable a amigo. Estoy muy cableado, pelo si yo decil, lo tomalá a pitoleo.

Narrador

La última en entrar es la actriz Carmen Sevilla.

—Hola, mi arma mahestá, e'toy a punto d'ilme a un hopitá de Marbecha, padergassá, divino, por Dió, que m'han disho que ha'ta hay apoplejía y hemiplejía, y yo me digo, chiquiyo, que con tanta higiene e'toy mú tranquiliya. Una va ziendo mayó, pero no tanto pa ir a un parque jurídico. Zoy un poco eterna.

—Creo que no te pusieron en las ternas. Bueno, pues hemos terminado. Todavía me queda un rato para ir a vela por la bahía de Palma, aurora de amor. Es la canción de la película de Juan Bosch.

***

Escena frente al yate. El comandante de las alegorías, Rintontín y el jefe médico se hallan a distancia prudencial.

—(*Cómplice y en voz queda*) Los Borbones se toman la vida marítima con cierta filosofía. La llamo hermenáutica. Sobre todo la reina Sofía y sus amistades, los sofistas. El Rey hace monerías.

—Pues a mí me lleva de culo cuando se emplea a fondo. Se da trompazos en cristaleras, barandillas y escalones.

—Sus naderías y el rebullir hueco de las infantas y su prole con ropajes de marca me dan qué pensar. ¿Hacen publicidad en cubierta o encubierta?

—(*Ladridos furiosos*) Qué incisiva alegoría, mi comandante. ¡A Rintontín le vuelve loco!

Escena 82

UNA AMENAZA DIFERENTE

Narrador

El Gobierno recibe cada día textos anónimos y de autor conocido con los más variados improperios y amenazas. Ha llegado un correo diferente. Mayor Oreja está en Moncloa para dar lectura a una misiva dirigida al presidente en un tono sin precedentes.

—"Los católicos, apostólicos y romanos como tú os burláis de lo más sagrado. ¿Y a la inversa? ¿Quieres saber cómo sienten tus ofensas, cristiano? Adoras la familia tradicional cuando tu Virgen fue precursora de las familias desestructuradas. (*Aznar hace como si la cosa no fuese con él*).¿El cardenal primado va muy primado con primas, dietas y otros incentivos infantiles? ¿El *Osservatore Romano* es un clérigo italiano que sacia su lascivia con miradas? ¿Sabes que la vida de los misioneros en el Tercer Mundo es muy durex? (*Pone cara de Buster Keaton*) ¿Debe el Vaticano explicitar su postura en un PapaSutra? ¿De qué hace publicidad un nuncio? La Iglesia es la que más blasona de moral y la que menos la levanta. No tendréis curas ni dando un birrete para las cervezas a los seminaristas. En Belén la vaca se ha vuelto loca y el portal ya es de Internet. ¿El papamóvil es una furgoneta blanca porque no ha llegado el *Porsche* lila?

¿San Genaro licua la sangre cada año para no pasar control antidopaje? ¿El Pontífice es quien mejor papea? ¿Ves qué fácil es hacer coñitas con tus creencias? En serio: si sigues cañonizando a los palestinos, te vamos a… (me niego a leer esto). ¡Viva la Guerra Santa! Firmado. "Moros en la Costa Fleming. Célula despierta de Yemen del Norte". (*Pausa*) ¡Señor presidente, una broma espantosa!

—(*Rajoy*) Una humorada ácida y barroca que, entiéndase bien, podría firmar nuestro Pedro Ruiz (*en voz inaudible*), un acrisolado seguidor periquito, pese a proceder de la cantera rival.

—(*Rodríguez*) De acuerdo, el estilo tragicómico de Tip y Col mal casa con la realidad del terror.

—(*Arenas*) Una carta totalmente inofensiva, si hablamos de eso. Sabe a empanadillas de Martes y 13.

Las miradas confluyen en el presidente. Toma aire y pasma la concurrencia.

—No existe la menor duda: se trata de ETA. Hablamos, señor Arenas, de que esta es la salvaje respuesta a nuestra firmeza ante la nociva inmigración manipulada por Mahoma. Estamos en el bando de la luz. Os exhorto a mantener la absoluta fe en el cristiano que guía la España de hoy.

—(*Mayor virando en redondo*) Tu respuesta es un modelo de vigor democrático y cristiano.

—Bueno, tomo placenta de yegua para muscular, je. En serio: nuestra divisa, más que nunca, es patria, religión, unidad y orden.

—(*Rajoy*) Pero ese lema no era de…

Coro

Qué humor, Paco
Qué humor

El presidente queda a solas y trabaja a destajo en su escritorio. Son las diez y media y no ha cenado. Tiene una noche expansiva. Habla a un miembro del equipo de seguridad interno.

—¿Has cenado, poli?

—… No señor. Estoy a punto de acabar el servicio.

—(*Ordena a la cocina una cena de tapeo para dos*). A picotear; no acepto un no por respuesta. ¿Ya eres buenaccionista? Disculpa, ¿te va el chorizo? Prueba este Ribera de Duero. Castilla es la madre del cordero y de todo lo demás. La vanguardia, la innovación, el espíritu de aventura, el universalismo. ¿Cómo se puede aguantar si no toda España en un solo brazo? ¿Cómo, teniendo el Estado hipotecado por los radicalismos periféricos?

—(*Policía*) La hipoteca es el castigo que Dios impuso a Adán por no entender los límites del usufructo.

—¡Policía, jurista e historicista!

—Empecé Humanidades.

—(*El bigote toma una curva traviesa*). ¿Sabías que los americanos, el mejor pueblo del mundo después de nosotros, descienden de Adam y Ewing? (*Paladeando la desorientación causada*) Los hijos de la *Ewing Oil* en el paraíso terrenal de Adam Smith, *of course*, el fundador del paraíso liberal, je, je. ¡*Dallas*, los pozos, la zorra de Sue Ellen! A propósito (*palmada al muslo*), entre tú y yo, Hillary es la primera dama de EE.UU. pero la decimonovena de Bill Clinton. A éste solo le quedará futuro en Hollywood, si por ahí anda todavía Pollanski, ji, ji. O Federico Fellatio, jua, jua.

Por si acaso, el muy confuso invitado echa una carcajada horrí-sona y un buen trago.

—(*Aznar lanzado*) Yo también soy filósofo. ¿Quieres saber mi exégesis del principio ético de causalidad o LCGA? La Culpa es del Gobierno Anterior. ¿Y mi imaginativo platonismo? ¿El mecanicismo del Superyó del Gobierno para meterse en los platós de TVE y Antena 3, y acercar la fenomenología a su sardina inmanente?

—Mi impresión no puede ser otra que formidable.

—Veamos, filósofo. ¿Qué es el Real Madrid?

—España.

—¡Bravo! ¡Has dicho en un soplo lo que tantos sabihondos se empecinan en negar! ¡España, España, España! No como el Barsa, una secta autodestructiva, individualista y egocéntrica; el Real es de todos. Pero conservando su esencia y cohesión, lo que yo llamo la chendogamia. Toma, un poco más de tinto. Valdano lo ha dejado palmario: España es madridista. Más España, más Valdano. Más PP, más Real. El mismo Manzano es un fruto Del Bosque, ¿captas? ¿Sabes cuál sería mi Título IX de esta puñetera Constitución que impusieron separatistas y rojos? ¡La Novena Copa de Europa! El Madrid es una manifestación divina.

—Hombre…

—Sí, divina, te lo digo yo, en forma de oenegé, organización nacional gubernamental para difundir valores excelsos: "Caminante, se hace camino alaznar", ji, ji. ¿Has oído que recito a Serrat? ¿Que de no ser José María Aznar López me habría gustado ser Aznaré Merengao, O Rei blanquinho du Bernabeu Maracañí? Como Pe…

El presidente deja el vocablo inacabado, chasquea la lengua y mira al interlocutor. Todo en él vibra esperando respuesta.

—¿Pepé? ¿Partido Popular?

—¡Pelé, hombre! ¡La perla negra! Un madridista declarado. ¿No eres futbolero, eh? Para los progres de salón era el opio del pueblo y hoy son directivos. ¿Vinito? No te fíes de esos intelectuales de bufanda desmayada en las solapas. Todos mala hierba, menos Punset. No abren boca ante el alud de cambios mundiales y se desbocan al menor contratiempo de blancos o culés. Los progres se regodean con que mi especialidad deportiva es el estatateborde. A ellos, los amigos de terroristas, les va la *kale borroka indoor*. Lo que yo te diga: los catalanes en particular son como una bola dudosa en tenis.

Al anfitrión le chisporrotean los ojillos de ingenio cuando se acerca al hombro del invitado.

—¿Cómo va a funcionar un pueblo que a la cordura le llama seni? Si Ernesto es Ernest, imagínate que Evaristo para ellos es Everest. Un lío.

—Pero usted habla catalán en la intimidad.

—Con soltura. Todas las canciones de Serrat, nací en el Mediterráneo, le llamaban Manuel nació en España, el titiritero alehóp de feria en feria…

—Pero…

—Déjame terminar: se elogia el sentido común y el acervo de los catalanes, y no saben conservar los cuadros de Dalí. ¿Tú has visto un Dalí sin falsificar?

—Sería un milagro.

—¡Bien visto! No han protegido nada: ni los bosques, ni el Liceo, ni las playas; ni a Maradona, Schuster, Laudrup o Romario. Si ficharan a Ronaldo, ¿apuestas a que acabaría con nosotros? Y luego esas matracas de la grandeza cultural y la falsificación histórica. ¿Cómo van a ser más que un club? (*Boquita gatuna*). ¿Por tener a los poetas ibéricos Rafael Julioalberti, Gerardo Dieguito, Salinas y Vicente Alexanco? Ji, ji. El nacionalismo catalán siempre mirándose el ombligo con su equipito y su banquita, hala, a hacer país, a vender país con el Barsa de primer embajador. Se creen el tuétano del mundo sin saber que su mundo está aquí, en Madrid, el puchero donde se cuece la política, donde está la prensa y las embajadas de verdad.

—(*Rascándose*) No se deje en el tintero a Simonet de Beauvoir.

—¡Eras futbolero! Chaval, tu erudición y reflejos no tienen precio. En mi gremio muchos creen que el latín es la lengua de Venezuela. A la corta o a la larga llegarás muy arriba.

—Ala larga, tengo las alas largas. Hala Madrí.

—¡Me va tu sentido del humor! La ambición personal y la altura de miras son parte del liberalismo bien entendido. Nada más lejos de provincianismos. Los buenos periféricos, como Arturo Fernández, están aquí. ¿O sabes de algún catalán que tenga el don castizo de "chatina, guapa, la digo yo que la llevaré al cine, se lo merece"?

—Pujol es un tipo extraordinario, nada común.

—¡Ajá, qué indirecta más genial! ¡Su banca de la vergüenza con extratipos! Los catalanes se caerán de celos el día que vean nuestra fusión invencible: el Banco Hispano Central Exterior de Santander Herrero Americano Mediterráneo de Bilbao Pastor de Vizcaya Atlántico Zaragozano de Crédito Rural de Argentaria y Postal Guipuzcoano del Montepío Cabanillas. ¿Qué te parece?

—Pastor y pío, muy bien.

—En la Generalitat echaban pestes de la bodeguilla, pero Pujol tiene una caverna en un anexo del Palau. Allí solo bebe cava con sus correligionarios. ¡Los cavernarios! (*En pie*) Aprende, chaval: el cava catalán es un pensamiento único aerofágico que las sagas nacionalistas nos cuelan como elixir patriótico de la felicidad transversal. Cualquier día ordenaré un boicot. ¿Sabes lo que te digo?

—¿Qué?

—Que los catalanes tienen la mosca avinagrada en el mapa cromosómico. Llevan el mosqueo dentro. El Camp Nou va camino de ser la zona más catastrófica con plusvalía. Yo, en cambio, he sugerido a Lorenzo Sanz que se ponga en manos de Hierrovial y Figomán, una constructora blanqueada experta en recalificar por buen juego de influencias. No creas, con Pujol nos entendemos. Más tarde o más temprano viene a verme con un dolor de muelas insufrible.

—Penoso.

—Qué va, hago de Ratoncito Pérez y con las chuches enseguida se calma. (*Tirando del brazo)* Dale al queso artesano, que no solo de panceta vive el hombre. Hay de todo menos chistorra vasca. (*Llama al camarero*). Traiga refuerzos y una botella.

—(*El camarero desaparece*) No la mía ji, ji…

El policía relaciona el envase del Vichy Catalán con el patronímico de soltera de la cónyuge y duda en subir el tono de la risa. Las bromas le vienen de nuevas. Tras el compañerismo y dos cantos regionales, Aznar inspira estirando los brazos.

—Con los buenos amigos hablo catalán ¡y latín! Los romanos eran clarividentes (*apretón de brazo*). Atiende, chaval: "O tempora, o mores". El trabajo temporal es para los moros. Añado: y los negros. Los progres no lo entienden: el antiguo esclavo negro explotado en plantaciones de tabaco y algodón hoy vende feliz sus bienes manufacturados: cigarrillos en el metro, corbatas y fulares en las aceras.

—(Las ideas del presidente son desbordantes. La obsesión por definir me abotarga).

—La teología opta por la misma tesis: ¿cuál es el concepto ontológico de *"In nómina Patri, filii et Spiritu Sanctus"*? ¡Estar en plantilla es para la familia tradicional y no para cualquier sobrevenido! (*Otro apretón*). Pero soy un buenazo. No hace mucho proporcioné un éxtasis o estado de felicidad inmerecido a unos cafres de la marea negra que se habían puesto bordes con los guardias. Hice narcotizar a toda la banda de inmigrados revoltosos.

—Las fuerzas del orden necesitamos apoyo.

—Llevé el asunto por secreto ley, como dice mi buen Silvio. Para joderle le llamo Blairlusconi. ¿Más picante? Yo paso, tengo un *annus horribilis*, je, je, unas hemorroides de miedo. Chaval, a veces no hay más remedio que extirpar y ser duro en aras del bien común. No como los calzonazos del PSOE, siempre con retraso a la hora de definir.

—(*Suspira*) ¡La puntualidad es rara avis!

—Bueno, los envíos aéreos de paquetería suelen fallar por causas remotas.

—(Aznar será un político eximio, pero tiene déficits culturales. Un día oí que tomaba a los cristianos maronitas de Antioquía por invertidos).

—Váyase, señor guardia. Vaya, la costumbre. Puedes irte, chaval, que he de madrugar. Me caes de cojones. ¿Por qué no me escoltas un miércoles de estos? Veremos al Real contra un equipo de la Galia.

—Tiene el latín muy bien aprendido.

—Galia. Allí actuaron los puercos del GAL (*Por asociación de ideas*) Documentación, haga el favor.

—¿Cómo?

—Siempre he sentido la fantasía de pedir la documentación y cachear a un poli. Ahora o nunca.

—Pero, presidente...

—¡La cartera!

—(*El guardia la enseña. Aznar se traspone*). ¡Horror, una foto de Kluivert con Van Gaal! Felón, las manos contra la pared. (*Cacheando*) ¡Una insignia!

—Es de los niños...

—¡Cómo no lo detecté con Simonet! Quedas eliminado del servicio. Vete con los del caso Gaal, je, je, un holandés acusado de pertenencia a banda de mataos, secuestro del espectáculo y tortura del hincha. Los pancarteros que idolatraban a Van Gaal ya ladran su descontento por las esquinas de Núñez. ¡Ja!

El poli filósofo ha ido recogiendo pertenencias, Mutis por el foro con la cabeza gacha. Aznar entra en monólogo con la platea).

—Mis mejores alegrías son los desahogos íntimos por sus desgracias. Le expliqué a Silvio: los culés apenas sí viven recordando los cuatro que les ha metido tu Milan. ¡Para mí fue como ganarle las legislativas a Mitterand!

Escena 83

UN DÍA DE PESCA

Narrador

El presidente y el ministro de Agricultura y Pesca pasan una jornada pesquera en Asturias. En la orilla, Aznar esgrime la caña como si fuese un florete. Arias Cañete está en un río con agua hasta los muslos.

—Presidente, tengo frío. No quiero pescar un enfriamiento.

—Cañete, Cañete... ¿No eres ministro? A mojarse sin rezongar. Quiero ser el mejor deportista fluvial de España. Enséñame a vencer al salmón.

—También soy ministro del agro y ello no me obliga a arrancar cebollas y zanahorias.

—También eres piloto de rally. Pues no me rayes.

—Presidente, durante el viaje ya le he orientado en el ritmo de recogida del sedal en el carrete, con arreglo a la distancia del pez y la velocidad de la corriente, así como en el cebo pertinente a cada ocasión.

—¿Llevo aparejos correctos? (*Cañete confirma*). Pues otea el mejor sitio para amarrar piezas.

—Vaya un poco río arriba, presidente.

A Cañete le pica un salmón y arrastra la caña hacia Aznar.

—Tómela y gobierne. El pez ya está en el extremo del sedal.
—¡¡¡Ahh, cómo me lo paso!!!
—Lo sabía.
—¡¡Lo que me pone es dominar al pez ya enganchado al anzuelo!! ¡Jódete, Felipe, ya eres mío! ¡Más caña, Cañete, que pescaré a Bambi!
—Con su permiso, Franco también se emocionaba cuando le pusieron un cachalote arponeado.
—El símil no me molesta. Primero, porque Franco nos sacó de las garras del proletariado internacional que nos quería rusificar, si bien pagando el precio de la violencia. Una violencia que, no se olvide, nos alineó con las potencias vencedoras de Occidente. Segundo, porque estamos en el Coto del Conso del río Ulla, un lugar suyo. Casualidad del todo relativa.
—Desde luego, porque preservan el coto igual que entonces. Se va a hinchar, presidente.

Aznar cobra piezas una detrás de otra. Una batería de fans aplaude y glosa. Hay halagos y pelusas.

—¡Media docena de salmonazos! ¡Tiene un cesto lleno de truchas y reos! ¡Truchas asalmonadas!
—(*Sacando pecho*) ¿No dicen que tengo dedazo? Ya se ha visto.

El hombre que comanda la peña aznarista de pescadores le ofrece sus exiguas tomas y pregunta.

—¿Hace usted los 35 metros de largada lanzando la cola de rata?
—(*Sonrisa canina*) Si la rata está quieta.

El gran pescador hace una seña en la que leemos: deshazte de moscones; estoy hasta las narices de que los ribereños y la corte acompañante compitan en explicarme lo que ya sé por ti. Cañete los aleja.

—(*Aznar*) ¿Has visto al desgraciado que sufría con el sedal?

—Se le enredó porque al pescar se disipaba charlando con uno y con otro. Perder la paciencia y la concentración es pecado mortal.

—En Pascua te llevaré al Ulla.

—Al Ulla, al Lerez o al Eo. En verano podemos ir al Eume, al Mandeo o la Laguna del Sobrado de los Montes. Por San Isidro al Narcea y al Sella.

—Sabes lo que te pescas, fiera. En muchos sentidos.

—(*Para sus adentros*) He tenido que tragarme más fascículos que Planeta, Agostini y Salvat juntos. Aun así no tengo ni idea de lo que acabo de decir, pero él todavía menos. (*A Aznar*) Ahí viene José Ramón de la Morena. Este Butanito es del PSOE. ¿Lo espanto?

—No, por Dios, nos hemos citado para una entrevista de corte más bien deportivo.

—(*De la Morena*) Felicidades, presidente. ¿Justo el resultado?

—Justísimo, aunque la diferencia con la fauna del río ha podido ser mucho más abultada. A veces la boca no quiere entrar.

—¿La crisis de sus eternos rivales es muy aguda? Incluso se apunta la disolución.

—No hace falta hacer un *tour* para ver que los socialistas están de caspa muy caída; basta con mirar los puños y cuellos raídos de la camisa de Javier Solana. Visten peor que un abogado de oficio. Aunque el rival finalmente no se disuelva, no me extrañaría que algunas sedes se reconvirtieran en Polígonos de Sesiones de Orientación Emocional, PSOE, ji, ji.

—Le noto un humor excelente. ¿Motivo y alcance?

—Aspiro a ser el artífice de la gran remontada contra el déficit en varias noches mágicas.

—¿Por qué es tan neuroescèptico con Bruselas? ¿Y pone cara de llaga estomacal con *La Marsellesa*?

—¿Neuroescéptico? Acaso no me ha visto entrar en estado europeo de himnosis cuando resuena el himno de la *Champions League*? También refuto la segunda afirmación. No es de úlcera, sino cara de varices esofágicas, estreñimiento y hernia inguinal.

—En fuentes y alcantarillas cercanas a Las Cortes se ha encontrado montones de papel mojado, de resoluciones con promesas del Gobierno tiradas el mismo día. Signi...

—Pero, bueno, ¿no íbamos a hablar de gestas deportivas, por ejemplo mis abdominales?

—Lo preguntaré de otra manera. Ha hecho usted un carrusel deportivo de promesas electorales como bajar impuestos, cumplir las penas íntegras por terrorismo, pasar página del GAL, regenerar la vida pública, recortar el empleo rural, reducir 5.000 altos cargos y hacer del Parlamento el eje de la vida política. ¿Quedarán todas ellas *ad calendas graecas*?

—Las Grecas me encantan y todo el flamenco, ji, ji. ¿No comprende que este no es el marco adecuado? Necesito contexto de discernimiento.

—Volviendo a lo deportivo, ¿puede valorar el tridente de congelamos, subimos, privatizamos?

—Contexto, contexto. Cañete, coño, enséñale los salmones y las truchas.

—¿No cree usted que la banca hace teatro cuando se lesiona tan a menudo?

—El Estado del Bienestar de la Banca es vital. Nos la encontramos en la UVI y ya está en planta de despidos.

—Es de dominio público que Garzón no siente los colores de su equipo. ¿Por qué lo ha fichado?

—No acostumbro a hablar de los árbitros, pero fichar un juez a coste cero se contesta solo. En cuanto a su alusión al público, mi partido jamás confunde ni confundirá lo público con lo privado.

—Es propio de la táctica contra el dopaje utilizar narcóticos contra el efecto llamada?

—Cañete, enséñale el cesto de reos. ¿Quiere que le pregunte yo sobre José Mª García?

—(*El entrevistador a la desesperada*) ¿Por qué poner *abrefácil* en la celda de Mario Conde? ¿No lo había controlado Solchaga, que no lo quería encarcelado? ¿Castigarán las urnas a su aliado Pujol por ambiguo e interesado? Almunia ha afirmado que padece usted de uninitis de desatino en lo universal. ¿Algo que decir? Desembuche: ¿aciertan quienes le ven hiperventilado de tanto negar el cambio climático y el cambio socialista en los últimos 16 años?

—¡Arreando, Cañete! ¡Vaya una piraña! ¡Trata de arrancarlo! (*El ministro ya se ha vestido de piloto de rally y evacua al presidente de copiloto*).

Escena 84

REAL MADRID - BARCELONA

Narrador

Los catalanes Josep Piqué y Francisco Marhuenda asisten invitados en Moncloa a un Barça-Madrid, la confrontación que atrae a medio mundo.

***

Largo sofá de Moncloa flanqueado por dos butacones y una gran pantalla a tres metros de altura. Los convidados ya sienten el hervor de la morbosa contienda. El ministro de la diplomacia instruye al neófito periodista

—(*Piqué*) En realidad, Paco, el acicate de la noche reside en comprobar cómo irá vestida la ministra de Medio Ambiente. La vi tratar el asunto de las ovejas transhumantes ataviada de pastorcilla ceñida. Descubrí que su labor no se circunscribía a apacentar rebaños a la moda, sino que mimetizaba cada asunto de allá donde iba. No era solo pastoreo sino postureo.

—Ahí la tenemos, Josep. En camiseta blanca.

Solo con ver a la número nueve en un pantalón de cuero tan ajustado como la camiseta, el grupo selecto entre selectos prorrumpe en caldeados elogios. Anguita pierde la compostura.

—Un monumento, qué pedazo de señora.

—(*Aznar susurra a Cascos*) Siempre será comunistón: ya has oído su pasión descuartizadora y el falso discurso de igualdad.

(*Piqué a Marhuenda*) La otra atracción es Aznarita.

—No la llames así, por favor.

—(*Ana Aznar*) A mí también me gusta que no toquen la Jonstitución, como papá.

—(*Aznar*) Marhuenda, catalanito, siéntate a mi lado.

Mientras Ana Botella se lleva precipitadamente a su hija de escena, las exclamaciones del auditorio indican que el partido se abre muy tenso.

—¡*Alea iacta est*, chaval!

—¿Perdón, señor?

—¡Que se ha tirado en el área! ¡El rencoroso Luis Enrique simulaba penalti! Da igual: ganaremos.

—(*Marhuenda para sí*) Es un chiste culto y no un patinazo de palurdo. ¿Pero… y si la jerarquía y el ambiente pastoso generan chascarrillos sobados?

—(*Arenas*) Te veo muy seguro.

—Siempre veo la botella medio llena, je…

El presidente adorna la última sílaba con una mueca postiza y se oye por lo bajo un "charlotín" de alguien tapado.

—Será un paseo militar, presi. Este partido sale adelante por cojones.

—Entiendo que comas los yogures caducados, Cañete. Tienes un discurso de la Edad de Piedra.

—(*Acebes susurra a Trillo*) El jefe tiene un subidón de alegría. No le veía así desde que se abrió la cabeza… no recuerdo quién.

—(*Aznar*) El lomo de vaca está de muerte. Celia: ¿los que consuman vacas enfermas serán (*mueca*) muuuutantes? (*El tapado repite:"Charlotín"*).

—Rivaldo es endiablado, pero no define. Los dejaremos a cero patatero.

—Cuánto sabes de fútbol, Mariano. ¿Qué haces cuando no estás pendiente de las noticias deportivas?

—Leer un buen libro. ¿Para qué leer más de uno? Estoy con las memorias del ovetense Marianín.

—Esos holandeses solo pegan, protestan y pierden tiempo. ¡Haberle dado tú preventivamente! ¡*Do ut des,* coño!

—(*Marhuenda para sí*) *Do ut des,* yo doy para que tú hagas lo mismo, no significa cocear a alguien. Pero un desajuste en una lengua muerta, que los errores aquí son desajustes, lo tenemos todos.

Aznar exhala un quejido a cada incursión azulgrana.

—Que el de arriba nos coja confesados. *Ora pro nobis. Pro nobis*, en Canarias, je, je.

—(*Cascos*) Mejor pro novios, que los dos puntas nuestros se han puesto mariconas. No van al choque.

—(*Cañete azuza*) Villalobos, feminista, di algo.

—Por supuesto, que me expliquen lo de Canarias.

En el descanso se cotorrea de dopaje. El humor desgarrado a la castiza tiene corifeos.

—(*Cascos*) Maradona jura por sus hijas que ya no se droga. ¡Será por sus hijas Nandrolona y Efedrina! ¡Se droga su suplente, Néstor Metadona!

—(*Aznar se suma al coro zumbón*) En una meta ciclista va mi amigo Sarko y pregunta el nombre a una azafata. Le responde: ¡Marie Propanolamine! El Tour es una banda itinerante de presuntos narcos alucinando en colores. ¡Y la Volta a Cataluña, una Voltarén a las farmacias! (*Risas muy guasonas*).

—¿La reina Ana Bolena tomaba anabolizantes?

—Volvamos al baño, mi niña.

Cuando el partido se reanuda Aznar saca el tema de Pinochet, víctima de una retención en Londres. Los acólitos, en silencio, retornan a sus localidades. El presidente discursea y hurta la voz del locutor.

—Este condenado Garzón al que recosimos la virginidad vuelve a dejarse inseminar por el progresismo más revisionista. ¡Me opondré a la extradición! Pinochet es de los chilenos y su transición. Mariscal, tesoro, que Fungairiño diga: el general no cometió genocidio ni terrorismo. Solucionaba insuficiencias del orden constitucional salvaguardando la paz pública con una sustitución temporal. ¿Veis?, igual que ahora Raúl por Mijatovic. Pinochet encaja trompazos diarios de la prensa internacional a sueldo del social-comunismo. Anteayer me confesó por teléfono: "Estoy tan abatido que si me ponen un rojo delante ya no tengo ni ganas de enterrarlo, solo de enterrar el pasado".

—Qué calvario.

—El calvario también lo das tú, Loyolina, que no tienes mano izquierda para negociar ni mano derecha para peinarte. Encima vienes vestida de lino, para que Bono y la SER te acusen de corruptelas con las telas. Bono dijo que si yo ganaba sería como poner a Herodes abriendo una guardería. A por él.

—Yo pretendía demostrar que…

—Aquí el único en demostrar soy yo. Tengo los pantalones muy bien puestos. Lo expresé muy claro en un mitin de Málaga: si alguien tiene un metro y quiere tomar medidas, aquí estoy.

—(*Rajoy*) Podríamos alegar que Pinochet estaba triste por la floja asistencia al fútbol, deporte de interés generalísimo, y no le cupo otra opción que dar un golpe de estadio para poblarlo de familias comunistas favorecidas con pases gratuitos y abonos indefinidos. La incomprensión luterana es histórica: los inventores del fútbol hoy secuestran.

—Tu obsesión por el deporte de sofá te va a dar un disgusto. ¿No te das cuenta de que es un argumento inverosímil?

—(*Aguirre*) No lo tomes a mal, Mariano, y deja el *Marca* pero no para coger el *As*. Estudia ciencia política. No conoces a Rolexpierre ni la Constitución del Nepal.

—¿Cuál es la Constitución del Nepal, bonita?

—Pues será la Carta Nevada, cuál va a ser. Hay que pulir el acceso a lo humanístico. A ver, presidente, si el curso próximo puedo poner en marcha el *Cañilinguus Citius* de mi amiga Cifu. Un máster rápido del bienestar humanístico y castizo.

—(*Aznar*) Suena bien, Espe. Antes de que finalice el encuentro y se me vaya de la cabeza, Mayor…

—A tus órdenes, mi virrey.

—No me llames así. Los reyes son los padres y los virreyes, también, pero los padres no pueden ser reyes ni virreyes, je.

—Mi apellido es tan marcial, tan británico en la India, que se me salta la subordinación.

—¿Qué sabemos del alto el fuego de la ETA? ¿Qué baza electoral tenemos? ¿Cómo si no me darán el Nobel de la Paz los progres anticuados?

—La banda no suelta prenda, pero he conseguido que las princesas de Mónaco decreten un alto el juego a fin de preparar nuevos escándalos.

—Objetivo: el retorno del Peñón: Gibraznar. Ya veo a mis súbditos vitoreando. *"Ezpain go vel, ozú"*.

Confidencias y ocurrencias de gaznates contentos amortiguan ecos fúnebres del televisor: gol del Barsa. El locutor despide el duelo.

—(*Aznar, reseco*) *Cave canem.* (*Viendo a los que menean la cabeza*). "Qué bien vamos con este perro", un giro irónico catalán de raíz latina que sorprendí al sanguijuela de Pujol. ¡Si pudiera darle puerta! ¿Alguna idea, Marhuendita? ¡Ehh! ¡Enséñale a ese queso de bola holandés la nobleza recia, dale calor sociológico al tobillo! ¡Quejica, si no te ha tocado! Siempre gimoteando! ¿Qué hacer para zafarme de su marcaje?

—(*Marhuenda para sí*) La traducción es errónea y el resultado malicioso, pero dos errores en lenguas muy muertas los tiene cualquiera.

—(*Por tercera vez, ahora ordenancista*) ¿Periodista, qué he de hacer para quitármelo?

—Por qué no buscar la mayoría absoluta mediante la teoría del trastorno psicosomático? Hay que presentar al pueblo catalán de pesetero, hosco, insolidario, que no habla en cristiano, no paga las rondas en los bares, no cuida su acento exagerado y nos marea achacando relojes parados, provincianitis y política de campanario. Una Cataluña crispada y radicalizada no puede ser la locomotora de España.

—¡Coño con el catalanito!

—¡Genio!

—¡Torero!

—(*Enrachado*) He ideado una tabla periódica de elementos catalanes, según su relación con lo que unos llaman España y otros el Estado. A saber: cesionistas, equidistroncios, separatógenos, cloronformes, helioliantes, sodiosos, cobrecomisios y platanados.

—¡Lumbrera!

—¡El Nobel de Química!

—(*Aznar antropológico*) Los catalanistas farfullan un imperativo categórico celestial, culminar su cima sagrada, y la cima nunca se sabe dónde está. Ni lo saben los más separatistas. Van del campamento base de la sindependencia al pico nebuloso de la autoindeterminación, ji, ji. Y en eso coinciden Pujol al sol que más calienta y Maragall en la sombra.

Una cerrada ovación ha consagrado al periodista ante los ministros, que rivalizan en lograr una visita a sus departamentos.

—¡Este chico, bien pulido, te hará ganar el mundo, presidente!

—(*Musitando*) De qué sirve ganar el mundo si pierde el Real.

***

La escena culmina en el domicilio de Marhuenda. El periodista vive un desasosiego identitario. Su monólogo suena cansino y afligido.

—Sin duda, los catalanes son más neurasténicos que el resto de celtíberos. Tengo mis colores políticos y me siento cómodo entre el accionariado del palco del Santiago Bernabéu, un edén donde se gana casi siempre. Pero mi alma democristiana me decanta al

Barça. El Camp Nou alberga más deidades y allí respiro parte de mis raíces: cuando se gana, ofrecen la vasija a dos vírgenes de distinta piel, el museo del club cobija más espiritualidad que San Juan de Letrán y hasta Wojtyla es socio de la entidad que un día fichó a Sampedro, Seminario y Serafín. Admito, eso sí, que la espiritualidad amaina o se esfuma en cuanto habla el sultán Núñez, que gobierna el club con los sociatas. Me han enviado un vídeo, dicen, bochornoso.

Marhuenda lo pone en marcha. Una entrevista al presidente Josep Lluís Núñez.

—¿La ampliación del Camp Nou es faraónica?

—Quisimos un estadio de cinco estrellas; cuando se llovía las lluvias quedaban en mal estado. Como primer embajador de Cataluña he hecho un estadio para la humanidad barcelonista en que todos los asientos puedan sentarse y ningún socio tenga problemas para pagar el carnet de identidad.

—¿Piensa instituir y ganar el Premio Núñez de la Paz?

—Yo solo represento a mi club y a la ciudad que lleva su nombre. Somos más que un club. En Oriente el otro día raptaron a un niño y salió la camiseta del Barça; el autor está en nuestras filas.

El apuntador ofrece a Marhuenda una zamarra madridista.

Escena 85

MINISTROS EN SU SALSA

Narrador

El periodista catalán predilecto del gobierno, Francisco Marhuenda, efectúa un tour por los ministerios donde ha sido invitado.

***

El decorado nos muestra el despacho principal del departamento de Industria y Tecnología.

—Señora Birulés, encantado. Una paisana triunfando en la capital...

—Nada de fruslerías, joven. Aquí somos aznarizados, nada más que aznarizados, y a mucha honra. Disculpe que le reciba sin quitar ojo del ordenador. A falta de competencias y medios para luchar a brazo partido contra el atraso, le recito contínuamente veredictos éticos.

—Qué temple, qué fortaleza.

—No me tome a mal, Marhuenda. El disco duro es la única parte de los machos hispánicos donde no se pavonean de dure-

435

za. Este ordenador, un sencillo sistema maquinal de almacenar datos, es más digno que el hombre. No pasa página solo cuando le interesa.

—Caramba.

—Vea, vea: virtual es una realidad que existe por grafismo electrónico y que borramos oscureciendo la pantalla en un par de clics. ¿Ve? "Internet News: Más de 200 millones de niños en desnutrición". "Más de 500 millones de individuos tienen la esperanza de vida por debajo de 40 años". Clic. "¿Desea interrumpir su conexión?" Clic. "Ahora puede apagar el equipo."

—¿Y su partido nunca le da trabajo?

—Nunca.

—¿Qué le gustaría investigar?

—Las transferencias autonómicas. Son la única materia prima presuntamente inagotable.

***

Decorado: sede de la ministra de Cultura y Deportes.

—Buenos días, señora Aguirre.

—Mejores serán si bebe conmigo este preparado isotónico. Los tenistas lo toman para golpearse las suelas con mayor fuerza. ¿Conoce a Carmona, el presidente de Venezuela salido de nuestro alzamiento? Será número uno en el *draft* por los Detroit Pistols. ¿O prefiere a Umbral?

—(*Desganado*) Umbral.

—Buena elección. La gente lo tiene por un divo que solo se sirve del plural para hablar de sus egos muy masculinos. Nada más inexacto. ¡Umbral, ven aquí! (*Aparece pomposo pero servil con su ama*).

—(*Marhuenda sin complejos*) Observo que tiene el ego hinchado.

—No, eso es de políticos. El egotamiento o mal de altura.

—¿Los literatos no se endiosan?

—Yo no me creo Dios; solo escribo como él.

El traqueteo de unos zancos asusta al periodista.

—(*Ministra*) No tema. Nuestro dietista oriental, Sánchez Dragón Chino, está levitando. Así piensa mejor sus empanadas.

—Pero cuando uno levita se eleva en el espacio.

—Los zancos son la forma levitadora de un anarquista de mercado. ¿Con qué nos sorprendes esta semana, Fernando?

—El lunes llevaré empanada tao, el martes hindú, el miércoles estoica, el jueves epícúrea y el viernes taurofálica.

—Es una potencia mental del liberalismo radical. En su otra vida militó en el PCE.

Narrador

Por la noche la ministra de Cultura lleva al ilustre periodista a un concierto al aire libre.

—Amigo Marhuenda, deseaba que pudiese presenciar una génesis política que hará historia. El modelo ranchero en que nos inspiramos para implantar el copago en bienes de primera necesidad.

—No alcanzo a comprender.

—Está clarísimo. Los tres tenores ya salen. Vea los lazos anudados de cualquier manera. Ahora desenfundarán el tono más agudo en un pupurri intrépido a lo que salga.

Suenan 'Cielito lindo' y 'Cucurrucucú paloma'.

—Nadie puede negar que estos artistas de grandes voces negociantes están muy pagados de sí mismos y por tanto muy capacitados para que les paguen los demás. Es nuestra tragaperras más avanzada y culta. Ahora pasarán por caja con un par de bemoles. Un espectáculo. Si escuchara su versión zarzuelera *Marina mercante* o la ópera *El mercachifle de Venecia*, se le encogerían el corazón y la cartera.

—¿Y aquellas señoritas escuchimizadas en las primeras butacas de nuestra platea?

—Una sugerencia genial de Silvio. Ahí se congregan las *top model*. Cosechan éxito social por lucir sus escualideces y así recordar que la humanidad pasa hambrunas. Mañana iré a la COPE. Le ruego que tenga la gentileza de acompañarme.

—Nada me complacerá más. Siempre espero la voz episcopal con fuerte agitación de conciencia.

Decorado: un estudio de la emisora.

—(*Final del locutor*) Felipe es reo de terrorismo de Estado, apologeta de los GAL, pornógrafo de la política. Los socialistas son ladrones inmorales. ¿A qué esperar las pruebas cuando su actitud todavía les delata? Gracias por su mensaje evangélico, ministra.

—(*Aguirre atisba desazón en su invitado*) No vacile en su fe. Copérnico descubrió la COPE y su sistema heliocéntrico cara al sol, centro del universo. Nos da energía con injurias debidas al rojo, palo al débil, enfrentar a todo quisque y alabado sea Dios.

La forma de enderezar sendas en el mundo implacable que nos toca vivir. Jiménez Losrambos es el espolón de proa.

—¡Y Aznar qué dice?

—Nuestro líder es muy hermético.

—Muy reservado, sí.

—Regala corbatas de Hermès al personal de la emisora, para ellas fulares. En nuestro apostolado no caben las tibiezas. Hoy sustituiré a un antipapa.

—¿A quién?

—A Clemente. Intoxica el equipo nacional con vasquismos solapados y hacemos el ridículo ante los inferiores. ¿Qué son un uruguayo y un nigeriano? Pregúnteselo a Mariano, que lo dirá mejor que yo. Disculpe, he de marchar a un acto de nuestro baluarte cultural. No tenemos ramoncines, *wyomings* o gabilondos, intelectualillos orgánicos de ocasión. Nuestros faryseos son españoles de raza, pregoneros de los valores de El Fary.

***

El periodista de moda visita al ministro de Educación, Mariano Rajoy.

—Perdone el retraso, Marhuenda. Cada mañana despacho con el asesor de inversiones deportivas, el vidente futbolístico, el abogado de la Federación, el consultor de imagen arbitral, el profesor de tácticas y el desayuno bioenergético.

—Su colega de Cultura también se tonifica.

—Todos deberíamos tomar tres tandas de penaltis al día para mejorar las defensas numantinas, avanzadas o de *catenaccio*. No se imagina cómo fortifican la mente: jamás me dejo nada en el tintero. Verá, prefiero la plumilla al ordenador. Lo que mejor puedo contarle es la globalización basada en lo temporal. Para los loros felipistas es algo inexplicable que fomentan unos, afecta a otros y, aun no sabiendo bien qué es, engorda a los de siempre. Por el contrario yo le diré que... Perdóneme, voy a echar un sueñecito.

El invitado queda grogui por la plaga ministerial de didactismos dogmáticos y por la grosería del plante. Un secretario se explica, compungido.

—Es la costumbre. Llega, se entrevista con alguien y sigue dando cabezaditas. Entre la modorra y el fútbol, por algo le llaman Marciano Rajoy. Si por él fuera, la fiesta nacional sería Siesta Nacional.

A la media hora Rajoy regresa soñoliento.

—Es hora de reponer fuerzas. Un par de saques de esquina en una cinta de *Estudio Estadio* y quedo como nuevo. Mágico González también se duerme en el vestuario del Cádiz. Decíamos ayer: la globalización es el fenómeno social en virtud del cual Ronaldo anota de chilena en Seúl y un cirujano de Río rumiando la jugada amputa un pie al paciente de amígdalas. Qué modorra. ¿Me disculpa?

Escena en el despacho del vicepresidente económico. Rodrigo Rato da un mitin.

—Estimado periodista: el PP mejora en la clasificación de la tasa de desempleo juvenil y cruza la meta del euro en el pelotón de cabeza. ¿Le hablo del *goal average* favorable en creación de riqueza? He estado con Rajoy y me contagia optimismo.

—Vista la querencia general por las definiciones, desearía, don Rodrigo, que sentara cátedra de "lo temporal", expresión tan de actualidad.

—Usted, joven, sabe que el temporal es una perturbación atmosférica con lluvia, nieve, granizo o rayos, fundada en el axioma físico-social de que nunca llueve a gusto de todos. Ahí viene el hallazgo del liberalismo social: el temporal planea sobre los trabajadores en forma de chuzos de punta o empleo inestable, de ahí lo temporal. Todo ello redunda en su bien; se flexibilizan las plantillas y los ricos ganan dinero para invertir o regalar a necesitados. ¡Que me encarcelen si miento! Es el mejor instrumento redistributivo junto a la maratón.

—¿Atletismo benéfico?

—Las maratones de televisión. Son impuestos innovadores, revolucionarios. Por medio de amables programas de monerías vencemos lacras tan terribles, fíjese usted, que ni el Gobierno que debería atenderlas ni los presentadores saben de la misa la media.

—Qué interesante.

—Eso no es nada. ¿Conoce el fundamento de la Agencia Tributaria? Es una orden mendicante del siglo XXI con voto solemne de pobreza ajena, en aras del bien común de los pudientes. Con el calentamiento global priorizamos la vertiente deportiva: salvar sus piscinas. Nada sería de nosotros sin Montoro. Se lo presentaré. Está quitando los decorados de la inauguración de la Oficina Anti-Fraude. ¡Torooo!

Flaco y mal afeitado, Montoro salta.

—¡Esnifa. Toro, esnifa! (*Olisquea los bolsillos babeando*).

—Busca su NIF. Montoro esnifa el carnet del contribuyente medio bajo a cualquier hora.

—¡Snif, snif!

—España va pero que muy bien, oiga, aunque llamen rateros a mis seguidores y se coñeen del objetivo anual de inflación del 2% aduciendo que solo dura un rato.

—¿Y la moneda única?

—¡Vaya! Sería la pesoeta que les quedaría a los socialistas si volvieran a vaciar los bolsillos ajenos de tanto cargarse el déficit cero.

—Alabado sea el Cero.

—Muy bien, veo que sabe usted lo que se dice.

Decorado: despacho de Margarita Mariscal de Gante en el Ministerio de Justicia.

—(*Ministra al ordenanza*) Dos cervezas Estrella. (*Al visitante, zumbona*). ¿De juez Estrella?

—Si no hay otro remedio…

—El nuevo Salomón cree que puede arredrarnos *manu militari*. Garzón es más creído que Buda y Mahoma juntos. Su *Operación Ostra* debió ser ¡Ostras!, porque la sorpresa fue dar con medio gramo de coca en los calzoncillos de un grumete. ¡Un milagro que de sumario tan mal instruido y tanto aparato antinarcotráfico se cogiese a alguien *in fraganti!* Este país es de los chulos y los jetas. El colmo: Roldán me pide un visa a visa con Blanca, su mujer. ¡Como si este aprovechón fuera a quedarse sin blanca!

—Me han informado que disertará en la Complutense. ¿Cuál es el tema?

—Una comunicación en que basé mi doctorado. El "visto para sentencia" o momento procesal que se origina a los diez días hábiles de que todos los españoles conozcan de cabo a rabo el texto de una resolución judicial. ¡Un tesoro jurídico!

El ministro del Interior acomete a Marhuenda nada más verle en la puerta.

—Déjeme poner las cosas en su sitio. En el barómetro del CIS estoy mejor valorado que el Caníbal del Plenilunio, Landrú, los muñecos de Mari Carmen y el Licántropo del bosque de brezos en la primera etapa.

—¿Qué hacia el Licántropo en su segunda etapa?

—Ocultaba cadáveres en la estufa o en cal viva.

—¿Está seguro de la valoración? En el de hoy…

—Aquí nadie está seguro. Anabel Segura fue asesinada. El océano Pacífico está a tope de bombas atómicas. Necesitamos mayor seguridad, mayor oreja, perdón, mayor orden. ¿Quién abría todos los años judiciales? El Manitas González vaciando las arcas públicas y la legión de pícaros que tiraron de nuestras bolsas y carteras. Aún hay lacayos que les ríen las desgracias. Los socialistas, digo, los terroristas, han de cumplir las condenas hasta el último día por la noche.

Decorado: despacho del ministro de Fomento, Francisco Álvarez-Cascos.

—¿Da su permiso?

—¡Entre! (*Al verle*) ¡Tú, plumilla, ándate con tiento que la semana pasada partí el maxilar de un colega tuyo. Le enseñé mis fotos de carné y dijo que eran fotomatón. ¿Matón yo?, le dije, tu puta madre.

—Me confunde, soy Marhuenda y tengo cita.

—¡Perdona maestro! La efusividad me pierde. La escoria me apoda *Doberman.* Un consejo: la vida es pendenciera. No te dejes achicar espacios, como dice Mariano.

—¿Cómo nació el AVE?

443

—Muy sencillo. El tren de alta velocidad socialista o TGV Payá era un Tren de Grandes Vacilaciones que unos políticos andaluces querían vacío Payá y otros vacío Pacá. Por eso hicimos el AVE. Que se empapen los del puño: seremos la envidia mundial cuando haya reformado el prototipo ferroviario con mi marchamo: un vibrador para masajear a pasajeros de primera, un reductor de velocidades para que no se constipen y unos buenos retrasos de infraestructura y servicio para no enfrentar unas comunidades con otras.

—La oposición pide pasos a nivel con barreras. Y vibradores *in itinere...*

—¿Los mentecatos que piden eliminar barreras con África las quieren en pasos a nivel? ¡Que no me vayan tocando los tendones! ¿No inventó el PSOE los pasos sin guarda? Esos estorbadores inventaron las bolsas de pobreza y hasta robaron las bolsas. Mala piel. Psoriasis.

—¿Es partidario de aumentar la red de autopistas de peaje?

—Por supuesto. En esencia la autopista resulta una carretera rápida. Los obreros amarillos, los desvíos colapsados y las retenciones en los peajes por las cuales hay que pagar son signo de prosperidad y contribuyen al dinamismo social.

Despacho de Isabel Tocino. Viste de faralaes.

—Bienvenido. Como ve, estoy recién llegada de Doñana.

—Las lenguas de doble filo apuntan que el Papa oficiará una misa pontifecal por el coto.

—Amigo mío, lamento que violen su credulidad. La parte más frondosa de Doñana, preservada de contaminantes, está a mi cuidado. Los acuíferos son tocinillos de cielo. Pregunte cómo dejaron el Coto de la Bernarda los de la mala hierba.

Vestíbulo del Ministerio de Defensa. Un militar entrado en años saca lustre a medallas de plata.

—Perdone que el ministro no pueda recibirle. Soy el general de la limpieza. Los señores han salido a gestionar un partido de la Selección en Perejil y una rueda informativa sobre el uranio.

—¿Uranio enriquecido?

—Sí, pero por otros. Si nuestras fuerzas nunca han ido a ese planeta, mal han podido enriquecerse.

Despacho presidencial. Aznar pone mano en el hombro del periodista.

—¿Cómo ha ido el *tour*, Marhuendita?

—Muy bien, pero no he visitado al ministro de Sanidad. El hombre estaba buscando enfermeras, quirófanos y camas para los hospitales inaugurados el trimestre pasado.

—Me mola tu espíritu crítico, fresco. Dime más.

—(*Con vocecilla de orfanato*) El partido gobernante no da soluciones viables a los pobres.

—Eso, jovencito, ya es frescura. (*Aviando el asunto por la vía rápida*) Hemos sido acusados de abandonar a los pobres, pero es lo contrario; ellos nunca nos votan o no votan. Nuestro modelo es indiscutible. Los que solo hablaban de proletariado feliz han tenido que rendirse a la evidencia después de pifiarla 70 años. El modelo engendraba una dictadura en lo político e ineficacia en lo económico. (*Ametrallando las palabras*). El comunismo y la jodienda no tienen enmienda. ¿Qué han hecho los rojos aparte de pervertir los evangelios? ¡Abur, chaval, tengo pádel y *coach*!

Escena 86

¡MAYORÍA ABSOLUTA!

Narrador

¿La revolución liberal saldrá bien parada en las elecciones generales de fin de siglo o quedará en palabrería? El programa popular de condenas altas, impuestos bajos, terror doblegado, amiguismos desterrados, adiós a vividores y vagos es música celestial y los españoles le dan el respaldo electoral absoluto el 12 de marzo de 2000. ¡183 escaños!

***

Escena múltiple en la Moncloa. Aznar imparte aquí y allá una gama de órdenes estimulantes.

—¡El Estado soy yo! Política anticorrupción en democracia pura. ¡Juego de cama azul de gala! ¡Oído cocina! ¡Dos de centollo, una lubina al horno y bandeja de alcachofas rehogadas! ¡El éxito soy yo! ¡Máquina de cuádriceps y abdominales!

—*(A Rajoy que hace sentadillas)* Incorpórate, Mariano. Hablo al vicepresidente todo terreno.

—Seré un pulmón en el centro del campo.

—En adelante Educación subvencionará centros realmente necesitados o sea pobres. ¿Qué lista tenemos?

—O'Sea del Golf, Padre Onassis, Pijicreme de la Creme y Opulen$ Dei.

—Perfecto. Envía un mensaje al padre comunista del niño balsero Elián González: "Váyase de Cuba, señor González". El cubano es infortunado entre infortunados. Ha de dar gracias a Marx, a Dios y al yanqui por pasar privaciones y a mí por la pertinaz ola de turismo sexual en la isla. Sexología bucal, je, je. Trabajamos en mejorar la inteligencia emocional de los nativos, enfermos de negatividad leninista.

—¿Y qué hacemos con Loyola?

—¿La monja mitad soldado y mitad comisaria? Mándala a Bruselas. Nos faltan *cracks* galácticos. Como Miguel.

—¿Miguel Pérez, Amancio, Grosso, Velázquez y Gento?

—Miguel Boyer, que tiene una cláusula de rescisión baja y pide cambiar de equipo. Patrocinará la operación Porcelanosa, que a mí me paga el chalet de verano y a él los anuncios de su mujer. Una cosa más: ¿cómo están los convergentes en la oposición?

—Duran y Mas se acusan de maltrato doméstico.

—Perfecto. ¿Qué alegan?

—Recuerdas, presi, al depredador?

—Damborenea. ¡Un farsante, y le llamé espejo de virtudes! Intentó ganar el congreso de los socialistas vascos entrando por la cocina para llegar el primero y tomar la mesa de credenciales.

—El depredador del cine, el alienígena de fondo monocromático y visores de infrarrojos que elimina a cuantos se le ponen delante, localizándolos por la temperatura corporal.

—Termina la perorata. ¿Qué tiene que ver?

—Que el depredador es alquilado por cada parte antagónica, Mas o Duran, cuando la otra va caliente.

—Muy ladinos. ¿Qué es de Trillo?

—Busca emigrantes para no estar solo en el ministerio de la mili y monda patatas por si acaso.

—Lárgalo a Honduras, allí hay mucho personal.

—¿Yusef Piqué?

—De relegado del Gobierno en Cataluña, que a todas horas va distraído. En Baqueira tuve que avisarle: "¡Ministro, llegan los Reyes! El repuso: ¡Dios mío, si aún no he escrito la carta! Pero tiene clase. En vez de "si Dios quiere" dice "Si Dior quiere". Otra cosa: ¿está concedida la operatividad telefónica?

—Tienes la tarifa Moviznar Amigos para comunicar con Tony, Silvio y George. También con Putin. ¿No querías la fórmula de sus pectorales?

—Prepáralo todo, Mariano.

—En cuanto revise la Liga eslovena.

El presidente español se mueve de manera subrepticia hasta la capilla. Le vemos dentro de un confesionario. Arrodillado en demanda de penitencia está el nuevo ministro de Justicia, José Mª Michavila.

—(*El confesor*) Respetado Micha, he preferido que vinieras tú y no los meapilas de Trillo y Fernández Díaz. Confiábamos en que Wojtyla solo prohibiría las pastillas abortivas, pero a este paso nos mandará hacer el pino con las orejas. ¿Recuerdas cuando pontificó que mirar a la propia esposa sin ánimo reproductivo era adulterio del corazón? Pues se habla de codificar las miradas conyugales. Polacos liantes.

—Quizá sea por su asistente. Me consta que Stanislaw Dziwisz le lleva la contraria y le hace actuar contra su voluntad.

—También Felipe tenía a Ibarra, que le cantaba las verdades del barquero pescando en Monfragüe, porque él cantaba las del banquero, del suyo. Yo de asesor te tengo a ti, que eres empollón y clerical. Venga, picha, perdón, Micha, recuérdame la doctrina romana en sexo y reproducción.

—Pío XI condenó toda intervención química o mecánica contra la fecundación, Pío XII la suavizó legitimando la abstención de contactos sexuales en la fecundidad femenina, Juan XXIII exaltó la paternidad responsable pero condenó el uso de anticonceptivos en masa. En la *Humanae Vitae* Paulo VI confirmó la línea. A Juan Pablo I no le dio tiempo a pronunciarse; Albino Luciani era obrero emigrante y su muerte...

—Al tema, Micha, al tema. Si no te paro los pies, me largas el Génesis.

—El calendario Ogino de abstinencia periódica y el método de la temperatura basal eran los aceptados. Desde 1979 Juan Pablo II recomienda el *Billings*.

—Sí, sí, el coñazo de mirar el flujo femenino cada noche para identificar los períodos secos. Me aseguran que endurecerá la doctrina. A la reforma la llaman *Billings el Niño*. Nada bueno. El polaco la armó con la libertad sindical y en la cama nos volverá locos. Prioridad absoluta a un informe secreto. Elabora una demanda urgente a Roma: modernidad aparente y manténgase lo evidente, sin arrechuchos. Aplaza lo que estés haciendo. ¿Es lo que te encargué?

—Sí, si. La tesis de que el Pentágono es una semidivinidad humana.

Escena 87

IBARRETXE QUIERE DAR EL GOLPE

Narrador

Las relaciones con el PNV son un punto negro que irá a peor, pese a los buenos oficios de Cascos con quienes gobiernan Euskadi desde la segunda glaciación. El primer contacto, confidencial, entre Aznar y el nuevo valor del nacionalismo puro ya es agotador. Juan José Ibarretxe está dispuesto a pegar duro. De momento da el golpe en el partido contra el moderado Ardanza.

—(*Aznar*) Llevas la com-eta muy alta.

—(*Ibarretxe*) Los jueguecitos de palabras sobre la lucha armada te los pones donde te kepan.

—Solo sabéis insultar con pullas refinadas y enseñar a los escolares ikastrolas sobre España.

—Pues en Madrid el concierto económico os suena a una velada musical para pensionistas.

—Sacudirse a Ardanza para romper la Constitución es un error histórico que pagaréis caro. Nunca dialogaré con Injuria Enea.

—Ni nosotros con los payasos de Monclown.

—¿Quién es el que hace jueguecitos?

—Tú.

—Tú, Tú, Tú, y dos huevos duros.

—Señor presidente español, el PNV confinará al *lendakari* Ardanza a los abismos.

—Lo apartaréis quienes os decíais fieles. Me asquean las traiciones de tres al cuarto.

—Y eso lo dice el casto castellano que ha acogido a Damborenea pasado de rosca.

—(*Dolido*) Soy casto, sí. Castidad es la virtud de quien vive en la pureza e inocencia antes de entregarse por la ley, si antes no ha hablado con Arzalluz, Anasagasti o Garaikoetxea, que estos te llevan al huerto.

—Sembrador de violencias.

—Pregonero de terroristas. Bastante tengo con los neuróticos sociatas. ¿Por cierto, llevo tiempo sin saber de ellos. ¿Qué estarán haciendo?

La escena nos transporta a la espiritualidad de un cónclave socialista. Música de relax alternada con nanas. Unos militantes hacen yoga, otros posturas de quietismo, dormitan o roncan a pierna suelta.

Narrador

En el PSOE sucede un vuelco sigiloso. Nace la oposición tranquila del cambio tranquilo de José Luis Rodríguezzzzz Zzzzzapatero.

—(*ZP*) Tranquilidazzzzz, compañeros de Ferrazzz, somos una garantía de tranquilidazzzzz.

Narrador

Sus andares son catedralicios, su mirada cristalina y su piel, angelical. ZP diserta. Rubalcaba recalca las virtudes del nuevo líder a Felipe, que hace movimientos de 'tai-chi' bonsai en mano.

—(*Rubalcaba*) La beatitud del líder de un socialismo renacido presagia por fin la distensión. Y es un avanzado en derechos sexosociales.

—(*Felipe*) No sé, no sé.

—Nos queda un chico, Sánchez, cuya imagen…

—¡No hay más Sánchez que Sánchez Pizjuán! Ascendamos al amodorrao.

—Tranquilidazzzzzz, compañeras y compañeros de Ferrazzz, Preguntémonos las cosas. ¿Por qué un minuto de silencio tiene 55 segundos menos para los españoles que en realidazzz solo respetan los 5 primeros? Es falazzz. Gestionemos mejor la mudezzz coherente. ¿Por qué no unificar los grupos Seguridad Social y El Último de la Fila? Más aún en pro de la serenidazzz inteligente: ¿Amnesty y Greenpeace han de disuadir a Jesulín de Ubrique de sacar otro disco por razones humanitarias?

—Mira, se ha quedado roque. Este tío está como una chota.

—Pssst, Felipe. ZZZZPPP es el futuro.

—Mientras no se duerma al paso de la bandera de los Estados Unidos, aquí paz y después gloria.

—(*Apuntador*) ¡Ronquidos más suaves! ¡Ronquidos menos sonoros! (*No hay manera*).

Escena 88

¿PELOTARIS EN LA ZONA CERO?

Narrador

El 11 de septiembre unos berridos más sinfónicos de lo normal aler-tan en Moncloa de un atentado.

—(*Aznar*) ¡Ha sido ETA, ha sido ETA, todos los indicios apuntan a ETA!

—Pero, presidente, según *Los Angeles Times* la autoría vasca del ataque a las torres gemelas no es una línea de investigación compartida. Washington culpa a células de matriz islámica.

—Yerran quienes lo creen, pero no es cuestión de indisponerse. Ministro del Interior, rectificas a la baja el número de chapelas, pelotaris, botellas de chacolí, icurriñas, pins y llaveros de la Real y el Athletic encontrados en la zona cero. Ello sin descartar la pista etarra en su totalidad. Cuando el río suena, no hay mal que por bien no venga, como dijo Alguien. (*Deleitándose*). Con este 11 de septiembre universal los fundamentalistas catalanes se quedan sin *Diada* y los izquierdosos sin aquelarre anti-Pinochet.

Narrador

La oposición es un clamor: España está tomando decisiones para complacer al amo yanqui en su delirio antiárabe. Pero el Gobierno vive en otra realidad.

—(*Trillo*) Reforcemos el flanco sur. El centro de la estrategia terrorista en el Mediterráneo se oculta en el islote de Perejil.

—¿Una base fantasma, Federico? ¿Quién la ocupa?

—Cinco bóvidos, dos pastores y varias latas de conservas, pero todo induce a camuflajes. Divisiones marroquíes infiltradas de radicales se han enrocado.

—¿Dónde apuntan nuestros cohetes de vasto alcance?

—Se gastaron en los Sanfermines, presidente. El presupuesto...

—¡Operación demoledora! Movilización general! ¡Rearme moral! Convencer con la espada de la inmutable verdad de España. (*Toma aire*). Otórguese una medalla al mérito al inspector Manzanas.

—Manzanas era un torturador titular en el equipo de Franco.

—No excluimos a víctimas, Mariano, hayan estado donde hayan estado, y quizá necesitemos a los veteranos que sitiaron Stalingrado. Medallón a Melitón. Que la Fundación Franco aporte mapas de ofensiva. No morderán la mano que les da de comer.

—¿Ofensiva expansionista? ¿4-3-3 o 4-4-2 elástico? El culpable, Osasuna Ben Loden, es letal en ataque. Puede actuar de cerebro y también de ejecutor por su instinto asesino.

—Tanto deporte de sofá te enajena, Mariano. Ben Loden era el inmigrante de nuestra lista. ¿Dónde está el eje del mal? En los moros. ¿Dónde están los moros? En Francia. ¿Qué hay en Francia? Franceses, que un 2 de mayo nos raptaron a las infantas. Tú y Trillo, telefonead a los aliados. He de saber qué piensan Hugo Banzer, Obiang, Fujimori y Gadaffi. El libio me ha prometido un caballo ganador. Por cierto, ¿sabíais que cerca de Jerez los metódicos monjes cartujanos criaron caballos desde el siglo XV? ¿Que su genética excepcional influyó en muchas razas incluso en América? El cartujano es el único caballo de raza española que tiene línea reconocida como estirpe.

—Sí, presidente, sus crines son largas y sedosas. Los criaban en la Cartuja-Hierro del Bocado, hoy habitada por religiosas de clausura que guardan secretos de crianza equina, como los estancos usados en hidroterapia. Jesús Gil los aplicó a *Imperioso* y la mujer de Ruiz-Mateos los quiere para el Rayo Vallecano. A la finca *Salto al Cielo* iban monjes y caballos añosos a estimularse. El tratamiento *anti-vejez* de las monjas cayó en desuso al no pasar los controles de dopaje.

—¿También te empollas las revistas de hípica?

—Equitación, sambo, bolos leoneses, cesta punta, criquet gallego...

Narrador

Los mandos del Pentágono sopesan el mejor medio de parar los pies a quien Aznar señala máximo responsable del 11-S a instancias de Bush: el Irak de Saddam Hussein y sus pavorosas armas de devastación conectadas al millonario Bin Laden. La Casa Blanca entra en comunicación con Moncloa.

—¡*My friend George*!

—¡Ánsar! De *training* invadiré Agfanistán. Ofrece posibilidades de buenas fotos bélicas. Será un gran éxito de crítica y público local.

—¿Ordenas alguna cosa más?

—Te envío un avión a prueba de impactos. El *Aznair Force One*.

—¿Y Sadam, con sus malditos sadamitas?

—No permitiremos que ensucie de función cloroquímica el paraíso terrenal. Tendrá su merecido más tarde. Dios bendiga América.

—Amén.

Sótano de Moncloa. El gobierno está reunido.

—Os he convocado en mi búnquer para que tengais evidencia explícita de la situación bélica mundial a la que nos aboca ETA, un extremo confirmado por el presidente de EE.UU. Yo y mi gobierno centraremos los ímpetus pacifistas en dar guerra al terrorismo mundial, mientras el líder de la oposición paritaria, Zapatero, da monólogos estériles sobre la necesidad de una Alianza de Civilizaciones Tranquilas y solamente se le oye al invocar la pasividad nacional hacia Irak. Son ensoñaciones ilusorias y falsamente pacíficas, cuando un desastre tal en la zona cero exige la fe de carbonero, sin medias tintas ni cautelas medrosas.

—¡Ojalá tu madre hubiese parido siete como tú!

—(*Trascendental*) ¿El submarino nuclear inglés que encalló falsamente en Gibraltar? ¿El petrolero que perdió la carga en Galicia? ¿La encefalopatía del ganado vacuno? ¿El uranio enriquecido que diezma las tropas? Ni estas "cositas" más o menos orquestadas por la oposición ni los jugueteos de Bambi podrán desviarnos del destino universal. De la cruzada contra el islamismo etarra emboscado en los afganos. El que destruye la esencia de la solución española: fundir lo social con lo nacional bajo el imperio de lo espiritual. A discreción. ¡En pie! ¡Rompan filas!

—¡Eres el mejor presidente de la historia de España!

—Así es, Cascorrabius. Pero no hace falta que cada día lo vocees asiendo las solapas de tus interlocutores.

—Como digas.

Escena 89

LA INMIGRACIÓN, OTRO ENEMIGO

Narrador

Junto al primer español en cabeza de las fuerzas planetarias se alinea George Bush, otro ser extraordinario. Ambos conducen la cruz del orbe occidental a la victoria. El americano está fuerte desde que, para bien del género humano, la Providencia se metió de lleno en el recuento de votos en Florida. Aznar parece cansado.

—Os abriré mi noble pecho a las penas. Tengo mucho estrés, una superfatiga por la demagogia de Rubalcaba, Caldera y Blanco. Y me he tomado la Ley de Extranjería tan a pecho que ha quedado demasiado honesta, leal y bondadosa.

—(*Ministro Jaime Matas*) Los extranjeros alteran el medio ambiente. Nos traen enfermedades y droga, rebajan los sueldos, disparan los delitos, desnaturalizan las poblaciones y recortan el espacio familiar en los bares, porque sueltan groserías y no saben beber. Además, no he encontrado ni uno que encaje con la grifería dorada de mi palacete.

—(*Mayor Oreja*) Las avalanchas de foráneos hipnotizados por nuestro progreso son manejadas por extremistas como dádivas de Dios, cuando en gran medida conspiran con Saddam. Hay que hipnotizarlos de vuelta por aspersión.

—(*Piqué*) Vayamos con precaución. La oposición nos acusa de estigmatizarles con lo de "marea negra". Repiten hasta la saciedad que el nacimiento humano y el deseo de prosperar son legítimos y no forman parte de una plaga premeditada de agentes de Irak.

—(*Cascos*) Uno no puede ir de blando, a no ser que desee regalarles la Seguridad Social y todo el país, a ellos y sus conejas. ¡La revolución de los vientres! ¡Ponerse ellos para echarnos a nosotros!

—(*Trillo*) Siempre hay párrocos incautos o del rojerío que les hacen el caldo gordo y les dejan encerrarse para reivindicar regularizaciones imposibles. ¡Y los obispos, cegatos y timoratos hasta la saciedad! Un calzonazos me vendía tercermundismo matemático. Le espeté: en la circunferencia episcopal solo buscais la cuadratura del círculo. También le canté la caña a un párroco blandengue: "Su papel es decirles '*Samsonite misa est*', largaos de la iglesia. Se quedó mudo.

—¿Puedo informar, presidente?

—Nada de frivolidades musicales, Acebes, ya lo sabes.

—No es frívolo: un gran número de emigrantes avanza el final de sus encierros ante la amenaza de más conciertos de Paco Ibáñez.

—¡Bien! ¿Cantará Víctor Manuel? Ojalá se vayan todos de golpe y vuelvan a entrar de uno en uno quienes lo merezcan, a tenor de su formación del espíritu nacional.

—(*Aznar afilándose el mostacho*). Se levanta la sesión. ¡Descanso, ar! Mañana será un día duro.

—(*Trillo*) Es un enviado de Dios para alumbrar el Renacimiento. (*Cuadrándose*) ¡Mañana de caqui!

El presidente sueña despierto al realizar sus abluciones antes de acostarse.

—Enviado de Dios, luminaria del Renacimiento, no está mal. (...) Células madre no hay más que una. En nombre del progreso universal, ¿por qué no encabezar una proposición de ley en favor de la monclonación urgente del beatísimo guerrero aquí presente?

De una muñeca rusa brotan figuritas de Aznar. Un funcionario con manguitos las estampilla a su ritmo.

Coro

Creced y multiplicaos
Chemari a la matrioska
Que la izquierda lleva el caos
Y nos quita la langosta

Escena 90

LA RECONQUISTA DE PEREJIL

Narrador

Escena en un campamento castrense montado en los jardines de Moncloa. Al alba un toque de trompetas de baja estofa ordena los pasos de una acción histórica que pondrá a cada uno en su sitio y devolverá la patria a los cielos imperiales.

—(*Voz entre bastidores*) ¡Compañía, diana!

***

Aznar, acicalado de guerrillero, saluda mano en la sien, entrega un uniforme de camuflaje a un soldado y cronometra los 58 segundos que se tarda en vestirlo.

—Espléndido. Ahora veremos la FAES. La Fuerza Aznarista Española. ¡Pelotón, de frente a paso ligero!

Aznar y una escolta en formación de combate llegan al puesto de mando. En una de las cuatro tiendas de campaña mandos azules, caquis y de boina verde burbujean en torno a croquis, mapas, transmisores, pantallones y teclados. Taconean a la entrada del presidente cruzado.

—Descansen, caballeros. Pónganme en antecedentes. ¿Meteorología?

—Bonancible.

—Eso suena a ZP. Quiero otra.

—Viento de levante, cielo encapotado.

—¡A despejar! ¿Helicópteros *Super Puma*?

—¡Arriba!

—¿Cuerpo de Operaciones Especiales del Ejército de Tierra?

—¡Cuerpo presente!

—¿Aviones *F-16, F-18* y transportes?

—¡Arriba!

—¿Submarinos, fragatas, patrulleras y buque anfibio de asalto?

—¡Armada en agua!

—¿Tercio Duque de Alba de la Legión con base en Ceuta y cabra esponsorizada por Solan de Cabras?

—¡Presentes!

—¿Policía y Guardia Civil?

—¡Reforzando fronteras con Marruecos!

—¿Canarias?

—¡Una hora menos en alerta!

—¿Base de Morón?

—¡Reforzada y lista!

—¿Patrocinador Tomate Orlando?

—¡Cobrado!

—Sincronicemos relojes. Son las 6.14 horas.

—(*Haciendo la señal de la cruz*). ¡Caballeros, por Dios y por España! ¡Vispaña!

—¡Paña!

—Deber, servicio, muerte. ¡Comience la Reconquista! ¡Al toro!

Escenario dividido en dos partes simétricas, una para el campamento monclovita y otra para una minúscula isla. Los acampados de mayor rango llevan auriculares para seguir el pulso de la operación.

Narrador

La empresa no es fácil. Diez gendarmes marroquíes pertrechados de 'tupperwar' (quizá un arma mortífera disfrazada) ocupan el islote de Perejil, que el enemigo denomina "Leila" para confundir. En el campamento de Moncloa los militares blasfeman de ira más o menos santa. Uno de ellos se hace oír.

—Presidente, los 500 metros de largo por 300 de ancho de tierra firme ponen en juego la suerte de la incursión: si un gran número de reconquistadores entrase en la isla, no cabrían. Quedarían a merced de un mar embravecido.

—Si tomo el mando es que tomo el mando directo. *¿Alló* Peregil? Jefe del comando: ¿contraseña?

—Pérez Gil.

—Incorrecto.

—Soy Pérez Gil, el jefe del comando operativo.

—¡Santo y seña!

—El perejil es diurético.

—Correcto. Que solo bajen los boinas del helicóptero.

—(*Jefe del comando*) Bajando, presidente.

—Icen ya la bandera.

—Perdón, presidente, antes habría que…

—¡Ordené izar la bandera al estilo Okinawa! ¡Lo primero para devolvernos el statu quo! ¡Dentadura por diente! (*En un aparte con la platea*) La culpa de todo no la tiene ese rey de pacotilla, ni sus alauitas engreídos, ni sus agentes conspirando por toda España, ni su ejército de pateras y velos. Felipe se pasó al moro y nos vendió. Nos traicionó por el Saladino de turno y su estrategia de hechos consumados.

—Presidente, tiene hilo directo con el almirante que ha dirigido la toma.

—Ya hemos pasao, presidente. A sus órdenes.

—Buen trabajo, almirante. ¿Bajas?

—Ninguna.

—¿Prisioneros?

—Todos los enemigos.

—¿Estaba Felipe González?

—Efectuado el recuento, hemos apresado a seis gendarmes camuflados de pastores, dos carneros, una oveja, dos alfombras, latas de atún y bonito del norte, aparte de una surtida gama de utensilios de *pic-nic* y *camping*, donde con toda probabilidad se amagan las armas sofisticadas.

—De destrucción masiva, como suponía. Gracias, almirante, y felicidades. Nuestros problemas políticos los resolvemos con nuestra sangre y nuestro esfuerzo. Solo hay nación con un jefe, un ejército que lo guarda y un pueblo que le asiste con unidad y disciplina.

Coro (*fuera de escena*)

Qué humor, Paco
Qué humor
Esto promete
Que siga el sainete

—¿Ha dicho algo, almirante?
—Yo no he dicho nada.
—Me pareció... Ya pueden servir el vino español. (*Se escancia*). Caballeros: cautivo y desarmado, el ejército enemigo ha sido desmantelado. La guerra ha terminado. ¡Por España!
—¡Prspañaaa!
—El buen jerez no se hace solo con uvas del año pasado. En conceptos trascendentes de la vida conviene echar la vista atrás. ¡Hemos vengado la afrenta de la marcha verde al Caudillo agonizante!

Narrador

Dos generales ponen cara de circunstancias. El resto ladea sonrisas pícaras.

—Habla semejante a Él, que emoción.
—No, no, habla igual que Él.
—Yo hasta huelo a gasógeno.
—Alabada sea la Providencia que nos lo retorna en una nueva corporalidad.
—Los imperios mutan, pero el patrón del Generalísimo es reconocible.

—(*Aznar tras la despedida castrense*). ¡Algún día en el Sáhara no se pondrá el sol! ¡Palacio, notifica la hazaña bélica al Consejo de Seguridad y la OTAN!

—¿Convalidamos diplomáticamente la acción a través de Solana?

—Ni hablar, es felipista y estará con Rabat.

—¿Y Europa?

—Europa empieza en Washington.

Narrador

Ingratos los hay en todas partes. EE.UU, que también es socio de Marruecos, se niega a aquilatar la magnitud, prodigalidad y valor del hecho de armas. El secretario de Estado, Colin Powell, califica Perejil de "piedra estúpida".

(*Aznar*) ¡Tontainas! ¡La fortuna ayuda a los audaces y la injusticia no entiende de cruzadas!

Narrador

El resto de la jornada tiñe de sinsabor el rostro del campeón de la cristiandad que lo ha dado todo por España. La primera dama consuela al presidente en sus aposentos con el más tierno de sus afectos.

—Toma otro *kleenex*, Jose, y no te preocupes más.

Les joden nuestras grandezas. Ningún civilizado puede pasar por alto a quienes nos erguimos contra el crimen y el odio, pero ni por esas.

—Jose, monada, quítate la boina verde de una vez, que no te va con el pijama, y estamos en julio. Vaya manía te ha dado con dormir de uniforme.

—Voy a llamar a consultas al embajador.

—¿Por qué no llamas al sueño? Cuenta ovejitas.

—¡No me hables ni de cabras ni de ovejas!

—Ven aquí, Napoleoncito.

—Ése era francés. ¿Sabes qué cantan los Ultrasur en el Bernabéu cuando juega el PSG? ¡Napoleón era maricón! Les pierden las formas, pero qué bravíos son.

—Ven, corazón de león. ¿Por qué estás triste?

—Temo por la niña. Los terroristas, sus cómplices y los amigos de sus cómplices harán cuanto sea para amargarnos los fastos de verano en El Escorial. Kofi Anan excusará hábilmente su asistencia. Su caradura me suena, Otro progresista masón y caducado. A las buenas soy muy dócil pero cuando me joroban…

—A mí no me la das. ¿Por qué estás así?

—… Porque ya se ha acabado la guerra.

—Perdona que te lo diga, Jose, pero con esta moral de hidalgos, santos y mártires que te has impuesto, vas a la guerra como si fueras a la pelu.

Escena 91

AZWAR, DIOS DE LA GUERRA

Narrador

Aznar despierta liviano y sonriente. Tras exfoliarse, un drenaje linfático y un yogur súper en lactobacilos y bífidobacterias, elige la camisa más 'fashion', un traje negro casual que dé 'look' desenfadado y elegante, un reloj subacuático 'premium' y las gafas de sol más 'cool' para ajustárselas con garbo. Como si fuera un segurata, habla a su solapa.

—Despejado. Voy a salir. De viaje.

—(*Rato*) Ya te veo más jubiloso, presidente.

—A ti no puedo ocultártelo. Roma libraba las guerras pasado el invierno. Al renacer la primavera, el 15 de marzo, se nombraba a los dos magistrados más poderosos, los cónsules. Atacaremos Irak a la romana por sorpresa. Están avisados.

—¿Una sorpresa avisándoles?

—Les hemos avisado de que lean la historia de Roma. Iremos a por ellos después de nuestro triunfo en otra isla.

—¿Repetimos Perejil?

—(*En re mayor*) Obras son Azores. El sol, la arena y las aguas límpidas del archipiélago acariciarán los sentidos.

Decorado: paisaje paradisiaco en las Azores.

—¡Ánsar, el clima y las vistas son tan *nice*, el *stage* es tan provechoso! *Thanks* por tu sugerencia *very good* de llevar a mis invitados de Agfanistán. Les he cedido una residencia exótica en un bello paraje tropical, Guantánamo, pero esto es *better*.

—*(Divertido)* Fidel Castro se enfadará, como si lo viera. (*Imitando*) "Este caballerete español, este *fuhrersito*, quiere quitarme el único turismo no sexual de mi isla". Soplapollas.

Narrador

Los cruzados de Azores recorren 'bungalows' de muestra en primera línea para solaz de los invitados afganos de Bush, cuando éste recibe fotografías de manos de Colin Powell.

—¿Y esto qué es?
—Un tirachinas gigante.
—¿Y aquello?
—Una cimitarra gigante.
—¿Y lo de más allá?
—Excremento de mosquito, aunque no excluyo que sea otro palacio infestado de catapultas.

—(*Bush mira a lo alto y al resto*). Hay que intervenir. Dios está con nosotros. Nos constituimos en cumbre militar preventiva.

—(*Powell*) El Consejo de Seguridad no nos apoyará una acción en Irak, si antes Sadam no usa su arsenal de devastación. ¿Qué resolución podría ampararla?

—(*Aznar, seco*) La B-52. (*Todos aplauden enfervorizados*).

—(*Bush, ampuloso*) Sabe Dios el empeño de arriesgar nuestras vidas por los derechos humanos y el desarrollo en los confines más tiránicos del globo. No nos mueve la desestabilización petrolífera ni los ingentes perjuicios industriales de una guerra en Oriente. Dios nos pide una lección a los miserables que gasean a su pueblo. Pedí a mi hermano aquí presente, experto en balances preventivos, que evaluara una acción contra Bagdad. Adelante.

—Para las naciones que nos ayuden en salvar al mundo no habrá réditos, ventajas, poderes y riquezas. Solo sangre, sudor, lágrimas y la frente muy alta.

—Gracias, Jeff. Ahora ocúpate de Irán y Corea del Norte. Llamad al general William T. Carnegie.

Bush le entrega una imagen de Sadam entre palmeras.

—Estas palmeras están rellenas de ántrax. Dale, Carnegie.

***

Al regreso de la cumbre, Aznar preside un Consejo de Ministros.

—Yo, Bush, Blair y Barroso somos los arietes rompedores (gracias, Mariano) contra los talibanes de ETA. Sin ambages: cada vez son más evidentes las conexiones entre Kabul, Bagdad y Barakaldo.

Miradas atónitas entre el Gabinete.

—*Baraka* en árabe es fortuna. Y además lo digo yo.
—¡Sí, señor! ¡A la orden, señor!
—(*Abstraído en un pronto lírico*) Modestia aparte, al éxito de la cumbre ha contribuido mi camiseta customizada con un he-

licóptero *Sikorsky* y el lema "Viva las pipas del Tío Sam". ¡Cuán extensos elogios de la legación de las barras y estrellas! El traje era de Armani Gresca. Los fines exculpan sobradamente los medios empleados para hacerlos míos, porque la humanidad está de enhorabuena. Dos caudillos irrepetibles hemos trabado magnánima amistad en un santiamén. Somos uña y carne de cañón. Yo tengo la idea de paz muy nítida. Ahora debo ser Azwar, dios anglosajón de la guerra que traerá la paz universal. El megalíder, turbolíder, superlíder e hiperlíder en una sola excelencia. (*Volviendo a tierra firme*) Prioridad: las fuentes de armamento. ¿Qué tienes tú, Celia?

—Aceite de benzopireno: no mata, pero te deja hecho un asco. Yo lo pondría en el caldito enemigo.

—Estupendo.

—Es que yo estoy benzopirada por España.

—Federico, ¿cómo está la División Acorazada?

—Manda huevos, hoy nos vencía el alquiler del tanque. Vendimos los demás a la China Nacionalista. Perdón, a Taiwan

—Cread una Gescartera especial de valores eternos en guerra. Reclutad allá donde existan españoles de bien: los Grises de Memphis.

—*Grizzlies*, presidente.

—Y el ejército de Pedrojota y sus *PPrazzi*.

—Si supiera que le llamas así…

—Andad con mucho ojo, incluso al salir de aquí. En las zonas verdes puede haber mujardines etarras.

—Y ántrax, presidente, que tampoco lo pongo en el caldito.

—Con todo, no echemos en saco roto las filtraciones intervenidas a agentes subversivos. Bush maltrata a sus presos en la cárcel de Guantázomo.

—De no ser un bulo, Rodrigo, que te veo muy tibio, sería un detalle histórico como dice Jean Marie. Si Fidel no hubiese implantado el estalinismo en Cuba, ese infundio nunca saldría a la luz. No me andaré con chiquitas: siete años de dominación árabe dejan un poso de tóxica fragilidad moral: Almería, Al Manzor, Almunia. Tenemos el enemigo dentro, como ellos: Al Qaeda, Al Jazzera, Al Capone, Al Pacino…

Narrador

En las charlas nocturnas de campaña junto al Estado Mayor, el presidente atrae a propios y extraños por su visión estratégica, tan a juego con el uniforme de general de Operaciones Especiales.

—El efecto catártico de las bombas inteligentes obrará portentos y dinamizará la región: mi proyecto de Estado Padelestino, con muros deportivos de pádel para separar a mozalbetes activistas de sus padres terroristas ilusionará al mundo.

—¿Da su permiso, mi general?

—Adelante. ¿De dónde vienes, Palacio?

—De la Zaplana Mayor. Roma ha hecho llegar su repudio neto a la guerra.

—Todos los polacos son iguales, desde el Pacto de Varsovia a Esquerra Republicana.

—(*Botella no se contiene*). ¡A César lo de César y a mi Jose lo de Dios!

—Palacio, que vean estos planos de las armas de destrucción masiva de ETA en manos de Saladino Saddam. ¡Ya te tengo Bagdadkaldo! ¡Cuánta maldad se almacena en este croquis del cubil del tirano!

Las miradas atónitas se intensifican.

—Jose, son las obras del piso de la niña en Londres.

Narrador

La envidia atávica del populacho no tolera un estadista encumbrado por valentía. Falsos lemas pacifistas y calumnias a Aznar y su Gobierno encienden las turbas sedientas de Gólgota, el juicio inclemente de la plebe manipulada. ¿Dónde está la gratitud por la limpieza ética en Irak y Afganistán? El campeón de la cristiandad jamás se rinde.

—Federico, Michavila, las almas más devotas. Con el mazo dando pero a Dios rogando. ¿Qué proponéis?
—Llenar España de esta oración del Misal Romano a San Miguel. "Defendednos en la batalla para que no perezcamos en el tremendo juicio".

Narrador

(Melodía acompasada de explosiones). La plegaria da frutos alentadores desde los primeros combates aéreos y terrestres. Palacio está alborozada.

—El petróleo baja. Ello prueba que la guerra era una buena solución.
—Recordad: la victoria de las armas está cerca, pero cada día negaremos el magisterio de Francia. Los franceses son lo peor: cambian a menudo de ideas fijas. Igual haremos con Alemania. Yo no tengo las mañas del pedigüeño González, que comía en la mano del canciller Kohl y lo envolvía de fal-

so misticismo. ¡Mariano! ¿Pero dónde para Mariano? ¿He de pechar con todo?

—(*Aparece Rajoy*) Amigo presidente, se me ha roto el cable de la antena del televisor y no podré ver las metas volantes de la Vuelta en retransmisión diferida, pero si me permites unos minutillos haré un empalme con unos hilillos.

—Cuélgate de los hilillos, Mariano. Todavía se están riendo de ti por el *Prestige*.

—Pero, presidente, Beloki...

—Podríamos descubrir peligrosas células dormidas en tu hemisferio cerebral de la seriedad.

Escena 92

EL CRUZADO DE LOS CABLES CRUZADOS

Narrador

La dureza del campo de batalla desgasta el aplomo del guerrero más curtido y valeroso. Pero si al presidente español se le agría el carácter en ciertos instantes es por las críticas injustas de una calle intoxicada.

***

Unas notas musicales, el gorjeo pajaril y un día diáfano desde Moncloa transmiten una paz cercana, fruto de la victoria en el campo de batalla. Sin embargo el triunvirato de la presidencia bélica no ha sido desmovilizado. Trillo, Palacio y Michavila visten mitad de civil y mitad de uniforme de campaña. Se desenvuelven con marcialidad.

—(*Aznar, con espasmos corporales sincopados, a Trillo*) Espero muy buenas noticias. (*Taciturno de súbito*) ¿Pero qué dice la chusma?

—Dice: ¿cómo podemos estar sin fisuras al lado de Bush, que achicharra con bombas a los afganos y bombardea con alimentos a los teóricamente buenos? ¿Del presidente del país que perdió cuatro bombas en Almería y jamás ha limpiado todos los residuos?

—Una guerra santa implica proveer de maná. Los paquetes son para la grey hambrienta de Irak, lo mismo que en Afganistán. ¿Pero a qué viene resucitar Palomares?

—(*Trillo, tembloroso*) Presidente, con su permiso, la Audiencia Nacional pide al Consejo de Ministros que desclasifique el Plan de Rehabilitación de la zona. Como está pendiente la limpieza y tengo allí una tía abuela que no se baña desde hace 30 años...

—Querido ministro de Defensa, nuestro objetivo con Irak es tener engarce con el *stablishment* americano. Por tanto haré cuanto esté en mi mano por limpiar de impurezas la Audiencia Nacional y mantener impoluta la materia secreta. Dile a tu señora tía que está invitada a Oropesamás.

—(*Cordial*) Manda huevos que tal como van las cosas he renovado mi fidelidad a la bandera.

—¿A la bandera de Honduras, tontaina? ¿A la de Divaniya, la región hortofrutícola y tranquila donde según tú podíamos enviar a nuestras tropas humanitarias sin sembrar la inquietud en padres y madres? La Verdad es más importante que la patria.

—Pero al desenmascarar a los GAL dijiste lo contrario. Entrando Vera en la cárcel tú me... (*Se aturulla*) En definitiva: falso es decir que lo que es no es y que lo que no es es; verdadero que lo que es es y lo que no es no es.

Aznar descuelga la imagen que reina sobre el óleo del Rey, un taconazo de la Saeta Rubia, y la impacta en el cogote del ministro.

—¡Toma definitiva!

Narrador

La incomprensión de una población envenenada por el anticapitalismo hace mella en el corazón de león, que late por la moral y la razón.

—(*Aznar a sus próximos*) Perdonadme un minuto, necesito ir al muro. (*Sus fieles le siguen intrigados*).

—(*Aznar con la cara en una pared de palacio*) Muy señor mío: al tiempo que lamento la palurdez de quienes nos zahieren con su incomprensión, te doy las gracias por habernos salvado del lastre del pasado, mi genialidad mediante. Cuántas veces en la historia la política y la jerarquía militar politizada, esclava del parlamentarismo, han tratado de resolver con palabras y acuerdos lo que no estaban en condiciones de resolver en el campo de batalla. (*Vuelve el rostro al jardín*).

—(*Los fieles*) ¿Eso no lo decía Franco?

—(*Acebes viéndole lloroso*) ¿Por qué no manifestarnos por la guerra santa preventiva contra el dictador?

—Yo solo voy a armanifestaciones.

—Pero, presidente, el nivel de las algaradas donde se nos denigra recuerda a Kiko Veneno.

—Ángel, te he dicho demasiadas veces que trates a Franco con respeto. El régimen personal, gustara más o menos, es patrimonio de todos. Además estoy hasta la coronilla de tus muletillas musicales.

—Hey, no se repetirá. Digan lo que digan los demás.

—¡Y no me parodies a Julio Iglesias!

—(*En un aparte a Palacio*) No podía contarle al plasta de Acebes que en los conciertos Julio me busca con la mirada, saluda con la mano y me dedica la canción *Vuela alto*. Es un gran tipo: dice que mucha gente tira a matar a los que vuelan. A propósito: ¿se confirma el mortífero arsenal de Sadam?

—Por entero, mi general presidente. Los sensores adosados a cada ojiva nos proporcionan a diario datos fidedignos que avalan a quienes sospechaban todo tipo de ingenios de aniquilamiento en masa. Es decir, la totalidad de supervisores excepto los inspectores comprados de NN.UU.

—Ministra, haz hincapié en que la intervención de tropas españolas fuertemente armadas y en los frentes de mayor riesgo rehusados por los yanquis no puede ser otra que humanitaria.

—Entendido. He enviado imágenes de la impagable labor de nuestras tropas.

Se hace la luz en una gran pantalla.

—¡Pásame más tiritas, Manolo, que se me ha desmontado el parasol de los lanzamisiles!

—(*Aznar*) ¡Bravo, muchachos! ¡Ánimo!

Al llegar la noche, los reflectores horadan el cielo. en busca del enemigo en casa. Aznar no logra dormir al raso. Da vueltas en pijama y boina verde. Junto a él vemos a centinelas armados hasta los dientes.

Narrador

No es menudencia lo que perturba el reposo del primer guerrero de España, que así se alude él mismo en la intimidad, sin falsas modestias. El atlantista Aznar se siente injustamente postergado por la ingrata Europa.

—(*Al centinela impertérrito*) Bruselas y sus europatas son una panda de flojeras acomodados. En su ingratitud aducen relativismos demagógicos sin fin; nimiedades para no mover un meñique por los americanos liberadores de Irak, que fueron y siguen siendo sus propios liberadores y los liberadores por antonomasia.

Ameniza la parrafada con torsiones atléticas. Cambia de centinela, igual de impávido.

—Si no estuviera yo aquí en zapatillas, sacudiría a esos reporteros resabiados recordándoles al pícaro Javier Solana, que primero hizo bombardear Europa y después la mandó reconstruir! ¡Si de estudiante de Físicas se manifestaba contra la OTAN y en 1995 fue secretario general, y después responsable de la Política Europea Común de Seguridad y Defensa! ¿Lo comprendes, verdad? ¡Hasta la momia de Tutanmamón lo gritaría!

Las exclamaciones atraen a Michavila. Lleva una carta.

—Estaba en mis maitines, presidente. Hoy rezo por el director de *El País*.
—¿Hay novedades de tu gestión con ese irritante y agresivo pacifista contra los liberadores?
—Le reprendí por vía epistolar privada en estos términos. (*Lee*) "¿Acaso Judith no tuvo que verter sangre del tirano Holofernes para cortar su cabeza, ponerla en una bolsa de alimentos y envolverla en las cortinas de su lecho? ¿Acaso no fue Dios, por mano de mujer, quien mató al general en jefe asirio y quien dirige hoy su dedo contra Saddam?"
—¿Qué ha respondido?
—El director de *El País*, sin duda al servicio del Mal, contesta amablemente que desestima la publicación.
—¿Qué seudónimo usaste?
—Antíoco IV Epífanes.

—También parece un crimen horrendo. Lo siento, Micha, no quería decir esto. Me desquician. Me atormenta que el rumbo tan favorable de la guerra limpia, que ya se adivinaba corta, reafirme su santa legitimidad y los de costumbre no se den por aludidos. Hasta Naciones Unidas condena la dictadura iraquí pero resta legalidad a la acción preventiva.

—Una guarida de fariseos reincidentes, pudibundos sepulcros blanqueados, esto es lo que son. La cruzada de liberación de Irak es de una pureza sin precedentes. La subversión nos acusa de que se cobra un inevitable saldo de sangre inocente, los "daños colaterales". Incautos. La guerra solo daña a los irresponsables que se exponen en las líneas de fuego purificador. Ojalá los fallecidos hubiesen leído lo que les acaeció a las vírgenes necias y no a las prudentes.

—Eres grande, Micha.

—(*Primeras luces mañaneras. Rajoy se aproxima haciendo 'footing'*). Buenos días, presidente. Tú sí eres un crack. Tesonero en el centro y armando muy bien las bandas o la punta de ataque. ¿Cuál es el secreto?

—*Wargasm*, el relajante bélico de mi amigo George. De crío ya fabricó su juguete *War Disney*. (*Trasponiéndose*) ¡Mirad, mirad, el nuevo amanecer!

Una gran explosión de júbilo, pompas de jabón, confetti, serpentinas y efectos lumínicos festivos señalan la buena nueva.

—(*Abrazándose a Rajoy, mientras Michavila ora en acción de gracias*) ¡Yo, vosotros y los aliados de la Operación Duradera hemos ganado la contienda! Dios y la historia están de nuestro lado.

—Presidente, no estoy seguro de que hayamos acertado en lo que yo tanto ansiaba.

—¿Tomar Bagdad y salvar los santos lugares?

—Fichar a Congo. Está de baja un día tras otro. Arenas se me chotea; dice que siempre está a disposición del selesionador. Y Figo ha perdido profundidad.

—(*Entornando los ojos, excitado y trascendente*) Sagrado Corazón, en vos configo. No decaigas en tu fe. Que tu conducta no se compadezca nunca con la de los culés. Esta es la guerra auténtica. Bueno, eso no lo he dicho. (*En trance*).

Escena 93

LA BODA DE EL ESCORIAL

Narrador

El 5 de septiembre de 2002 Ana Aznar Botella contrae nupcias con el empresario Alejandro Agac. Es la primera alegría de la posguerra.

***

Escena en el ropero de los Aznar. El cabeza de familia revisa prendas, precipitado..

—Pantalones línea *Denim*, chaquetas *poppies*, gorras *trash*, el *pullover vintage* y la cazadora *retro*, ahí está.

—¡Pero, Jose, ¿has perdido el juicio? ¡Cómo vas a ir al casamiento de tu hija con un polo!

—Soy coherente. Siempre he estado en mi sitio. Ellos guayabera, yo cocodrilo. Ellos etiqueta, yo *Lacoste,* como el almirante argentino. Mano dura.

—A George no le gustaría.

—¿Seguro?

—Seguro, vamos, entra ya en la bañera.

***

Escena en dependencias de palacio. Coloquio entre un mayordo-mo, una gobernanta y un chef.

—(*Chef*) Estoy convencido. Aznar es un hombre modesto y retraído al que sus prendas morales le han hecho ganar amigos casi sin quererlo.

—(*Mayordomo*) Así se entiende que la familia de un discreto e íntegro inspector de Hacienda reciba mañana, prácticamente sin invitación, a 1.100 personas.

—(*Secretario*) He contado cuatro jefes de Gobierno, dos ex primeros ministros, doce ministros, un ex presidente episcopal y veinte testigos a cual más egregio.

—(*Chef*) El amo siempre tiene en la boca el calor sociológico. Deben de venir por el buen tiempo.

—Ni hablar. El calor sociológico no es un subidón ecológico, sino la honestidad innata del señor presidente, que influye y desarma.

—De ahí que estuviera obligado a elegir la basílica y cancelar la ermita apalabrada.

***

Estampas fastuosas en El Escorial, Los asistentes cultivan chis-mes.

—Dicen que el novio desciende de Alejandro Magno y que estudia para Agac Khan.

—¡Cuánta distinción! ¡Cuánto señorío! El rojo de Buñuel se hubiese infartado.

—Dice la Koplowitz que desde Felipe V no se veía algo tan grandioso.

—Y que lo diga, ella es muy antigua. ¿Recuerdas a los Albertos? Eran exhibicionistas de dinero, por eso iban uniformados de gabardina.

—Qué risa. ¿Y aquél de la boina?

—Manolo el del Bombo; habrá concierto de clásicos españoles.

—¿Y la rubiaza? Es de un ordinario que te cagas.

—Qué guapa es España sin los pringaos del PSOE. Corcuera se habría traído su bota de vino.

—¿Y el Rey? ¡Qué ajado está!

—Se nota que él y Sofía, tan sociatas, están a regañadientes. El otro día hablé con Juanca. ¿Recuerdas el discurso que irritó a los nacionalistas?

—¿El de "nunca fue lengua de imposición el castellano"?

—Juanca ya habla poco en castellano. Que si el *paddock*, el *pit lane*, el *motorhome* y la *pelousse* de *Monmelóng*. ¡No ve más que Fórmula Uno!

—Ahí es donde actúa de intermediario de contratos internacionales.

—Y Sofía gimiendo por ahí: "El Rey ya no me encuentra atractiva".

—A Norma Duval se le ve más teta.

—Lleva todos los fondos de cohesión europeos.

—¡Flipo! ¿Y el joven de cazadora negra cribada de cremalleras, cara cosida de *piercings*, anillo de calavera, cabellera rojiza y cresta verde guacamayo?

—¡Es Fraga! Después de abrazarse con Gaddafi y Castro, le ha dado por la ruta xacobea de *motards* y piensa postularse para dos legislaturas más.

Entre los periodistas que cubren el evento no faltan comidillas corrosivas.

—¿Berlusconi hará de testigo? ¡Siempre está testificando!

—El pastel lo pone Gescartera.

—La cola de la novia es larguísima. Estará inspirada en Rafael Arias Salgado, el diseñador de las colas en las terminales aéreas

—Lucía Echevarría y tú sois hermanas de mala leche.

—¿No oyes un ruido?

—Algún rey de los Austrias que se remueve en su tumba por la horterada.

—¡Mira, mira: a la hora de dar el sí, la novia vuelve el rostro hacia su padre, pidiendo permiso! Un ritual que es para infantas.

—Por eso lo ha impuesto Aznar, rica.

—¿Aquel es su hijo mayor? ¿El que pescó la policía italiana en un *Porsche* a *200* por hora y no declaraba si no era delante de su *airbag*?

—Tiene la chispa de su padre.

—¿Y esa música de salida?

—Del maestro Ortega Lara, también por deseo del padre de la novia. Por deseo del amigo americano, la luna de miel será en las islas Azores.

—¿Qué dice el novio?

—Él prefería un paraíso fiscal, pero se aguanta.

—¡Vivan los novios!

—¡Arriba!

—¿La segunda transición ha terminado, papá?

Escena 94

DE LA POSGUERRA

En el centro de la escena, Álvarez-Cascos alecciona a un joven militante del Partido Popular. Decorado: una vivienda muy moderna.

—(*Cascos*) O sea que te llamas Gelucho, que eres la joya de las Nuevas Generaciones en Asturias, que te envían mis paisanos para que te promocione y que vienes de familia trabajadora como la que más.

—Sí, señor.

—Voy a buscarte una casa en la capital. No te asustes, Gelu. España va bien, la vivienda es cara porque el pueblo tiene dinero para comprar, y el pueblo se está forrando de cemento. A guerra santa, posguerra santa.

—Aleluya. Pero en Oviedo me apañaba con una habitación.

—¡Agua pasada! Una habitación es algo que se debe tres meses hasta tener una buena crítica, una buen amante o una subvención del fondo laboral.

—Viviría en una pensión.

—Ni por asomo. ¡Pequeñeces para estrechos de miras!

—No me dirá que lo mío es una casa de campo.

—Tampoco. Mantener hierbajos con animalotes molestísimos da más trabajo que el trabajo. Para fortuna de nuestros banqueros, por unos palmos cuadrados una mayoría de locos entrega su vida currando en un jardín. Déjate de zonas verdes. Tú compra ladrillo, que la burbuja la ponemos nosotros.

—¿La qué?

—La ganancia, joder, no me seas venusiano. Te pondré un ejemplo. Yo tengo ojo para la promiscuidad sucesiva con hembras. Me enamoro para salir ganando en la diferencia cambiaria. Es como la plusvalía de la burbuja.

—Pero moralmente...

—Escrupulines no, por favor. Vivir bien es la mejor venganza. ¿Sabes quién lo dijo? George Herbert, sacerdote anglicano del siglo XVII. ¿Te va mi nuevo estudio? (*Luces indirectas y música sensual*) El que te tengo preparado (*gallea en el hombro del joven*) es casi idéntico. Un picadero, ¿Vale, pillín? Tú cuidas de que ningún binladen me haga una cara nueva y yo te pongo un paraíso habitado.

Narrador

El toscopoderoso ministro de Fomento, excesivo como su país, despide un hechizo abrupto, bestial, friqui, en un manatial de modernidad.

—Esto es un *loft*. Fíjate, qué domótica. En la casa robot ha comenzado el futuro. La ventana se abrirá cuando te falte la brisa, la nevera te avisará cuando le falten viandas, los cuartos de aseo te recordarán tus aumentos de peso y de presión sanguínea. ¡Qué arquitectura bioclimática! ¡Qué área *soft* más mullida y redondeada! Un remanso donde nada queda a desmano. Lo que compra la gente con hipotecas, porque España va fenomenal y el bolsillo de la gente está que se sale. Aquí estarás a salvo de socialistas, comunistas y separatistas.

—¿Y los ultras?

—A estos te los traigo a merendar cuando quieras.

—(*Gelucho piensa*) Cuando el liberalismo bien nacido triunfa y los espabilados que lo son también por honrar al Señor acceden a bienes materiales más deseables, se percata uno del cosquilleo de la propiedad, otra victoria contra los voceros de la falsa igualdad. (*Indicando un sofá*) ¿Puedo probar?

—¡Dale gusto al cuerpo, Gelu! Paséalo por la línea ergonómica y siente el cosquilleo de una caricia. (*Lo siente*) Las sillas te mecen los riñones, el teclado ama las yemas, el sofá conoce todas las vértebras y el agarradero del detergente es tu mano desconocida. (*Gelucho gesticula de placer*). Todo milimetrado para satisfacer el cuerpo más viril. La ausencia de muros interiores aporta claridad celestial y una anchura pacificadora, aunque eso a mí me la trae floja. Una delicia. ¿Estás contento?

—Una enormidad. De un lado el señor presidente del Gobierno me ha enseñado las bondades éticas de deconstruir Irak y crear una realidad virtual superior de osado minimalismo en producción y servicios. De otro lado usted me facilita un mobiliario de diseño nórdico. Soy afortunado. Me siento en el cielo.

—¡Que sí! Aznar es el astro rey en un imperio pequeño donde nunca se pone el sol y cada día es un nuevo amanecer. Ahora firmaremos unas arras, verás que ganga.

Escena 95

LOS INVENTOS DE LA INGENIOSA FAES

En la etapa de posguerra creativa, la FAES o laboratorio ideológico de Aznar concibe un cúmulo de ideas e inventos a cual más feliz e imaginativo en pro del futuro dorado de España.

***

En el laboratorio ideológico vemos probetas, tubos de ensayo y otros aparatos científicos. Los pensadores llevan batas blancas con las siglas de la fundación.

—(*Aznar*) Venga esa tormenta de cerebros. Quiero propuestas.

—Presidente: fin de la pobreza energética. Las inundaciones de economía sumergida generarán reservas superiores a las hidroeléctricas para todo el siglo.

—Yo planteo el fiscal híbrido, mitad dependiente y mitad mandado del Gobierno.

—Que el Gobierno no toque las pensiones. Las pensiones tocarán a los agraciados por sorteo ante notario.

—En innovación, el sifón se denominará sistema operativo.

—Padrones flexibles para que puedan votar los muertos en buen estado, los alemanes merengues, los kazajos y los emigrantes bien integrados en lo que hay que votar.

—Potenciar las exportaciones de capitales es de encomio.

—(*Aznar*) Potenciarlas sí, pero encomio no. No tengo hambre, gracias. Buen trabajo. Sigo: el 1 de mayo será Primero de Macho, en honor a quienes se distingan en la cultura de sus abdominales, a mayor beneficio de la defensa nacional.

—(*Trillo para sí*) Un lunar no hace tiniebla. Pero el encomio me recuerda que para el presidente un ditirambo es un veterano de Vietnam.

—(*Aznar*) Abro la parte expositiva. Título: la insignificancia del opositor Zapatero ¿De qué fondo de liquidación sale ese niño bonito que juega a Bambi? ¿A lo sumo de un anuncio de Chiquilín, Danonino y Míster Proper? Si va de guapo, que se presente a la gala de los Óscars y no venga a mancillarnos la unidad. Este meritorio de mandíbula de cristal me pone de los nervios exigiendo el final dialogado del tabaco, instigando caceroladas con una sonrisa y a que abramos todas las inmundicias de las cunetas, dale que dale con la desmemoria histérica: la Guerra Civil y el 23-F. ¡Anda que no, si con Tejero solo hubo muertos de aburrimiento! Para culminar la segunda transición, la mía y la auténtica, a fin de no reabrir heridas, dispongo que los cadáveres de la guerra en las cunetas no sean muertos sino minusválidos vitales.

—Pero el PSOE es un partido fuerte. Nos quitará la religión y las fiestas de guardar: la Liga, la Copa, el Pilar, el Rocío, las Fallas, los Sanfermines.

—¡Son una guardería de fulanismos, egocentrismos y nominalismos! Para ellos, Mariano, el trabajo en equipo es una orgía y la empatía una cama redonda. Seguro que ahora mismo están soñando con un ministerio de Besos y Sonrisas.

***

Vemos a Zapatero en la sede del partido, sentado ante una mesa escolar. Alguien le da clase.

—Zetapé, soy Jordi Sevilla, tu tercer profesor particular de Economía. Estudiarás de sol a sol para enfrentarte al candidato Aznar en menor inferioridad manifiesta. La economía tranquila ha de ser tu baza.
—Ya me sé las aves del corralito.
—¿Y el secreto bancario?
—Tranqui: yo quiero vivir para lo que digo y no de lo que digo. No he podido estudiarlo, es secreto.

Narrador

El rival no está maduro y España estrena otro Siglo de Oro de la mano del vencedor de Irak. Aunque sus detractores lo describen con inquina, su valor social trasciende. Así se infiere del primer Consejo de Ministros.

—Tiene la palabra el ministro de Ciencias de la Vida.
—Bien, señor presidente. Hemos dado un paso de gigante gracias a Tele 5 y sus colaboradores como el conde Lecquio, Paquirrín o Bertín Osborne. La esperanza en alcanzar la existencia artificial ha subido como la espuma tras estos experimentos genéticos de vida padre. El edén de Paquirrín, en concreto, es incluso más grande que la vida. También hemos logrado la tercera hibernación del fondo social de vivienda y de la reforma federal de la Constitución. El no va más ha sido el hallazgo de un homínido ibérico con una factura verdadera.

—¿Ministro de las Grandes Libertades Justicieras Evolucionadas?

—Hemos aproximado la justicia al ciudadano como nunca. El Tribunal Supremo repartió supremas de merluza (*las exhibe*) para demostrar que siempre huele bien.

—¿Educación?

—La producción registra un incremento espectacular. Se duplica la tasa de fracaso escolar para la investigación sin medios.

—¿En Cultura, Mariano?

—He montado un seminario con los himnos y banderas del Mundial de Ciclismo y elegiremos al ladrón más guapo en pista cubierta.

—Te encargarás de hacer un libro blanco sobre nuestros logros y adelantos.

—¿Un libro en blanco con adelanto? Me apunto: ya tengo uno con mis mejores pensamientos.

—Qué vago eres. De moderado a inhibido. De menguante a invisible. ¿Seguridad ciudadana?

—Se triplican los grilletes, látigos, cadenas, mazmorras y soplamocos preventivos. El índice de libertades en la calle crece cuatro puntos de sutura. Las cárceles han sido externalizadas y los presos residen bajo puentes patrocinados abonando una tasa turística casi simbólica. La fábrica de parados y pobres con trabajo marcha más viento en popa que nunca. (*Escenificación alusiva con fragor de máquinas y musiquilla*).

Coro

Avecrem, chup chup
Españavabien, chup chup

Escena 96

ZETAPÉ, PUJOL Y EL TRIPARTITO

Narrador

¿Es tan inmaduro Zapatero com aparenta? Bajo la piel de Bambi mora un adorador de la igualdad de sexos y sexas que vive en una especie de nebulosa, donde está en permanente diálogo con planos virtuales del Mar del Futuro en calma total.

***

Escena de ZP en una cumbre tibetana. Dialoga con su maestro lama en crecimiento personal pausado.

—Cuando sea presidente de una Gobierno paritaria de españolaos y españolaas, de todos todas, mi primero meta de la tercera parto de la segunda transiciona será implantar el matrimonia civilo con derecha a adopción para homosexualas. La segundo meta de la primera parto de la tercera transiciona serán las transexualos. La tercera, ajustar los animalos anómalos como los liebres. Pero abriendo las manas y las mentas a formos de amor hasta hoy marginadas.

Siempre en moda modorro. ¿Qué opinas, Gran Maestro?

—Que ya estás a punto para tu vida onírica pública de Zetapé. ¿Por dónde empezarías tu primer discurso de jefe de la oposición?

—Ayer tuve un sueñozzz: nos agrupábamos de todas todes todis para el cambio serena a la igualdad sosegado, el terrorismo manso, el desempleo quieta, la mujer descansada de violencios domésticas y el respeto a su Serenísima Majestad.

Narrador

Si en Zetapé la vida es sueño, en Cataluña se masca la pesadilla. El virrey Jordi Pujol celebra una cumbre clandestina con Artur Mas y Duran Lleida en una cima de la sierra de Gredos. Todos camuflados de montañeros.

—Os he reunido aquí, porque nos hallamos en una emergencia de país.

—Lógico, hace tres meses que hemos perdido las primeras elecciones en 23 años.

—Os he reunido en esta montaña de la España irredenta, porque ya no encuentro ninguna cúspide libre de sermón donde yo no haya prometido la tierra al pueblo más elegido entre los elegidos.

—*President*, no es por censurar tu afán en coronar montañas y últimamente montículos como símbolo de la futura plenitud nacional; pero si reconocieras la cola de naciones, nacionalidades y nacioncillas en lista de espera, se te bajarían las pretensiones al campamento base.

—(*Artur Mas*) Me parece más urgente encontrar un monte

de los olivos o un Getsemaní para explicar nuestro préstamo de votos a Aznar.

—Es sencillo: sin mí Cataluña quedó viuda y el pueblo, desorientado y de una trascendencia patógena, hizo de las suyas. Ha suplido a su exponente de humor, el Tricicle, por una tríada de ídolos de sainete. Socialistas arrepentidos de sí mismos, comunistas arrepentidos de su nombre y republicanos arrepentidos de haberla liado el día anterior y no de volver a liarla al siguiente.

—La historia dirá que el tripartito es una opereta.

—La historia, Artur, dirá que los socialistas ganaron las elecciones, pero en el gobierno a tres actúan de esclavos númidas de los republicanos. Esquerra es Judas, Herodes y Caifás en un mismo *pak*. Con ella los maragallitos aprenderán el valor semántico del compromiso histérico.

***

En la estación de esquí de La Molina se celebra la cumbre del gobierno tripartito.

—(*Maragall*) Era de cajón, compañeros. Mi persona ocupa la vacante de profeta genial de los elegidos, mientras mis hilos los mueve el... ¡No tires tanto de mí, Carod!

—(*Carod*) Compañero títere, aún no hemos decidido qué bandera dar a la patria. Propongo las cuatro barras con la estrella anunciadora del futuro, pero en un campo de empanada con pasta a cocer.

—La empanada define al gobierno títerepartito, pero no procede desvelar estrategias. Mantendremos la cuatribarrada, con más toques líricos.

—Pascual, si vosotros jibarizáis la enseña a cuatro barras, nosotros aumentaremos las procesiones de adoración nocturna con antorchas. Estamos insertos en los problemas reales. Mientras vosotros jugáis al tencontén, nosotros excomulgamos cada mañana a Madrit, desenmascaramos sucursalistas disfrazados de catalanes de ocho apellidos y denunciamos a disminuidos por atrofia patriótica.

—Seamos hábiles. Si nuestro Gobierno juega cada día a quién es más catademócrata, declaremos este pasatiempo deporte nacional y adaptémoslo a las nieves perpetuas de este bello paraje pirenaico donde celebrar los primeros juegos de invierno.

—A Esquerra no le van los juegos anti-ecológicos, pero garantizamos que no habrá deshielo. Nos preocupa la calidad nutritiva y energética de las clases catalanas populares; por lo tanto montaremos el pollo y la luz de gas. Con respecto al Estado del Bienestar, te haremos la cama también a diario.

—No os será fácil. Si Aznar y Rajoy son escurridizos, a los hermanos Maragall no hay por donde cogernos. Somos dos socialistos que andan muy sueltos. Ahora mismo, siguiendo vuestras indicaciones, estamos fabricando entre los catalanes las ganas de un Estatut de máximos maximalísimos y que se moje el PSOE en Madrid. En Andalucía creen que los catalanes se salen de madre para estar siempre moraítos de martirio; pues ajo y agua.

—Para sacar el máximo provecho del calvario al que nos someterán, podríamos escenificar la Pasión en Jerusalén. Yo iría de Dolorosa y centurión a partes iguales.

Narrador

En Jerusalén los profetas Maragall y Carod se fotografían jocosos con una corona de espinas y hacen público un acuerdo de mínimos.

—El Estado Español es un estado de perplejidad permanente. Éste es nuestro calvario..

***

Escena bipartida. En una parte contemplamos la Pasión de Maragall y Carod en Jerusalén. En la otra, a Aznar y Rajoy pedaleando en Moncloa.

—Inaudito, has conseguido sestear en una bicicleta estática biplaza. ¡Despierta! ¿Qué podemos hacer, Mariano?
—Esperar a que se les pase.
—Lo tuyo es no hacer nada. Nunca.
—Ayudar a no hacer nada resulta agotador. Nunca es tarde para no hacer nada. Mi paisano Pessoa decía: no hagas hoy lo que puedes dejar de hacer mañana. Pasividad inteligente. Viva el ojo de buen cubero y la manga ancha.
—La vagancia te llevará al abandono, que es muy trabajoso. Necesito a alguien con temple que niegue el pan y la sal a la Cataluña nacionalanarcobolchevique.
—Tengo un primo, con quien coincido mucho, que hasta niega el cambio climático. Es muy primo. Si por el efecto invernadero las temperaturas suben dos o tres grados, dice él, mejor que mejor; menos gasto en abrigos y calefacción. Puedo llamarle en cuanto acabe el esfuerzo adicional del esfuerzo adicional del

esfuerzo adicional de las cinco tareas.

—¿Cinco? ¿De verdad harás la siesta con pijama, breviario, orinal, padrenuestro y baba?

Narrador

Aznar estár en todo. A veces cuesta seguir el ingenio supremo de cada acción zigzagueante del mejor estadista de la democracia.

—Primero recabaré firmas y peinetas contra la autonomía enferma, la trataré con un buen cordón sanitario y ultimaré la Gran Mesa del Diálogo de Sordos con la Generalitat. Luego abriré negociaciones con el "Movimiento Vasco de Liberación", hasta hoy ETA. Ya he vencido en la guerra del nombre.

—Uno a cero y Zamora de portero.

—Ay, Mariano, cómo crecen los villanos en esta tierra equivocada. Algún día habrá que extirpar. Los pueblos no inventan su destino, lo sirven. ¿Qué mejor servicio que la heráldica de los Reyes Católicos?

—Catalanes y blavencianos han de estar *ex aequo*. *¿Quosque tandem* aguantarás?

—Que no me hables en jerga deportiva, leñe. Y yo en ciclismo aguanto lo que sea, pero ahora no quiero montar contigo… (*Pausa*) Debo ser magnánimo. (*Pausa*) ¡Ya sé! Oficializaré el dialecto catalán en mayúsculas para las listas de morosos.

La escena culmina con Pasqual Maragall enfrascado en redactar, rodeado de banderas nacionales, regionales y locales.

—(*Leyendo en voz alta*) Después dirán que no queremos

comprometernos en construir una España viable. Proyecto de Carta Magna:. "Artículo 1º: "La Constitución se fundamenta en la indisoluble unidad nacional, un estado libre asociado, un principado, una comunidad manchega, un reino, una comunidad foral, otro reino, una identidad regional, unas comunidades históricas, otras comunidades autónomas, una comunidad de destino en lo regional, dos plazas de soberanía y varios entes inciertos. Todos y cada uno de estos organismos tendrán selección nacional de fútbol para tomar parte en competiciones mundiales, europeas, nacionales, autonómicas, regionales, comarcales y municipales".

Escena 97

DE LA CORRUPCIÓN

Narrador

Los indicios de corrupción institucional enquistada se hacen cada día más graves, extensos, insoportables. Las versiones oficiales están reñidas con la realidad. España entra otra vez en la tormenta. En el epicentro, el tesorero Bárcenas.

—(*Bárcenas*) Los socialistas nos pasan por el morro la falacia de "cien años de honradez". Nos urgen pautas para contrarrestarla. ¿Aportaciones?

—(*Zaplana*) Ni verán asuntos sucios ni nos mojaremos. En *Púnica* y en tarjetas *black*, hemos hecho compras ingentes de papel higiénico y de diez mil paraguas venidos de China a toda mecha.

—(*Ana Mato*) Muy bien lo del papel, porque en ningún lío de corrupción se había encontrado un mínimo dispendio en cultura, ni un boleto de circo.

—(*Zaplana*) Nos piden pautas, no parches. Vayamos a la doctrina. Aplicando la dialéctica de aseveración y objeción, aquí está uno para forrarse. La primera aspiración será, pues, estar aforrados por si la justicia ciega se lo cree. No llamarse a engaño; el buen aforramiento requiere una ardua labor, como haber ascendido por un máster en la Universidad de Trinquignan.

—(*Cifuentes*) ¿Entonces debemos excluir de los aforrados a quienes cursan estudios desde su domicilio?

—(*Bárcenas*) Ni de coña, si algún banquero amigo tiene oro fileteado en casa.

—(*Zaplana*) Ser buen aforrado implica asimismo una conducta ejemplarizante. Un ejemplo: que la única inversión sanitaria de un barón sea la sauna, las aguas, las algas y el spa en sus edificios oficiales. Las cloacas del anterior régimen ya huelen más que los purines.

(*Bárcenas*) Los socialistas están propagando un chascarrillo muy tóxico. ¿Sabéis por qué Ramallo acepta cambiar el nombre de Pitágoras por el suyo en una calle de su pueblo? Porque es pitagórico aventajado. Ha averiguado que la suma de varios catetos que se llevan la pasta no altera el producto. Maldita la gracia vilipendiadora.

—Los reunidos prorrumpen en risitas que intentan esconder tapándose con manos, papeles, bolsos o sombreros. La voz radiofónica de Rato se impone.

—¡Insisto! Nuestro partido es incompatible con la corrupción ordinaria, basta, vulgar. No somos un baldón más en la tierra del estraperlo.

—(*Bárcenas*) Precisamente para subrayarlo nuestros emprendedores han montado el Superfestival Zoológico de Fondo de Reptiles para las Buenas Causas. ¿Qué mejor lugar que las Islas Caimán? También me montan los descuentos de caja, desde mítines de campaña a los payasos de las fiestas infantiles. ¡Bigotes, Algarrobito, Almóndiga, cuánto personal! Luego dirán que no tenemos banquillo. Y en la FAES esperan mi ponencia acerca de cómo acentuar la deforestación de la fauna y flora en los bolsillos del progre o falso vulnerable. Hay que quitarles el lujo, que es el padre de la avaricia.

(*Rato*) Pues llegados aquí, señor tesorero, los lujos de la cúpula de la Iglesia claman al cielo. Clérigos de hebillas de plata y jubilaciones doradas en palacetes representan otra pésima señal de comisiones deshonestas que se nos escapan. Los obispos pasan la senectud en apartamentos a todo confort y vistas panorámicas.

—(*Bárcenas*) Así están más cerca del Altísimo. Sótanos son las checas de Stalin. Los entresuelos son de progres mediocres. Los áticos son para estar con Dios.

—Una pregunta, padre Bárcenas, perdón, quise decir padrino. ¿Si uno tiene la cuenta suiza muy baja y saca el dinero por causa humanitaria es *dumping* ético?

—Espérame a la salida, otra pregunta.

—(*Gelucho*) Siendo presidente regional de Jóvenes Generaciones, me brindo a seguir el rastro de tanto dinero que como se rumorea va de Génova a Ginebra.

—(*Bárcenas*) ¿Quieres convertirte en rastrero de rumores infundados? Como dice Berlusconi, hay que ser demócrata, *ma non troppo*. Y *Genève* ya es Ginebra, *amico*.

Hace entrada en escena un carrusel de camareros. Acarrean un 'catering' de lujo, así como los elementos más sofisticados de una fiesta para mayores. Un bigotudo los dirige.

—Buenos días. Permitan que nos presentemos: somos Gurtel & Moustache Conseguidores.

—¡Tanto gurtel!

—¡Mucho gurtel!

—¡El gurtel es nuestro!

Escena 98

LOS TRES `SHERIFF´

El presidente Aznar está fatigado y se tiende en el sofá del despacho a dormitar. El sueño lo conduce hasta el centro de una calle del Far West. Pasea garboso junto a otros 'sheriff', Fraga y Barrionuevo. Llevan las cananas a la vista y los Colt muy bajos.

—(*Aznar*) ¿A ti cuál te gusta, Manolo?

—(*Fraga*) Nohahabidootrocomo Wild Bill Hickock.

—(*Aznar*) Yo soy más de Wyatt, el *marshall* de Tombstone,

—(*Barrionuevo, puntilloso*) ¿Hablas de Hickock en su época de *marshall* de Abilene o de *sheriff* del condado de Ellis?

—(*Fraga)* En Abilene o en Kansas, admiro de Hickock su caminar por el centro de la calle irradiando respetocarismaaplomoyarrojo. De él aprendí a tirar por el camino de en medio de todas mis calles. Y a plomo y arrrrojo lo que sea. Todo el cargador si hace falta.

—(*Barrionuevo*) De acuerdo. ¿Hickock? Era un ídolo del juego limpio al aceptar un terreno ideal para emboscadas y villanías. Pero también moderadamente corrupto. Lo apunto como una característica de funcionalidad aneja al oficio. ¿No es cierto, Josemari?

—Prefiero a Wyatt porque se puso muy gallo para defender el orden callejero. Pero también andaba envuelto en una niebla de corrupción de baja intensidad. Va con la carga de la estrella; el vulgo no lo entendería jamás.

—(*Barrionuevo*) Gracias a la soledad de mi celda, he podido estudiar el tema en profundidad. Se lo debo al *caso GAL*, que tanto nos unía en el plano teórico de la preterintencionalidad, aunque nunca dejaras constancia de ello.

—(*Aznar*) Ahí radica justamente la afinidad.

—Los *sheriffs* más célebres por arriesgar su piel en afianzar el orden público tienen una ristra de asuntos turbios. Por no hablar de John T. Chance de *Río Bravo* y de Will Kane de *Solo ante el peligro*. Nuestros héroes se construyeron con material oscuro. Así lo dije a Felipe: eso no lo contaremos nunca ante espíritus maleables y cerebros simples.

—(*Aznar*) El género humano en general no nos entendería. ¿Cómo vamos a decir que por su bien hemos sacado del calabozo a dos ex guardianes de la ley para que canten por cuatro cuartos? ¿Que pagamos 5 millones mensuales a mamelucos para que les protejan?

—(*Fraga*) Las turbas nos lincharían. En Vitoria nunca captaron mi trascendencia conceptual.

—(*Barrionuevo*) Quién te lo iba a decir a ti, Manolo, el genio de mal genio que fuiste botafumeiro de Franco vestido de azul, ministro de paradores, censuras y porrazos; embajador, literato y politólogo orgánico. Hoy sigues hablando con el vientre y las glándulas para proclamarte demócrata autonomista de toda la vida. ¡Tú eres un *sheriff*!

—(*Fraga*) No es por darme pisto, pero nadie ha tocadotantolaspelotasdegoma como yo. ¡Vaya, un forajido reventando una puerta a patadas!

—(*Barrionuevo*) Es mi colega Corcuera, que estará furibundo por no haberle invitado. Ya le advertí que degradaba el oficio.

—(*Aznar*) ¡Qué ilusión, una persecución con arresto! ¡Vamos a por él!

No bien el trío se ha puesto a correr tras el coceador de puertas, cuando Aznar se detiene al divisar en lontananza una multitud de blanco.

—(*Fraga*) ¡Mejorrrquecarguemoscontraaquella manifestación de comunistas despedidos de la línea blanca! ¡Van de blanco pero no capitulan, son combativos!

—(*Aznar*) El Real Madrid, Manolo, puede despedir a quien quiera, cuando quiera y como quiera. (*Le entran estertores*) ¡Nunca actuaré contra mis fuerzas!

Apuntador

—La línea blanca, señor Aznar, identifica a un sector del electrodoméstico.

—(*Obreros acercándose*) ¡Disolución, cuerpos represivos!

Aznar chilla, desaforado. Se niega a atacar lo blanco pero el cuerpo le pide acción. La escena se funde en las tinieblas en tanto crece el griterío de los manifestantes. Al hacerse la luz, Aznar se incorpora en el sofá, sudoroso. Se abraza con arrebatada dulzura a un caniche blanco de trapo.

—(*Aznar*) ¡Ha sido el marmitako muchotako! ¡Y las guindillas de la gilda! ¡Y la manteca del pastel vasco! Te quiero, Mimosín.

Escena 99

"ETA, HA SIDO LA ETA"

Mañana del 11 de marzo de 2014. José Mª Aznar en una sala rodeado de teléfonos descolgados. Desde hace 10 minutos repite una sola frase a los auriculares y a Mimosín, que sigue en sus brazos.

—ETA. Ha sido ETA. ¡Ha sido la ETA! (*Pausa larga haciendo gargarismos*)

—¡Nunca he tenido un ensayo de ensortijar tan duro! Ayy, como duele. Tendrán que volver a entablillarme los dedos de tanto rizar la historia para bien y pasar página cuando me interesa, o sea, cuando le interesa a España. ¿Por qué me culpabilizo de lo que aún no he hecho pero voy a hacer? Esta hermosa patria a redimir está superpoblada de canallas y pícaros que por una moneda de oro venderían a su familia. Escalan mienten y defraudan. Cuando se hacen las víctimas o falsean testigos, lloran más que Isabel Gemio, que llora en todas las lenguas menos el inglés. Son vividores del relativismo cínico, la codicia y la vileza, ¿Verdad, Mimosín? Odian y envidian la excelencia o la fortuna del prójimo. Votan para ajustar cuentas. Viven en la misma espiral obsesiva de competir, figurar y denigrar al oponente. ¿Qué leches me estás reprochando, conciencia? ¿Por qué no lo dije antes? ¡Porque cargaba y cargo con el Estado sobre mis hombros! ¡Yo no soy de aquellos que, si les da la compulsión de aparentar, inauguran hasta las primeras piedras! ¡No soy el reformista Adolfo Suárez, que solo decía que iba a rectificar antes de entrar las reformas por el recto! El envilecimiento ajeno no justifica el propio, pero alivia el espíritu. (*Estiramientos faciales*). Bueno, al asunto. La lista de influyentes y a gastar teléfono. Todo por la Patria.

—¿Zapatero? Le llamo para certificar que la banda terrorista ETA ha sido la autora de los viles atentados. Y que si de ello se derivase que usted accediera a la presidencia, sería poner un lobo entre polluelos.

—Verdazzzz, Prosperidadzz, Toleranzzzia, Iluminazzzión, conversazzión. Está ustezzz pezz en realidazzz.

—¿Director de *El País*? ETA. Ha sido ETA. ¡Ha sido la ETA! Los autores de la masacre ferroviaria son exclusivamente etarras.

—Y por el mar corren las liebres. Con todo el respeto, presidente: cállese, Pinocho. Está reviviendo la cantaleta engañosa de Nueva York.

—(*Nueva llamada*) ¿Godó? Por el monte las sardinas tralará y ha sido la ETA. Vienen malos tiempos, señor Conde. Solo los fuertes sobrevivirán.

—Señor presidente, le creo con inteligencia bastante. Por lo tanto, demuestra usted una moral de chichinabo. El bulo a bulto no cuela.

—¿Director de *El Periódico?* Juro por mis cocochas que ha sido la ETA. Si Zetapedo es presidente, lo será por accidente pestilente.

—¿Sin más ni más? Presidente, ¿cuándo le internan? Sus preferencias por Leticia Sabater, José Vélez y Belén Esteban debieron de habernos alertado.

—¿Director del Consejo Superior de Investigaciones Científicas? Sabe usted qué son los radicales libres?

—Los electrodos de carga negativa desapareados que rompen reacciones químicas estables en los tej…

—¡No, hombre, no! ¡Los radicales libertarios de la *kale borroka*! (…) ¡Culpables del terrorismo a gran escala! (…) ¡Me había colgado! (…) ¿Es el director de Euskal Telebista? Ha sido la ETA, la ETA y la ETA.

—Habla a la ligera. señor presidente. La patria es algo emotivo y muy movilizador, pero ni siquiera ella puede anteponerse a los hechos.

—¿Señor director de la televisión de Andalucía? ¡Ha zío la ETA! ¡ETA y no otra! Nos hundirá la economía.

—Usted el primero, un pobre diablo rico que se vanagloria de la liberalización económica a tontas y a locas. Sus posiciones sociales y culturales son de lo más reaccionario. Y no ha sido ETA.

—¿Con Yema Nierga de la SER? Señora: el terrorismo se resguarda en el progresismo ful de lo políticamente correcto con el aire de los tiempos. Usted que puede, entérese de una vez con Lluch y ahora: ha sido la ETA.

—Va de oídas, señor Aznar. Tiene usted la cabeza más dura que el granito del fregadero.

—¿Es el presidente del Tribunal Supremo? Coincidirá usted conmigo en que ha sido la ETA.

—De momento, presidente, coincide usted con Gengis Khan en carecer de matices. Adiós.

—¿Presidente de la CEOE? El atentado ha sido obra de la ETA.

—Señor Aznar, España va tan bien que hasta los ciegos tienen buen ojo para los negocios audiovisuales y los cupones. Hoy tenemos un ciego más.

Coro

Ha sido ETA
Ha sido ETA
Canta la España
De charanga y pandereta

Narrador

El gran timonel de la segunda transición ve que su presente se desvanece y su futuro ya es pasado. Aznar describe círculos cortos, con el andar del púgil de rostro tumefacto de los golpes. Ana Botella penetra en la estancia. Lleva un DVD en cada mano.

—Te he escuchado, Jose. (*Alzando las manos*) Tómate los dos.
—Pero ¿primero *La tonta del bote* o *Cateto a babor*?
—El cateto, Jose, el cateto.
—¡Acabaré en un rincón de la historia como los demás!

Un foco nos descubre a Carlos Arias llorando en un rincón de la historia.

—¡Don Cicuta ha muerto!

Coro

Qué humor, Paco
Qué humor

TELÓN

EPÍLOGO

Cuando sube el telón, la escena reproduce la primera fila de una platea. Carrero, Miranda, Suárez, Arias, Leopoldo, Aznar, Rajoy, Fraga, Felipe, Pujol, Anguita y Aznar hablan acalorados. En un lateral, Carmen Polo. A su lado Franco, envuelto en un aura neblinosa. En otro, Juan Carlos cuenta un fajo de billetes. ZP hace yoga. Felipe lleva las orejeras. Arias sorbe una sopita con babero.

—(*Carrero*) ¡Yo no soy zafio! Esta trama inmunda es fruto de una sociedad caída en la droga, la anarquía y el ateísmo. La anti-España de los enemigos seculares que metió la Enciclopedia y la morfina liberal en la juventud.

—(*Miranda*) Yo no soy cargante.

—(*Suárez*) Yo no soy garrulo.

—(*Fraga*) ¡Autor, dime de qué me acusas y te diré de qué careces!

—(*Rajoy*) Una ignominia vitriólica, pero que a mí no me quita el sueño.

—(*Aznar*) ¡Se nos ha hecho ver un teatrillo de la infamia! ¡Una iniquidad! Es falso que en el fondo yo discrimine a mujeres. La mayoría de hembras de supuesto pelo largo y presuntas ideas cortas me tienen por muy feministo. ETA difama, ha sido ETA.

—(*Carrero*) ¡Mandaría a galeras al perpetrador de este libelo! En ningún momento toca lo esencial: mi nombramiento abrió la pre-transición. Yo fui el primer aperturista. Me mandaron a los cielos de mala manera y mancillaron mi memoria, pero así les va, de país puntero con Cervantes a caer en el oprobio de un atraso histórico.

—(*Fraga*) Almirante, el orden es completo en todo el país y en todo el país es completo el orden. Completo el orden y completo el país. Buenas noches y buena muerte.

—(*Zapatero en sueños*) Buenas noches. Namasté. (*Sigue durmiendo*).

—(*Felipe*) Almirante, el atraso secular es consiguiente a rechazar a Descartes. A los españoles no les ha dado la gana de asumir o deshacerse dignamente del pasado. Por consiguiente constato de este libro que la dictadura es una asignatura pendiente.

—(*Carrero*) ¿Qué dictadura?

—(*Anguita*) Por una vez habla con sensatez Felipe X del GAL

—(*Felipe se quita las orejeras*) Yo solo me he enterado por la prensa. (*Se las pone*).

—(*Anguita*) El Señor X del GAL que se deshizo del pasado marxista y a buen seguro financia este engendro escénico donde se le enjabona y a mí se me ultraja. A la burguesía no le viene en gana aceptar que detrás de los regímenes de la hoz y el martillo había un esfuerzo enorme de generosidad y sacrificio.

—(*Leopoldo*) De poco sirvieron, como los antibióticos en el enfriamiento. Véase efectos adversos en prospecto. Crecimiento mamario.

—(*Anguita*) Incluso Stalin, que aquí demonizan más que a Hitler, modernizó la URSS y ayudó a derrotar a los nazis.

—(*Fraga a Anguita*) ¡Relativistacínico! ¡Non fuyades, miserable, que es solo un caballero quien os acomete!

—(*Anguita*) Un tercio del planeta no ha sido comunista por casualidad. Si acaso el problema está al aplicar la receta infalible. Nacionalizar los medios de producción es una tarea ingente y complejísima. Digo yo después de todo que...

—(*Aznar*) ¡No, otra pastoral no! ¡Se le va la pinza! ¡El Palmar de Trola! (Maldito fichaje).

—(*Carrero*) ¡Contramaestre, una pasada por los palos y que lo tiren por la borda!

—(*Fernández-Miranda*) Majestad, estoy en disposición de mejorar vuestro papel en este panfleto tergiversador del proceso ordenado a las libertades.

—(*Juan Carlos*) Muy cierto, Miranda; no se hace énfasis en mi crecimiento personal, que es el de España. (*Contando*) 200.000, 300.000 y me llevo una. En Persépolis ya di el do de pecho por mi país.

—(*Suárez*) ¿Persépolis? ¿Alguna persecución contra custodios del orden público?

—(*Rajoy, doctoral*) El Sha Reza Pahlevi, de la federación de Irán, un autócrata secularizador que se creía Rey de Reyes en misión divina – para entendernos, como el comité de competición - , quiso celebrar de equipo local en su césped de Persépolis los 2.500 años del Imperio Persa en una Fiesta de campeonato. La alineación visitante incluyó a 60 reyes, reinas, príncipes, jefes de Estado, emires y caudillos varios de todas las áreas.

—(*Suárez*) Bueno, las persianas estaban oprimidas, ¿y qué? Era en el paletolítico, ¿no?

—(*Anguita exhibe un folio*) He venido preparado. Leo el pedido: carpas del camping diseñadas en Francia: 50. Kilómetros de seda francesa empleados: 37. Botellas de champán: 2.500, una por año. Botellas de Burdeos: 1.000. Toneladas de manjares: 18.

—(*Calvo-Sotelo*) En 1 de cada 4: hinchazón abdominal, flatulencias, molestias esofágicas, vómitos o prurito anal.

—(*Anguita*) Obras ejecutadas o movilizadas al efecto: un aeropuerto privado, *jets*, una autopista directa al despegue, baños de mármol, árboles de los jardines de Versalles y aves cantoras. Los banquetes se importaron del Maxim's de París. Coste total del camping multimillonario ante las barbas del pueblo empobrecido: 300 millones de dólares.

—(*Zapatero volviendo en sí un instante*) ¡Sopla! ¡Otra Alianzzzza de Civilizzzzaciones!

—(*Juan Carlos sin dejar de contar billetes*) Vaya si soplamos. De ahí el do de pecho por España. Los negocios entre manteles exigen muchos sacrificios.

—(*Aznar*) Ha sido la ETA, la ETA, la ETA, la ETA.

—(*Suárez*) No volveré a aparecer en ninguna obra de tres al cuarto. Que quede claro: la culpa es de los españoles, que son el apoteosis de la envidia, la chapuza, las falsas sonrisas, las verdades a medias y los comentarios malsanos. No hay otra.

—(*Leopoldo*) Di que sí. Lo vi en el Mundial de 1982. Valoran el éxito personal, sobre todo en el deporte, pero jamás cuentan lo que falló. Son más indulgentes ante fracasos colectivos que ante los individuales. Ahí tiran de varapalo. Son pretenciosos y estirados.

—(*Suárez*) Como tú, además de antigualla.

—(*Fraga*) ¡A un Calvo-Sotelo noseleofende! Le enviaré mis padrinos, leguleyo sobrevenido.

—(*Leopoldo*) No os molestéis, Sire Manuel. ¿De qué váis, passa con tío, señoría? He aprendido que flipo en colores molones y no me río de Janeiro cuando oigo tamaños yerros. Manténgase alejado de los niños y de las fuentes de calor. Caduca a los 6 meses.

—(*Rajoy*) Mi futbolitis creativa es verídica, pero un simple apego comparado con tu febril adicción a los prospectos, Leopoldo. Desaconsejada a quien padece problemas de corazón, hígado, riñones, diabetes y tensión ocular alta. Pues sí es contagiosa, sí.

—(*Arias a Leopoldo*) Yo alucino pepinillos, por algo soy vegetariano de toda la vida. Desmiento taxativamente el *Carnicerito* con que el libreto me denigra, pero esta crema de puerros tiene grumos. Españoles: nuestra cocina ha muerto.

—(*Suárez*) Siempre he tendido puentes. ¿Por qué no buscar lo que nos une? Los españoles viven odiando y envidiando la excelencia o la fortuna del prójimo. En una espiral obsesiva de competir, figurar y denigrar al oponente. Yo más mejor, tú más peor.

—(*Calvo-Sotelo*) Gramática deficiente, pero idea plausible. Los españoles mienten, medran y defraudan. A la hora de falsear testigos, Jezabel se queda corta. Cuando se hacen las víctimas, lloran más que Verónica, Magdalena y sus amigas de Vía Dolorosa. No hay ciudadano sin su némesis. Amén.

—(*Pujol*) un 3 % menos en Catalunya, está comprobado.

—(*Suárez*) No he conocido a tantas Némesis, pero seguro que son de cuidado. España está hasta arriba de granujetas y tunantes que se venderían por un quítame allá este centro.

—(*Pujol*) ¡Están llenos de taras! Se ganan el pan con el sudor de las tabernas; se extasían durante décadas con *Cine de barrio*; se escabullen por sistema con sortilegios de la mala suerte: "Si pongo un circo me crecen los enanos", "cuando llueve diluvia" o "no hay dos sin tres". (*Inaudible*) Menuda pachorra, los castellanos.

—(*Rajoy*) Y para colmo a su fanatismo le llaman pasión. Jamás se colocan en el lugar del discrepante. No lo integran o lo segregan. Que se lo digan a Clemente, Buyo o Iván Campo.

—(*Suárez*) De haberlo sabido, las autonomías se las da su padre. Se toman las patrias, la grande y las chicas, a la tremenda. Sin embargo son gente fría, insensible y cerrada en su individualidad a la hora de colaborar en lo colectivo. Para ellos lo común es ir a la suya en tribus o darse a la bebida y hacer trapisondas en rebaños.

—(*Pujol*) Como médico humanista agregaré que solo mejoran cuando van a morir, aunque entonces carecen del menor sustrato cultural para afrontarlo. Convulsiones y ataques, sueños anormales, pérdida de pelo, sudoración. Ya he pillado el síndrome.

—(*Suárez, majestuoso*) A pesar de ello mi transición reformista marcará un hito.

—(*Calvo-Sotelo*) Erección dolorosa. Flujo de leche masculino y en mujeres fuera de lactancia.

—(*Arias*) ¿No marqué yo el primer hito? Superamos la barrera de los 2000 dólares por habitante. Una clase media potente. Me hicieron marqués.

—(Calvo-Sotelo) Oscurecimiento inusual de la orina, ojos amarillos, heces de color claro. No se conocen interacciones con otros medicamentos hasta la fecha.

—(*Suárez saca unos apuntes. Lee a trancas y barrancas*) ¿Cómo podía articular yo una derecha constitucional competitiva si el marco social de cuando entré había desaparecido? Psicología social diferente, consumo acelerado y secularización. Un enredo imposible. (*Sin papel*) En resumidas cuentas: la problemática, la responsabilidad, el problema, la culpa, es de los españoles.

Resuena una aprobación unánime, seguida de aclamaciones recíprocas.

—(*Arias*) No han aprendido a cooperar.

—(*Carrero*) Ni a ser solidarios. Necesitan tutela.

—(*Carrero y Arias a dúo*) Son ingobernables.

—(*Fraga*) Tutela y tu tía, si hace falta. Si yo hubiese tenido más policía gubernativa…, pero nunca quise ser una eminencia gris.

—(*Apuntador*) A todo esto el autor no se hace la pregunta definitiva: ¿pero qué estudios tenía Franco?

—(*Franco, augusto*) El cañón sin retroceso, la alternancia de la pleamar, matorrales del Atlas y un curso práctico de iniciación al arte: los fusilamientos de Goya. ¿Acaso se hubiese podido pintar el Guernica sin el bombardeo de los alemanes? Critican las penas de muerte. Mejor morir en la ley que vivir en la indignidad. A mí esta obra me ha encantado, sobre todo el epílogo.

—(*Carmen*) Gila, Cassen, Toni Leblanc y el Zorro Zorrito te han envidiado toda la vida.

—Siempre antepuse el Coyote al Correcaminos. Una leyenda india de las primeras naciones que cristianizamos enseña el valor de los estadios finales: "Una pluma cayó del cielo. El águila la vio. El ciervo la sintió. El oso la olió. El coyote hizo las tres cosas". (*Sonrisa señorial*) Quien ríe último ríe mejor.

Francisco Franco y Carmen Polo se adelantan al proscenio.

—¿Estás bien en el limbo político, Paco?

—Sí, Carmen. No estoy en flotación estática sino derivante, en un tránsito que modifica espacios. Un lugar fronterizo entre interior y exterior, de fronteras no clausuradas. Nunca me he ido. Esa es la transición. Hasta luego.

Coro

Qué humor
Paco
Qué humor.

TELÓN

AVANCE EDITORIAL
DE 'LA TERCERA TRANSICIÓN'

Comisario Villarejo: "Había que acelerar la abdicación: propuse que los elefantes tendieran una trampa a Juan Carlos"

"Me he convertido en una especie de mí mismo. No sé si jurar la Corina, dormir con la Corona o exiliarme con una Corana en plan Golfo".

El Rey emérito sugirió renovar el Día de la Hispanidad como Día de la Himpunidad.

Arrimadas: "Vi morir con mis propios ojos muchas frases de Albert Ribera cuando las sacaron de contexto, fuera de su veneno natural"

"¿Zapatero feminista? Solía burlar las órdenes de alejamiento para acosar a Economía"

Rajoy era valiente y esforzado. Dio el últimátum a los bancos de no contrariarles nunca más.

Lo peor de la niña de Rajoy era su prima de riesgo, Ayusita, que vomitaba libertades negras al exorcista.

En Japón Urdangarín intentó colocar su Flor de Loto: endosar la culpa a loto y quedarse él la flor.

Jorge Fernández. Díaz: "Vendrá un Puigdemonio que fascinará a todos con sus ofertas de paraísos premier y milagros top"

El 1-O en Cataluña fue el primer gran éxito de la marca España en la sección de piel. Rajoy pasó el día releyendo el *Marca* del revés.

La amiga del Rey emérito: "Mi corinavirus puede con todas las máscaras. Por ejemplo…"

Sánchez: "No nos temblará la mano ante la dura realidad. Nos temblarán las piernas".

Vicepresidente Iglesias: "El abuso bancario por la Covid se exagera. El pacto social entre Farmadrácul y las entidades chupasangre es de mínimos".

Ayuso: "Si las ayudas sociales de mi hermano son más carillas es por la propia esencia del producto sanitario".

Santiago Abascal: "El sanchismo había cedido a que en Cataluña no se jugase la Copa del Rey, sino el Chupito de Torra".

AGRADECIMIENTOS

El lenguaje real del dictador ha sido extraído de *Los demonios familiares de Franco,* de Manuel Vázquez Montalbán.

Las escenas de caza y pesca están construidas a partir de reportajes publicados en el semanario *Interviú.*

Algunas deficiones del aznarismo están tomados del diario *El País* en aquella época.

ÍNDICE

ESTA
PRIMERA
EDICIÓN DE *la Tran-
sición que nunca te han
contado,* DE RAMON MIRA-
VITLLAS, HA SIDO IMPRESA CON
PAPEL AHUESADO, DE 80 GRAMOS.
SE HA UTILIZADO LA TIPOGRAFÍA
GARAMOND PRO. SE TERMINÓ
DE IMPRIMIR EN REPROGRÁFI-
CAS MALPE, EN EL MES DE
NOVIEMBRE DEL AÑO
2022.